PROGRAMACIÓN NEU

Guía Práctica de PNL, Metodologías Modernas y Técnicas Efectivas para Cambiar tu Vida

Extraordinaria **Guía Práctica de PNL** que te ayudará a conocer el fascinante mundo de la **PROGRAMACIÓN NEUROLINGÜÍSTICA** en un fantástico viaje de redescubrimiento personal, que te permitirá conocer y dominar el arte magistral de los patrones de la excelencia personal junto a las metodologías modernas, las técnicas efectivas y las estrategias más eficaces de esta poderosa herramienta.

En este LIBRO en su EDICIÓN ESPECIAL RESUMIDA aprenderás a:

•Reprogramar tú mente consciente y subconsciente para el éxito personal y la autorrealización profesional a través de las Metodologías Modernas y las Técnicas más Efectivas de la Programación Neurolingüística.

•Permitir una óptima configuración de creencias potencializadoras que te permitan consolidar tú capacidad para Conectarte con tus Sueños, Metas y Objetivos.

•Promover la flexibilidad del pensamiento táctico * estratégico y la comprensión de los procesos mentales y psicológicos en la dinámica holística e integral que existe entre la mente (Neuro), el lenguaje (Lingüística), y la interacción entre ambas (Programación).

•Contar con un PLAN DE ACCIÓN bien definido paso a paso, que te permita desarrollar las habilidades necesarias para alcanzar nuevos estados deseados de excelencia (emocional, mental, espiritual, personal y psicológicos).

•Comprender los MODELO estratégicos de la Programación Neurolingüística, por medio de un enfoque práctico para lograr cambios radicalmente positivos y esenciales en el desarrollo del máximo potencial humano a través de las diferentes Técnicas, Metodologías y Presuposiciones de la PNL.

•Dominar los principios elementales del arte magistral de la excelencia personal con la PNL, así como la comprensión y aplicación de la reingeniería y programación mental que te permitirán tomar acción, hacer que las cosas sucedan y comenzar a vivir una vida extraordinaria centrada en principios en armonía con tú propósito de vida.

Serie: PNL, Life Coaching, Influencia, Persuasión e Hipnosis - Volumen 1 de 4

4ª Edición Especial Revisada Actualizada y Extendida

(Incluye Ejercicios Prácticos y Plan de Acción)

Coach Transformacional

Ylich Tarazona

Escritor y Conferenciante Internacional

*** ~~*** ~~*** ~~

DERECHO DE AUTOR

ISBN: 9781088866597

Sello: Independently Published

*El derecho de **YLICH TARAZONA** a ser identificado como el **AUTOR** de este trabajo ha sido afirmado por **SafeCreative.org**.*

*Edición **Código de Registro: 1907241520269** de conformidad con los*

***Derechos de Autor en todo el Mundo**. Fecha de Publicación: 24-jul-2019 20:18 UTC*

Si este de libro sobre **PNL** en su **EDICIÓN ESPECIAL** le ha interesado y desea que lo mantengamos informado de nuestras próximas publicaciones, ediciones, minicursos, reportes especiales, videoconferencias, webinars, audiolibros, podcasts, sesiones de life coaching y PNL, hipnoterapias, terapias alternativas, eventos corporativos, cursos, talleres, seminarios entre otras actividades o materiales didácticos diseñados y **creados por el autor & Reingeniería Mental con PNL** escríbanos indicándonos cuáles son los temas de su interés y gustosamente le mantendremos actualizado.

También puede contactarse directamente con el AUTOR

MasterCoach.YlichTarazona@Gmail.Com

*** ~~~*** ~~~*** ~~~

INTRODUCCIÓN

Información Relevante de la Presente Edición.

Hola que tal mis apreciados lectores. Antes que todo gracias por adquirir este extraordinario libro sobre **PNL** que escribí pensando en ti.

Antes de comenzar quiero comunicarte de algunos cambios esenciales que he venido realizando en esta **4ª EDICIÓN ESPECIAL**. Si posees algunas de mis versiones anteriores comprobaras que he llevado a cabo algunas revisiones y actualizaciones muy importantes en las últimas ediciones ya que me parecieron necesarias para lograr cumplir el propósito por el cual escribí este libro para ti.

Entre los cambios que he realizado he incorporado una serie de ejemplos y ejercicios prácticos relacionados con la lección de algunos de los capítulos más relevantes del libro. En los pocos casos en los que edite el texto o cambie parte del contenido han sido para adaptar mejor las enseñanzas presentadas en la presente obra.

Estas modificaciones son casi imperceptibles en la mayoría de los casos ya que ante todo he querido respetar el manuscrito original y la idea principal del presente libro con sus defectos y virtudes. Por lo que en las pocas ocasiones en las que he incorporado ciertas ideas, he agregado algún punto adicional o he añadido algunos elementos de interés para mis lectores es porque me ha parecido conveniente necesario y de vital importancia para la correcta aplicación de los principios de la *"PROGRAMACIÓN NEUROLINGÜÍSTICA, Life Coaching, Hipnosis Conversacional, Rediseño Personal, Reingeniería Humana y Reingeniería de los Procesos del Pensamiento"* contenida en esta Edición Especial.

Si has tenido la oportunidad de leer algunos de mis otros libros has podido apreciar que tanto el estilo literario de mis escritos, así como el estilo característico tipográfico que utilizo al momento de plasmar mis ideas pretenden un único propósito. Ayudarte a desarrollar el máximo de tu potencial humano llevándolo a un siguiente nivel muy superior. Que te permitirá comprender mejor los conceptos, definiciones y plan de acción que comparto con todos ustedes con el fin de ayudarlos a interiorizar estos principios vitales y esenciales a su propia vida generando así, los resultados esperados.

Para lograr este objetivo al final de algunos capítulos claves comparto una gama de ejercicios que te permitan poner en práctica la esencia de lo que acabas de estudiar. De igual manera, también les ofrezco una serie de recapitulaciones o principios básicos para reflexionar que te ayudarán a reforzar lo que has aprendido.

*** ~~~ *** ~~~ *** ~~~

TE IMAGINAS todo lo que puedes lograr conseguir al aprender aplicar estos principios y leyes universales del éxito en tu propia vida. ¡AHORA ES POSIBLE!

*** ~~~ *** ~~~ *** ~~~

DEDICATORIA

Dedicado especialmente para "TI Amigo y Amiga" lector.

Que el contenido de este presente libro "PNL o Programación Neurolingüística, El Arte Magistral de la Excelencia Personal, Metodologías Modernas, Técnicas y Estrategias Efectivas de PNL Aplicada ©-®" te aporte las herramientas que requieres para comenzar a reprogramar tú estructura mental y generar la transformación que necesitas en todos los aspectos importantes de tú vida, en el proceso de crear, labrar y CONSTRUIR TÚ PROPIO DESTINO.

Y esta es mi intención para TI.

Atentamente…

Tu Gran Amigo YLICH TARAZONA

*** ~~~*** ~~~*** ~~~

Página Web Oficial

https://ylichtarazona.com/

*** ~~~*** ~~~*** ~~~

ESTILO LITERARIO Y TIPOGRÁFICO DE MIS OBRAS

Las enseñanzas que contienen mis libros en su gran mayoría son una poderosa combinación de **METÁFORAS, PARÁBOLAS, ALEGORÍAS, EJEMPLOS, HISTORIAS, FRASES CÉLEBRES y CITAS INSPIRADORAS** que he venido recopilando y compendiando en el transcurso de los años de diferentes fuentes tales como libros y obras de diversos autores.

El objetivo de utilizar este **ESTILO LITERARIO** es que este tipo de expresiones conceptos e ideas son capaces de estimular subjetivamente en la mente del lector una gran variedad de **SENSACIONES MULTI SENSORIALES** tanto a nivel *(Visual, Auditiva y Kinestésica)* que permiten evocar imágenes sonidos sensaciones emociones y sentimientos en la mente del lector. De esta manera a través del aprendizaje de **REPRESENTACIONES SIMBÓLICAS y LENGUAJE FIGURADO** los lectores pueden adquirir las ideas principales.

Otras de las metodologías que empleo al transcribir mis libros es que utilizo diferentes **ESTILOS TIPOGRÁFICOS** introduciendo una variedad de **COMBINACIONES** tales como: Signos de puntuación, **negritas**, *cursivas*, subrayados, conjunciones de minúsculas y MAYÚSCULAS entre otras repeticiones conscientes de ideas y enseñanzas transmitidas varias veces de diferentes maneras una y otra vez, pero en distintos contextos y situaciones para grabarlas en su mente consciente y subconsciente. Así como también en ocasiones "cambio estratégicamente la forma de escribir y expresar mis ideas intencionalmente en primera y segunda persona" mientras transmito la información con el fin de hacer la lectura más dinámica, didáctica versátil y placentera para todos mis lectores.

<u>IMPORTANTE</u>: Si esto llegase a parecer inadecuado o incorrecto en cierto momento para algunos de mis lectores; quiero anticipar de antemano, que no se trata en modo alguno de un descuido por mi parte o desconocimiento de edición y transcripción de la obra. Al contrario, esta metodología literaria y tipográfica **TIENE UN CLARO OBJETIVO y PERSIGUE UN FIN CONCRETO.** "confía en mí". - **TIENE UNA FINALIDAD ESPECÍFICA PARA TU PROCESO DE FORMACIÓN Y APRENDIZAJE**". Así que abre tu mente y disfruta de la lectura.

Antes de continuar es importante destacar que en el transcurso del libro también se incorpora una serie de **DECLARACIONES POSITIVAS, AUTOAFIRMACIONES EMPODERADORAS** basadas en una metodología estratégica de la PNL a través de una serie de **COMANDOS HIPNÓTICOS ENCUBIERTOS y PATRONES HIPNÓTICOS PERSUASIVOS** que permitan al lector incorporar dichas **SUGESTIONES e INDUCCIONES SUBLIMINALES** en su mente consiente y subconsciente produciéndoles así cambios radicalmente positivos en su estructura mental y psicológica creándoles nuevas conexiones neuronales más empoderadoras.

*** ~~*** ~~*** ~~

<u>NOTA</u>: En las versiones audibles como en los casos de los audiolibros utilizo fondo musical junto a combinaciones de sonidos abstractos de la naturaleza y **ONDAS BINAURALES y FRECUENCIAS HOLOFÓNICAS (3D / 8D)** en diferentes hercios (Hz). A fin de inducir ciertos estados positivos en el cerebro.

Entre los muchos beneficios que ofrecen estas poderosas herramientas; es que propician el aprendizaje acelerado, la reflexión consciente, la adecuada asimilación de las ideas, la agilidad mental, la estimulación de la creatividad, la relajación, la concentración y la meditación entre otras muchas ventajas. Como se han demostrado en los numerosos estudios realizados sobre el tema. Entre ellos la **TESIS DOCTORAL** de **Pedro Miguel González Velasco Doctor en Neuro-Ciencia** de la **UNIVERSIDAD DE MADRID FACULTAD DE PSICOLOGÍA** las cuales nos reportan los excelentes y maravillosos efectos positivos de estos sonidos tanto a nivel psicológico como fisiológicos.

El propósito de introducir esta **GAMA DE ESTILOS LITERARIOS, TIPOGRÁFICOS, METAFÓRICOS, BIAURALES** y **HOLOFÓNICOS** *(Estos dos (2) último sólo en los casos de los audiolibros)* fusionado con un variado conjunto de **TÉCNICAS MODERNAS** y **METODOLOGÍAS AVANZADAS** de la **PROGRAMACIÓN NEUROLINGÜÍSTICA, REINGENIERÍA CEREBRAL** el **NEURO-COACHING** y **AUTO HIPNOSIS** entre otras herramientas. Es para permitirles a mis lectores recibir una enseñanza transformacional más útil holística e integral que les permita **ADOPTAR NUEVAS IDEAS** evitando así la menor resistencia al cambio y creando un mayor impacto psíquico - emocional en el proceso de retención - aprendizaje.

Dirección del Enlace la tesis doctoral de Pedro Miguel González Velasco

http://eprints.ucm.es/21680/1/T34524.pdf

*** ~~~*** ~~~*** ~~~

CAPÍTULO I: PRINCIPIOS BÁSICOS DE LA PROGRAMACIÓN NEUROLINGÜÍSTICA

PRIMERA PARTE: Introducción al capítulo

Hola que tal mi apreciado aprendiz, en esta oportunidad vamos a estudiar un tema interesante que me "APASIONA" muchísimo; y que he venido estudiando, practicando y aplicando en mi propia vida por más de 16 años. A saber, "**PNL** o **Programación Neurolingüística**"

En este libro aprenderemos los conceptos básicos, las presuposiciones y las técnicas fundamentales de esta tecnología denominada **PNL** o **PROGRAMACIÓN NEUROLINGÜÍSTICA** que es una de las herramientas y metodologías más poderosas que existe en la actualidad para producir auténticos cambios radicales, favorables y permanentes en el ser humano en poco tiempo.

*** ~~~*** ~~~*** ~~~

El presente libro lo he escrito con especial atención teniendo en mente a los grandes **PIONEROS** de la **PNL** o **PROGRAMACIÓN NEUROLINGÜÍSTICA** al **Dr. RICHARD BANDLER** y al **Dr. JOHN GRINDER**. Así como también; a muchos otros grandes **LIDERES MUNDIALES** que han difundido estas enseñanzas en sus muchas variables alrededor de todo el mundo. Entre ellos, quiero hacer especial mención a dos de mi más grandes mentores y maestros al **Dr. Edmundo Velasco** de la *(Escuela Superior de PNL avalada por John Grinder)* que, gracias a su influencia, conocimientos y la formación que recibí través de sus enseñanzas me formarme como uno de los mejores coach con PNL. Y al **Dr. Rod Fuentes** director de la *(Sociedad Chilena de Hipnoterapia y el Consorcio Internacional de PNL y Coaching avalado por Richard Bandler)* con quien tuve el privilegio de formarme como máster practitioner en PNL.

También quiero reconocer que son muchos y muy valiosos todos los conceptos y definiciones que existen hoy en día sobre la **PNL** o **PROGRAMACIÓN NEUROLINGÜÍSTICA**. Y que cada uno de los trainer o máster en esta ciencia que he conocido y con quien, en tenido el gusto de formarme, la define con total objetividad y profesionalismo desde su propia percepción de realidad. Es decir, desde su punto de vista subjetiva en la aplicación de la presente herramienta en su propia experiencia.

En éste "**EDICIÓN ESPECIAL**" me propongo en lo personal, aportar mi propio granito de arena, compartiendo con todos ustedes mis amigos lectores mi propia experiencia subjetiva personal en el estudio y la aplicación de este maravilloso "{(**ARTE MAGISTRAL DE EXCELENCIA PERSONAL**)}" como yo llamo con cariño a la **PNL** o **Programación Neurolingüística**. La cual, es la que inspiro el MODELO de la gran mayoría de mis trabajos a través de la creación de un SISTEMA DE COACHING PERSONAL en el establecimiento de metas y logros de objetivos centrada y fundamentada en las técnica y metodologías más eficaces de la hipnosis ericksoniana, la reingeniería humana, el life coaching y la bio programación mental.

Bueno campeones y campeonas después de esta breve introducción. Sin más preámbulos comencemos.

*** ~~~*** ~~~*** ~~~

SEGUNDA PARTE: INTRODUCCIÓN A LA PNL o PROGRAMACIÓN NEUROLINGÜÍSTICA.

Para comenzar voy a hacerlo compartiendo con ustedes parte de la reseña histórica de los orígenes y los comienzos de la **PNL**.

La **Programación Neurolingüística o PNL** nace en la década de los años 70. Sus creadores fueron el **Doctor RICHARD BANDLER** *(Matemático, Psicólogo Gestáltico y Experto en Informática)*, para aquel tiempo estudiante de psicología en la universidad de california en santa cruz y el **Doctor JOHN GRINDER** *(Psicólogo y Lingüista)*, para ese entonces profesor de lingüística en la misma universidad.

En los inicios el joven **Richard Bandler** siendo aún un estudiante de psicología, participaba en grupos de **Terapia Gestáltica** y se interesó por la forma concreta en que trabajaba el *médico neuropsiquiatra y psicoanalista* **FRITZ PERLS** lo que lo llevo a comenzar a estudiar el trabajo de este gran genio, fundador de la **TERAPIA GESTALT.**

En cierta parte de la historia *Bandler* fue requerido para la edición de las transcripciones de las conferencias y entrenamientos de **Fritz Perls** para la publicación de su famoso libro *"Eye Witness to Therapy" (1973) de Science and Behavior Books*.

Al comienzo de su carrera *Bandler* por el año 1972 llevó a cabo la transcripción de esas sesiones dirigidas por *Fritz Perls* y de este modo pudo más tarde tener el privilegio de analizarlas. También por aquel tiempo empezó a trabajar con la reconocida **Terapeuta Familiar VIRGINIA SATIR** abriéndose así, las puertas para empezar su propia investigación.

Al pasar el tiempo *Bandler*, comenzó a dirigir sus propios grupos de terapia gestáltica, tiempo donde conoció al **Dr. John Grinder** un profesor de lingüística, cuando era estudiante de la University of California, en Santa Cruz en 1974. A partir de ese momento iniciaron junto en aquella época un intenso trabajo de investigación conjunto.

Inicialmente comenzaron el modelaje de los patrones lingüísticos utilizados por *Fritz Perls y Virginia Satir*. Luego posteriormente incluyeron los *patrones hipnóticos* del **hipnoterapeuta** más grande de toda la historia el **Dr. MILTON ERICKSON**.

Para aquellos días, se turnaban en la mutua supervisión *(intervención)* de las sesiones grupales que cada uno dirigía y comenzaron a desarrollar un trabajo intelectual en conjunto que pronto se cristalizó en publicaciones. Trabajos que publicaron en sus libros The Structure of Magic, Vol. I & II (1975, 1976), Patterns of the Hypnotic Techniques of Milton H. Erickson, M.D., Vol. I & II (1975, 1977) y Changing with Families (1976).

Para ese tiempo, ambos jóvenes visionarios al estudiar y modelar a estos tres (3) grandes genios de su época a saber *Fritz Perls, Virginia Satir y Milton Erickson* se preguntaron cuál era la diferencia entre una persona promedio competente y estos tres (3) verdadero grandes magos de la comunicación eficaz.

A partir de esta inquietud se dedicaron a observar la manera que tenían de comunicarse estos tres (3) grandes genios altamente efectivos en sus respectivas especialidades. Fue así, que *Richard Bandler y John Grinder* se interesaron en comprender cuál era la clave de éxito de estos terapeutas. Por lo que se dedicaron identificar los patrones operativos conductuales que utilizaban *Fritz Perls, Virginia Satir y Milton Erickson.*

*** ~~~*** ~~~*** ~~~

Su búsqueda los llevó finalmente a modelar a los cuatro especialistas más renombrados de aquel entonces entre ellos: **FRITZ PERLS** *(El innovador psicoterapeuta, creador y fundador de la escuela de terapia conocida como Gestalt o Terapia Gestáltica),* **VIRGINIA SATIR** *(La extraordinaria psiquiatra familiar, capaz de resolver difíciles conflictos de relaciones familiares y de pareja que muchos otros terapeutas creían intratables),* **MILTON ERICKSON** *(El famoso Hipnoterapeuta más grande de la historia)* y posteriormente se sumaron a estas experiencias los apartados teóricos de **GREGORY BATESON** *(Lingüista, biólogo-antropólogo británico, especialista en Teoría de los Sistemas)* entre otros grandes e importantes personajes de la historia que también influenciaron en el estudio progresivo del mismo.

Gregory Bateson realizó profundos aportes al **MODELO** de **RICHARD BANDLER** y **JOHN GRINDER**. Lo que permitió que de esta cuarta unión surgieran dos poderosas orientaciones: Una hacia el estudio de los patrones conductuales necesarios para sobresalir en cualquier campo de la *(excelencia personal)* y la otra hacia los patrones conductuales de la comunicación altamente efectiva.

Es importante destacar, que las líneas teóricas, el modo de trabajo e incluso la personalidad de estos MODELOS terapeutas y especialistas eran marcadamente disímiles, pero la intención de Grinder y Bandler no era la de señalar lo diferente entre ellos, sino la de encontrar ciertas estrategias lingüísticas comunes en las intervenciones clínicas, terapéuticas y científicas de estos genios, y así sistematizarlas para poder aprenderlas, copiarlas y reproducirlas posteriormente en otros contextos terapéuticos. Grinder y Bandler llamaron a este trabajo "**modelar**".

*** ~~~*** ~~~*** ~~~

Al inicio Grinder y Bandler no tenían la intención de iniciar o crear una nueva escuela de terapia alternativa. Sino la de exponer ciertas estrategias lingüísticas, patrones de conductas y modelos de comportamientos empleados por los EXPERTOS MÁS RECONOCIDOS DE LA ÉPOCA, extrayendo así los MODELOS que funcionaban en la práctica, y que podían ser copiados, aprendidos y duplicados por otros.

Una vez que Grinder y Bandler en conjunto comenzaron sus estudios con los MODELOS, simplificaron estos patrones conductuales, los depuraron, les dieron forma y los sistematizaron en tres elementos que están presentes en toda actividad humana.

LA CONDUCTA EXTERNA

EL PROCESAMIENTO INTERNO

Y EL ESTADO INTERNO

• EL PROCESAMIENTO INTERNO ---------- Lo que se Piensa y cómo lo piensa.

• LA CONDUCTA EXTERNA ---------- Lo que se Hace y como lo expresa al mundo.

• EL ESTADO INTERNO ---------- Lo que se Siente y cómo lo siente.

*** ~~~*** ~~~*** ~~~

Recapitulando la idea anterior, los jóvenes Grinder y Bandler descubrieron que, los cuatros especialistas o personajes de estudio que eran considerados genios en sus respectivos campos. Aunque cada uno de ellos tenían personalidades muy distintas uno del otro, no obstante; utilizaban patrones de trabajos sorprendentemente muy similares en lo esencial. Estos jóvenes visionarios Grinder y Bandler identificaron esos MODELOS lingüísticos y patrones de conducta, los depuraron y construyeron así un METAMODELO que pudiera servir en diversos contextos terapéuticos.

Los Dres. JOHN GRINDER y RICHARD BANDLER a partir de ese profundo e intenso estudio, elaboraron MODELOS PRÁCTICOS que podían copiarse, enseñarse, duplicarse, aprenderse y transferirse de una persona a otra. En la década de los años 70, propusieron una serie de estrategias destinadas a analizar, codificar y modificar la conducta a través del estudio del lenguaje verbal, corporal y gestual; optimizando así la comunicación en el ser humano.

A este trabajo le llamaron "**MODELAR**". Que es la capacidad de obtener "SISTEMÁTICAMENTE" en una persona "MODELO" el mismo resultado conductual o mejor; que la persona a la cual se ha estado "MODELANDO".

*** ~~~*** ~~~*** ~~~

A partir del año 1976 denominan ésta "{(METODOLOGÍA)}" con el término PNL o PROGRAMACIÓN NEURO - LINGÜÍSTICA. Logrando englobar en éste "{(METAMODELO)}" tres elementos y aspectos fundamentales de la conducta humana: *PROGRAMACIÓN refiriéndose a los procesos de organizar los elementos en un sistema de Software Mental para lograr resultados específicos. NEUROLOGÍA que representa el principio neurológico básico de toda conducta humana y LINGÜÍSTICA la cual indica que los procesos están representados y organizados estratégicamente mediante el sistema del lenguaje y la comunicación.*

Los estudios se centraron específicamente en tomar como MODELOS a seguir, a Psicoterapeutas que tenían éxito en sus carreras profesionales, así como resultados sobresalientes en las demás actividades que desarrollaban. Y de esta manera, "REPRODUCIR" esos mismas estrategias mentales y patrones conductuales y así poder imitarlos, copiarlos y repetirlos eficazmente con la mayor efectividad posible.

Su METODOLOGÍA se basó en estudiar profundamente la forma de actuar, sentir, pensar, hablar y comunicarse, no solo a través de sus palabras sino también de sus gestos y la incorporación del uso del lenguaje verbal y no verbal de los MODELOS.

Muy pronto como resultado de estos estudios y prácticas constantes que ellos mismos hacían, se dieron cuenta que, al aplicar esos mismos patrones conductuales, patrones de comportamiento y estrategias mentales en otras personas, los resultados eran tan similares, y en la mayoría de los casos tan efectivos, como lo eran con los MODELOS originales de las personas a quienes copiaban o MODELABAN.

Cabe destacar que los MODELOS de los cuales los Doctores. JOHN GRINDER y RICHARD BANDLER tomaron los patrones iniciales. Como ya nos referimos anteriormente fueron: El Psicoterapeuta Gestalt Doctor FRITZ PEARL, La Psicoterapeuta Familiar Psiquiatra VIRGINIA SATIR, el Hipnoterapeuta Doctor MILTON ERICKSON y el Lingüista Doctor. GREGORY BATESON, entre muchos otros personajes de renombre que también influyeron gradualmente en el estudio de este METAMODELO conocido en la actualidad como PNL.

Hoy en día, esta METODOLOGÍA se ha ido aplicando efectivamente en las áreas de la Psicoterapia y ciertas ramas de la Psicología. Y esas mismas técnicas con sus aplicaciones, denominada PNL se han extendido por todo el mundo. Abriendo así nuevas posibilidades, y potenciando los resultados con éxito en áreas tan diversas como son la Salud, la Educación, la Política, los Deportes, las Organizaciones, las Empresas, los Negocios, los centros de Autoayuda, entre muchos otros campos.

*** ~~~*** ~~~*** ~~~

1.- INICIADORES DE LA PNL:

Los Doctores "John Grinder y Richard Bandler"

2.-LOS MODELOS:

Fritz Perls - Virginia Satir - Milton Erickson - Gregory Bateson

3.-INFLUENCIAS QUE FUERON VITALES EN LOS INICIOS DE LA PNL:

*Alfred Korzybski (**Lingüista**): Influencia "**Semántica General**"*

*Noam Chomsky (**Lingüista**) Influencia: "**Gramática Generativa**"*

*Peter Checkland (**Científico**) Influencia "**Pensamiento Sistemático**"*

*Roberto Assagioli (**Psiquiatra**) Influencia "**Psicosíntesis**"*

*L. Michael Hall (**PH. D**) Influencia "**Estructura de la Mente**"*

*Maxwell Maltz (**Doctor en Medicina**) Influencia "**Psico-Cibernética**"*

*Paul Watzlawick (Psicoterapeuta) Influencia "**Constructivismo Radical**"*

4. SEGUIDORES.

***Judith** DeLozier, **Leslie** Cameron, **Robert** Dilts, **Steve** Andreas, **David** Gordon, **Anthony** Robbins, **Joseph** O Connor, **Todd** Epstein, **Terrence** McClendon, **Charles** Faulkner, **Dr. Edmundo** Velazco, **Dr. Rod** Fuentes, **Máster Coach Ylich** Tarazona, entre muchos otros reconocidos expertos A NIVEL MUNDIAL.*

Estos son solo algunos de los muchos **Seguidores de la PNL**.

Hoy en día somos cientos y miles de seguidores y practicantes de la PNL alrededor de todo el mundo "LIDERES RECONOCIDOS" de esta extraordinaria metodología y disciplina para el cambio y la transformación de la excelencia personal.

*** ~~~*** ~~~*** ~~~

TERCERA PARTE: BREVES CONCEPTOS DE LA PROGRAMACIÓN NEUROLINGÜÍSTICA.

Para comenzar a definir la **PROGRAMACIÓN NEUROLINGÜÍSTICA**, podemos decir que la **PNL** no pretender ser una ciencia exacta, sino la conformación de un "{(METAMODELO)}" a partir de las capacidades y competencias de personas altamente efectivas y extraordinarias en sus respectivos campos.

Con esta primera definición en mente podemos decir que la **PROGRAMACIÓN NEUROLINGÜÍSTICA** más que una ciencia exacta es un **MODELO** de **MODELOS** que estudia la **estructura de la experiencia humana** y el **funcionamiento** de la los **PROCESOS de la MENTE**.

La **PNL** también podríamos definirla como un **MODELO DE COMUNICACIÓN** conformada por una serie de **TÉCNICAS** y poderosas **METODOLOGÍAS** de aprendizaje enfocado en el **Desarrollo del Máximo Potencial Humano** que sostiene que en última instancia toda conducta humana se desarrolla sobre una "estructura" aprendida, la cual puede ser detectada para ser modelada correctamente por otras personas y obtener con ello similares resultados.

*** ~~~*** ~~~*** ~~~

Por lo que hemos aprendido hasta ahora podemos afirmar que la **PNL** en principio, es un **MODELO**, no una teoría. Por lo que su campo de acción es la de **MODELAR** lo que funciona, no teorizar conceptos filosóficos, ni conectarse con los sistemas o enfoques de la psicología o psicoterapia moderna.

*** ~~~*** ~~~*** ~~~

La **PROGRAMACIÓN NEUROLINGÜÍSTICA** en inglés, *(Neuro - Linguistic Programming)* como hemos venido aprendiendo hasta ahora, podemos definirla también a través de sus acrónimos **P.N.L.** Aunque parezca un término complejo, en realidad, se refiere a tres ideas sencillas que quiero trasmitirle de la siguiente manera:

PROGRAMACIÓN: *La capacidad o habilidad de organizar nuestra comunicación intrapersonal y estimular nuestros sistemas neurológicos para alcanzar los resultados específicos y las metas deseadas.*

NEURO: *Sistema nervioso a través de la cual; las experiencias subjetivas de cada individuo, es recibida y procesada a través de los sistemas sensoriales (vista, oído, tacto, "olfato y gusto").*

LINGÜÍSTICA: *Sistemas de comunicación (lenguaje) verbal y no verbal a través de las cuales nuestras representaciones neuronales son modeladas, programadas, codificadas, ordenadas y dotadas de significado.*

En resumen: La **PNL** o **PROGRAMACIÓN NEUROLINGÜÍSTICA** es el estudio de la comprensión de los procesos mentales y psicológicos de la mente humana en la dinámica holística e integral que existe entre **LA MENTE (Neuro)**, **EL LENGUAJE (Lingüística)**, y la interacción entre ambas **(Programación)**, que determina finalmente el correcto modelaje de la conducta humana.

*** ~~*** ~~*** ~~

OTRAS DEFINICIONES Y TERMINOLOGÍAS.

PROGRAMACIÓN: Se refiere a nuestra capacidad para producir cambios favorables y aplicar nuevas conexiones neuronales. Es decir, que podemos programar nuestros propios pensamientos, sentimientos, emociones, ideales y comportamientos de manera similar al modo en que se programa una computadora para que cumpla una función específica.

Programación también se refiere al proceso de organizar los elementos de un sistema de representaciones sensoriales: *(Visual, Auditivo, kinestésico o Sensorial, "Olfativo y Gustativo")* para determinar un estado interno; que será percibido como un conjunto de informaciones sensoriales *(ver, escuchar, sentir, oler y degustar)*, generadoras de un estado interior que después producirá un comportamiento externo de respuesta para lograr resultados específicos en el exterior.

NEURO: Que proviene del griego *"Neurón"*, que quiere decir nervio. Representa el principio básico de que toda conducta humana es el resultado de los procesos neurofisiológicos que intervienen cuando experimentamos el mundo exterior por medio de procesos internos, consientes e inconscientes, a través de los cuales toda experiencia es percibida y procesada a través de los sistemas sensoriales *(V-A-K- "O y G")* produciendo de ese evento una respuesta específica y como consecuencia origina y elabora una secuencia de *"{(pensamientos, sentimientos y acciones en relación al estímulo que se está recibiendo)}"*.

LINGÜÍSTICA: Que proviene del latín *"Lingua"* que quiere decir lenguaje, indica que la actividad neurofisiológica y los procesos nerviosos están representados y organizados secuencialmente en modelos y estrategias operativas que son exteriorizadas a través de la comunicación en general y del lenguaje tanto verbal como el no verbal.

La *lingüística* reconoce la parte que desempeña el lenguaje en la organización de nuestros pensamientos e ideas, y en la comunicación tanto con nosotros mismos "intrapersonal" como con los demás, "interpersonal". Y este hecho tiene que ver en el cómo los seres humanos han evolucionado su sistema de comunicación a niveles muy altos, en relación con su lenguaje y el medio ambiente.

*** ~~*** ~~*** ~~

PROGRAMACIÓN: Nuestro CEREBRO funciona a semejanza de un COMPUTADOR con programas. Como si fueran un software mental que cada uno de nosotros va creando en función de sus circunstancias, y que genera una percepción o (MAPA) mental del mundo.

NEURO: Toda la información que obtenemos lo hacemos a través de los CINCO SENTIDOS a la vez que estas sensaciones son trasladadas por medio de las neuronas a los "programas o - software" después del adecuado proceso de filtrado, generación del (MAPA) que en cada caso siempre es personal y distinto de una persona a otra.

LINGÜÍSTICA: Es el lenguaje de la comunicación y la expresión externa a través de las palabras y frases que utilizamos cómo el medio y la forma para describir el mundo.

*** ~~~*** ~~~*** ~~~

Definición del acrónimo de la P-N-L en palabras sencillas

P.- Programación: Es un término tomado del campo de la informática para sugerir que nuestros pensamientos, emociones y acciones son un software mental, programaciones mentales o hábitos conscientes o modalidades subconscientes de conductas que vamos desarrollando a través del tiempo, conocidos como surcos neuronales. Y qué; a similitud de un computador moderno de hoy en día, pueden ser reprogramados dichos softwares mentales o programas, es decir, que nuestros patrones de pensamientos o mapas de nuestra percepción del mundo pueden ser cambiada, con un cambio en nuestra conciencia.

El comportamiento del ser humano se debe a un software mental elaborado a partir de mapas mentales, filtros de historia personal, cultura, momento histórico, experiencias y aprendizajes tanto conscientes como inconscientes, que se van programando en nuestra estructura mental y psicológica, específicamente en nuestra mente subconsciente. Y que, por tal razón, puede ser descodificada o reprogramada cuando la ocasión así lo requiera.

N.- Neuro: Se refiere al sistema nervioso que regula el funcionamiento del cuerpo humano y procesa la información de los circuitos mentales y neuronales a través de los órganos de los sentidos (sistemas sensoriales v-a- k- "o y g") "visual lo que vemos, auditivo lo que oímos, kinestésico o sensorial lo que tocamos y sentimos, "olfativo lo que olemos y gustativo lo que gustamos o probamos" vinculándolos a sensaciones, emociones y procesos internos que el cerebro registra en nuestra mente consciente y subconsciente. Mediante estas sensaciones multi sensoriales, entramos en contacto con el mundo.

Es decir, es el medio por el cual procesamos nuestros pensamientos, sentimientos y emociones, dándole sentido a la información que recibimos y actuamos de conformidad a ello. En otras palabras, la neurología hace referencia tanto a los pensamientos e ideas, como a las reacciones fisiológicas y emocionales (sentimientos) que trabajan en plena armonía mente, cuerpo, espíritu y emoción es un sistema holístico integrado.

L.- Lingüística: Hace referencia a la habilidad para utilizar el lenguaje. Así como el modo en que las palabras o las frases que utilizamos en nuestra comunicación especifican y reflejan nuestros mapas de la realidad. De igual manera, sucede con nuestras posturas, gestos y ademanes que revelan de igual forma nuestro modo de pensar, sentir y actuar, mediante el uso del lenguaje (no verbal).

Es entonces, a través del lenguaje verbal y no verbal que codificamos, ordenamos y damos significado a las representaciones provenientes de los sistemas neuronales, creando así nuevas realidades conforme a nuestras creencias, valores, hábitos, mapas mentales y paradigmas. En otro orden de ideas, lingüística: hace referencia a nuestra habilidad para utilizar el lenguaje. Así como el modo en que las palabras y las frases específicas reflejan nuestros modelos mentales en la comunicación.

*** ~~~*** ~~~*** ~~~

Recapitulación General del Primer Capítulo.

*. - Que es la PNL: la **PROGRAMACIÓN NEUROLINGÜÍSTICA** más que una ciencia exacta es un **MODELO** de **MODELOS** que estudia la **estructura de la experiencia humana** y el **funcionamiento** de la los **PROCESOS de la MENTE.**

*. - La PNL nos enseña a: Trazar objetivos - Modelar conductas - Ser más competentes

*. - Que estudia la PNL: Estudia como el lenguaje *(verbal y no verbal)* afecta nuestro sistema nervioso y desarrolla **MODELOS** de conducta *(procedimientos)* para maximizar el potencial humano.

*. - Abreviaciones de las siglas P.N.L: **Programación** porque trata de un conjunto sistemático de operaciones. **Neuro** porque estudia los procesos que ocurren en el sistema nervioso. Y **Lingüística** porque para ello usamos el lenguaje verbal o no verbal.

*** ~~~*** ~~~*** ~~~

¿DONDE SURGE LA PNL?

Gracias a las investigaciones de dos jóvenes visionarios:

*- Richard Bandler *(Psicólogo, Matemático - Informático)*

*- John Grinder *(Psicólogo - Lingüista)*

*** ~~~*** ~~~*** ~~~

La PROGRAMACIÓN NEUROLINGÜÍSTICA (PNL) constituye:

*- Modelo formal y dinámico de cómo funciona la mente.

*- El poder de la percepción humana.

*- Diversas implicaciones para el éxito personal.

*** ~~~*** ~~~*** ~~~

La Programación Neurolingüística por analogía con el ordenador, utiliza los patrones universales de comunicación y percepción que tenemos para reconocer e intervenir en diversos procesos tales como: *La psicoterapia y la consultaría, el afrontamiento del estrés, la negociación y las ventas, el aprendizaje acelerado, la gestión de conflictos, la superación de fobias, la gestión empresarial, el coaching y la seducción.*

*** ~~~*** ~~~*** ~~~

El campo de trabajo de la PNL es tan amplio como lo es; el de las relaciones interpersonales. No es fácil encerrar tanto potencial de la programación neurolingüística pues en realidad abarca todos los campos del potencial humanos tales como: *Salud y bienestar, los deportes y el arte, las empresas y la negociación, la educación y la formación, la relaciones y talento humano, desarrollo personal y autoayuda… Y muchos otros campos del desarrollo del SER.*

*** ~~~*** ~~~*** ~~~

CAPÍTULO II: PRESUPOSICIONES DE LA PROGRAMACIÓN NEUROLINGÜÍSTICA

Como aprendimos en el capítulo anterior, el objetivo de la **PROGRAMACIÓN NEUROLINGÜÍSTICA** no es pretender ser una ciencia exacta o hipótesis sobre el hombre, sino la de conformar un "{(METAMODELO)}" a partir de las capacidades y competencias de personas altamente efectivas y competentes en sus respectivos campos. Y es con este propósito en mente, que los creadores de la **PNL** los doctores *John Grinder* y *Richard Bandler* han extraído las *estrategias mentales*, los *patrones de conducta* y las *creencias* de las personas más exitosas que lograban resultados de excelencia. Y las han denominado **PRESUPOSICIONES**.

Los estudios realizados y los descubrimientos que originaron la PROGRAMACIÓN NEUROLINGÜÍSTICA permitieron establecer una serie de principios, supuestos básicos y suposiciones operativas que dan marco teórico al proceso de percibir y comprender la comunicación, el lenguaje, los patrones mentales de pensamientos y el comportamiento del ser humano.

Esta serie de postulados, son un conjunto de principios, supuestos y suposiciones que tienen distintos orígenes. Unos pertenecen a la psicología funcional, otros tienen sus fuentes en el empirismo y el pragmatismo, otros derivan de la psicología positiva, la psicoterapia gestáltica, otras más provienen del enfoque sistémico, la hipnosis ericksoniana entre otras ramas. Estas **PRESUPOSICIONES** fundamentan el sistema de creencias básico que avala o da soporte a las técnicas de la **PNL** o **PROGRAMACIÓN NEUROLINGÜÍSTICA** en la actualidad.

Estos principios operativos básicos dieron origen y fundamento al sistema de creencias de la **PROGRAMACIÓN NEUROLINGÜÍSTICA**, siendo los postulados de orden ideológico que dan sentido a una serie de supuestos, modelos o premisas que se consideran las bases y el argumento para la correcta aplicación y desarrollo de estas técnicas que constituyen una guía que facilitan la realización práctica de lo que entendemos, conocemos y practicamos hoy día como **PNL**.

Una de las **PRESUPOSICIONES** más importante de la **PNL** o **PROGRAMACIÓN NEUROLINGÜÍSTICA** es la que afirma que todo comportamiento, conducta, capacidad y creencias tienen una ESTRUCTURA y que por tal razón, al ser identificadas puede ser copiada con precisión (MODELADA) aprendida, codificada y reprogramada.

En resumen: La **PNL** se trata sencillamente de lo que es eficaz y funciona o no. En otras palabras, la **PNL** no actúa como ciencia sino como **MODELO**.

Bueno campeones y campeonas; sin más preámbulos, a continuación, les presento las **PRESUPOSICIONES** más conocidas e importantes de la **PNL** que he combinado y compendiado sinérgicamente según sus semejanzas y similitudes en su aplicación en un contexto específico. *Hay que aclarar que las presuposiciones enseñadas según cada escuela han tenido ciertas variaciones a través de los años, mientras que otras han mantenido el origen significado desde sus inicios.* Aquí pretendo compartir las más comunes que en esencia se resume en las siguientes:

*** ~~~*** ~~~*** ~~~

EL MAPA NO ES EL TERRITORIO QUE REPRESENTA

(Ningún MAPA refleja el mundo en su totalidad, ni de forma exacta, ni absoluta). Aunque el "MUNDO SEA REAL", las personas no poseemos los MECANISMOS BIOLÓGICOS para acceder directa ni completamente sobre él.

Todos tenemos distintos MAPAS o (Representaciones) del mundo (Territorio). Es decir, que cada persona se orienta y responden según el MAPA MENTAL del mundo con que percibe su propia realidad a través de los sistemas sensoriales *(Visual lo que vemos, Auditivo lo que oímos, kinestésico o Sensorial lo que tocamos y sentimos, Olfativo lo que olemos y Gustativo lo que gustamos o probamos).*

Por tal razón, la realidad es SUBJETIVA de muchas interpretaciones y aprendizajes. **Por ejemplo**: Una persona puede ver una fotografía de una ISLA y pensar en seguida en naufragios en el mar, soledad, peligro, profundidad, humedad, ahogarse y pasarla mal. Mientras que otra persona puede apreciar y observar la misma fotografía de la ISLA y pensar en nadar, playa, sol, arena, diversión, vacaciones paradisiacas en un cálido día de verano y pasarla súper bien. *¿Acaso en realidad están describiendo la misma fotografía de la ISLA?...*

Otro ejemplo: Dos personas nacidas el mismo día, en el mismo país, ciudad o estado, e incluso crecieron bajo la tutela del mismo padre, estudiaron y ejercieron la misma carrera profesional, sin embargo, al escucharlos, observarlos y pasar tiempo con ellos notaremos que son completamente diferentes uno del otro, aunque hayan vivido bajo las mismas condiciones. *¿Por qué te preguntaras? ¿Cuál es el motivo?*

Bueno la razón es simple, a medida que los dos jóvenes iban creciendo cada uno de ellos iba experimentando diferentes tipos de experiencias personales, que fueron creando, moldeando y programando sus mapas mentales de la realidad, de acuerdo con lo que experimentaban individualmente.

A manera de conclusión; lo que PERCIBIMOS es solamente nuestra forma SUBJETIVA de interpretar y comprender el mundo, pero no quiere decir necesariamente que esa REALIDAD sea la misma. Porque existen pues, tantas realidades como seres humanos que cohabitamos en este mundo.

Cada persona es diferente por lo tanto cada MAPA DE LA REALIDAD difiere del mapa del otro. Las personas, cuando toman elecciones o decisiones mayormente lo hacen de acuerdo con "{(EL MAPA QUE MANEJAN)}". En ese sentido, las elecciones que hacen y las decisiones que toman están basadas en EL MAPA QUE POSEEN.

Los seres humanos usamos nuestros sentidos Visual, Auditivo y Kinestésico o Sensorial para explorar y delimitar el mundo exterior, pero solo somos capaces de percibir una pequeña porción de ella. Esa pequeña parte es luego FILTRADA por nuestras experiencias, cultura, creencias, principios, valores, intereses, etc.

Cada uno vive en su realidad única, construida por sus propias impresiones y experiencias individuales de la vida y actuamos conforme a lo que percibimos en nuestro entorno o medio ambiente según los mapas mentales y MODELO que tenemos del mundo.

Entre más exacta a la realidad sean nuestros MAPAS más caminos nos proveerán y por ende más probabilidades de éxito tendremos.

La FLEXIBILIDAD es la clave de la excelencia personal, entre más OPCIONES, ALTERNATIVAS y POSIBILIDADES tengamos, mucho mayor será nuestro desempeño en diversas áreas.

Por tal razón, campeones y campeonas para incrementar considerablemente nuestras posibilidades de ELECCIÓN y toma de DECISIONES es de vital importancia mantener nuestros MAPAS DEL MUNDO lo más actualizado posible, es decir mantener nuestros MAPAS MENTALES al día en la medida que vayamos explorando nuevas experiencias y remplazar aquellos *(surcos neuronales)* que se hayan vuelto innecesarios u obsoletos, de manera que nos orientaremos de la forma más extraordinariamente posible en nuestro camino por el sendero de la vida.

Para repasar esta información y aprender más sobre el tema, puedes leer mi LIBRO en su versión pata blanda o el "eBook's y REPORTE ESPECIAL" titulado *(Programa Tu Mente y Determina Tu Futuro. Cómo Mejorar Tu Autoestima, Enfoca tus Pensamientos y Conquista todo lo que te Propongas en la Vida)* a la cual le dediqué una gran parte al tema en cuestión especialmente en el capítulo sobre la autoimagen y los MAPAS MENTALES.

En este LIBRO / "eBook's" compartí una gran variedad de EJEMPLOS y ANALOGÍAS para que ustedes mis amigos lectores pudieran experimentar por ustedes mismos este interesante punto…

Aquí les dejo los enlaces en mi página oficial de AMAZON.

Tapa Blanda: https://www.amazon.com/dp/1724039660

Kindle de Amazon: https://www.amazon.com/dp/B07HNZ4LL9

Buenos campeones y campeonas, sin más, prosigamos con el tema de este libro.

*** ～～*** ～～*** ～～

Como hemos aprendido hasta ahora podríamos deducir que de cierta manera nuestros MAPAS MENTALES van configurando a cada instante nuestra forma de vivir y ver la vida. Afortunadamente esas conductas fueron codificadas lingüísticamente en tú mente subconsciente; en otras palabras, fueron aprendidas y moldeadas por medio del lenguaje.

Por lo tanto [Existe la probabilidad de que, por haber sido codificadas lingüísticamente en nuestra estructura mental, en los primeros años de nuestra infancia. Podemos también de igual manera, descodificarlas o modificarlas lingüísticamente con un cambio en la estructura psicológica, cuando sea necesario y la ocasión así lo requiera].

*** ～～*** ～～*** ～～

Recordemos que la manera en que tú ves el mundo y la manera en cómo alguien más lo ven, nunca podrá ser la misma. Una de las presuposiciones de la PNL o PROGRAMACIÓN NEUROLINGÜÍSTICA dice que la realidad no existe; lo único que existe, es la percepción que tenemos de ella.

Cada uno de nosotros crea un MAPA DE REPRESENTACIÓN del mundo diferente, y lo único que nos separa los unos a los otros son:

- Nuestras experiencias de lo que vemos, oímos, sentimos y experimentamos
- La influencia de la gente y el entorno que nos rodea
- La comunicación que tenemos con nosotros mismos
- Los momentos que nos hayan marcado y definido
- Nuestras decisiones y elecciones que hacemos
- Nuestras relaciones con las demás personas
- Nuestras creencias, principios y valores
- Y nuestra gran variedad de recuerdos.

*** ~~*** ~~*** ~~

Ahora para continuar con la idea anterior "EL MAPA NO ES EL TERRITORIO QUE REPRESENTA" les compartiré otra idea, para tratar de integrar el tema y fusionar las ideas complementándolas a través de la utilización de "EJEMPLOS" y el LENGUAJE FIGURADO.

EL MAPA DEL TERRITORIO, NO ES LA CIUDAD. De la misma manera en que EL MAPA de algún territorio es sólo eso; una representación gráfica de la misma. Nunca podríamos pretender que el MAPA remplace la CIUDAD como tal. Desde luego El MAPA no es el territorio por más que describa la ciudad. Nunca un MAPA será igual a la realidad por más detallado que este sea.

- Así como tampoco un folleto de viajes, serían las vacaciones.
- Ni las partituras de una canción, serían la obra musical.
- Ni la receta gastronómica, sería una comida.
- Ni un buen libro, sería la información.

Entonces podemos deducir que: El Mapa del Territorio, el Folleto de Viajes, las Partituras con sus Marcas o Compás, El Recetario Gastronómico y el Buen Libro son solo guías, que nos orientan una dirección a seguir.

Mientas que La Cuidad, Las Vacaciones, la Obra Musical, la Comida y la Información hay que vivirlas y experimentarlas personalmente; solamente así, pueden conocerse, disfrutarse a cabalidad y sentirse la melodía, degustar la deliciosa comida y aplicar los conocimientos adquiridos de una buena lectura.

Lo mismo sucede con nuestra realidad; no importa que tan acertados, realistas u objetivos creemos que somos para definirla. Nuestras definiciones y conceptos de la realidad son y será solo eso, una interpretación personal de dicho suceso. En resumen: Los MAPAS son selectivos, y al mismo tiempo que nos proporcionan alguna información dejan de lado muchas otras...

Así nos van siendo útiles, al explorar el vasto territorio de la ciudad en el camino de nuestra vida, nos dan ideas de cómo serán nuestras vacaciones en ese viaje de nuestros sueños, nos permite tener las nociones de las notas musicales para tocar nuestra propia música, aprender a preparar exquisita comida culinaria y finalmente aprender nuevas informaciones mientras leemos.

*** ⁓⁓*** ⁓⁓*** ⁓⁓

EL SIGNIFICADO DE TODA COMUNICACIÓN SE ENCUENTRA EN LA RESPUESTA QUE SE RECIBE

Es decir, la respuesta adecuada es el resultado de la comunicación correcta. LA PREGUNTA ENTONCES ES *¿QUE ES LA COMUNICACIÓN?*

La idea más común que tenemos de la comunicación seria la siguiente "La persona A envía una INFORMACIÓN y la persona B la recibe" otra definición seria "La COMUNICACIÓN es la suma de todo lo que decimos y del cómo lo decimos. Pero lo más importante es el cómo trasmitimos esa INFORMACIÓN a otras personas" ... Esto es básico lo sé, pero es esencial para entender esta presuposición.

Es importante COMPRENDER que el OBJETIVO de una "{(COMUNICACIÓN)}" es transmitir una "{(INFORMACIÓN)}" lo más efectivamente posible, y que la persona que la recibe comprenda perfectamente la idea principal que se desea dar a conocer. En otras palabras; lo importante no es lo que uno cree decir, sino lo que uno en realidad desea transmitir, y que la otra persona realmente entienda.

En otro orden de ideas, *(El resultado de nuestra comunicación será la respuesta que obtengamos, independientemente de nuestro mensaje)* Cómo la gente le "RESPONDA" en una situación específica, determinará el grado de efectividad en su comunicación y en la información que quiso transmitir.

*** ⁓⁓*** ⁓⁓*** ⁓⁓

Es muy importante en este punto diferenciar "{(COMUNICACIÓN)}" de "{(INFORMACIÓN)}". La COMUNICACIÓN es la capacidad de transmitir una idea, la INFORMACIÓN hace referencia al MENSAJE que se transmite, en otras palabras, la INFORMACIÓN es el mensaje que se manifiesta a través de la COMUNICACIÓN.

Tengamos en cuenta que HABLAR no es necesariamente COMUNICAR. Podríamos HABLAR por horas sobre uno o varios temas, sin COMUNICAR ni transmitir ningún mensaje esencial de verdadera importancia o relevancia para el oyente.

Un buen ejemplo seria: IMAGÍNATE "{(HABLAR en el idioma español y dar un gran discurso sobre BIOTECNOLOGÍA ATÓMICA NUCLEAR)}" a un grupo de nativos nómadas errantes que tienen otro idioma o dialecto completamente desconocido y que nunca han tenido contacto con ninguna otra civilización, ni han escuchado jamás el idioma español, y mucho menos han oído hablar sobre la biotecnología atómica nuclear. *¿Cuál crees tú que sería su reacción en una situación como esta? (¡/$#@|€¬%&!¿*+")...*

Tal vez el ejemplo anterior sea un poco exagerado, lo sé. Pero logro su objetivo, TRANSMITIR la información; de que no todo lo que hablamos, llega a nuestros oyentes, de la manera en que esperamos que sea. Ok, bueno campeones y campeonas;

después de reflexionar la enseñanza del ejemplo previo, retomaremos el tema con algunos otros puntos para complementar la idea principal.

Para que exista una autentica COMUNICACIÓN es necesario tener presente varios factores. <u>Por ejemplo</u>:

A.- Las personas tenemos dos (2) Niveles de Influencia y Persuasión en la Comunicación: CONSCIENTE e INCONSCIENTE

B.- El efecto de la comunicación depende de la flexibilidad y EFECTIVIDAD DEL EMISOR, es imposible dejar de comunicarse.

C-. El OBJETIVO de la comunicación eficaz; en este caso sería lograr transmitir una idea, y que el mensaje llegue de forma tal, que los destinatarios respondan efectivamente a lo que intentamos comunicar.

E.- Tener clara la intención que queremos comunicar; con el fin de saber cuál es el OBJETIVO que queremos alcanzar en dicha conversación, es decir saber el POR QUÉ y el PARA QUÉ de nuestro mensaje.

D.- Tratar de ser lo más breve, concreto y preciso al momento de comunicar nuestra intención; para así alcanzar, los resultados deseados.

F.- Para reconocer las respuestas a una situación inesperada es necesario tener siempre los canales comunicativos "{(ALERTAS, ATENTOS y LISTOS)}" para entrar en acción.

G.- Mantenernos siempre alertas para ser conscientes de cuando se hace necesario hacer un cambio en nuestra forma de comunicarnos y actuar siempre de manera precisa en favor de nuestro OBJETIVO.

H.-El Rapport, la Sintonía y la Empatía son el resultado del encuentro entre las personas con el mismo NIVEL DE COMUNICACIÓN.

I.- Para conocer las respuestas correctas, y decidir elegir las mejores opciones es indispensable tener agudeza mental e intuición.

J.- La habilidad de cambiar el proceso mental a través del cual experimentamos la realidad al comunicarnos es a menudo más valiosa que cambiar el contenido de nuestro mensaje de la realidad.

K.- El potencial más valioso que posee un individuo es mantenerse constante en sus palabras, mientras que su comunicación interna y externa (Verbal y No Verbal) sea coherente con lo que dice.

L.- La Memoria y la Imaginación usan los mismos circuitos neurológicos y potencialmente tienen el mismo impacto en nuestra mente, utilizándolas adecuadamente en la comunicación nos permite llegar a la mente de nuestro interlocutor con mayor efectividad.

*** ~~~*** ~~~*** ~~~

NO EXISTEN LOS FRACASO, SINO SOLAMENTE MENSAJE DE RESPUESTA

Cada fallo nos genera *(Nuevas Informaciones para alcanzar los OBJETIVOS deseados)*. Que nos permiten finalmente crear nuevas alternativas y oportunidades de respuestas para "realizar las correcciones" que sean necesarias para "{(MODIFICAR)}" la respuesta y proseguir nuestra conquista hacia el éxito.

Es decir "NO EXISTEN LOS ERRORES EN LA COMUNICACIÓN", ni en nuestras acciones, solo existe «FEEDBACK o RETROALIMENTACIÓN» que son finalmente las que producen los resultados deseados cuando aprendemos de ellas.

Todo comportamiento trae unos logros consigo, ya sea que se trate o no de los efectos esperados para una tarea o situación específica. Pero ten siempre presente que *"Cada Fallo es una Enseñanza, Cada Error una Ocasión de Corregir y Cada Fracaso una Oportunidad para Volver a Empezar"*

Tratar a las adversidades como barreras y los desafíos como obstáculos conduce a la pasividad, al temor y a la falta de propósito. pero tratar a las adversidades como circunstancias pasajeras y los desafíos como nuevos retos, nos proporcionan nuevas opciones y oportunidades para salir de la situación favorablemente y encaminarnos nuevamente hacia el logro de nuestros objetivos deseados.

Tenemos que tener presente que cada resultado sea cual sea, es considerado como un HECHO, un enriquecimiento de la experiencia hacia el camino del cambio y la excelencia personal. Todos los resultados en la vida sean cual fueren se consiguen a través de "La ACCIÓN, la EJECUCIÓN y el ENFOQUE en un determinado propósito".

En otras palabras, campeones y campeonas, los OBJETIVOS enfocados en dirección hacía un resultado esperado, solo se hacen presente mientras ejecutes un plan de acción preparado para tal fin, y perseveres en la dirección correcta que has determinado de antemano para el logro y cumplimiento de tú PROPÓSITO.

Mientras te encuentres en pleno movimiento en dirección a tú destino, mayores serán las probabilidades que el camino te proporcione las circunstancias, acontecimientos, personas y hechos que necesite para lograr alcanzar tus objetivos.

Si lo que usted hace o ha realizado hasta ahora no le ha generado los resultados que esperaba, entonces lo que hay que hacer es cambiar lo que venía haciendo, modificar el comportamiento y experimentar nuevas conductas más eficaces que les permitan alcanzar lo que pretendes.

Como dice ALBERT EINSTEIN "El colmo de la locura es: Hacer siempre las mismas cosas una y otra vez y esperar resultados diferentes" en otras palabras *"Si siguen haciendo lo mismo que han venido realizando hasta ahora, seguirán obteniendo los mismos resultados que han conseguido hasta el momento"*

… Así que *"Si Quiere Tener Resultados Distintos Comience Hacer Cosas Nuevas Que Nunca Haya Realizado Antes"* Recuerda que solo es mediante los intentos *(Mensajes de respuesta)* que es posible generar nuevos resultados.

Siempre tenemos que estar dispuesto a observar el mundo con nuevas expectativas porque es en la medida en la que aprendemos a vislumbrar el futuro con nuevas perspectivas, que se nos abrirán un sinfín de nuevas oportunidades, circunstancias y acontecimientos que enriquecerán nuestras experiencias en nuestro diario vivir. En otras palabras; campeones y campeonas *"Si algún principio de la PNL se muestra inefectivo, modifíquelo cámbialo e INTENTA DE NUEVO"*.

"Sencillamente si algo no funciona, se cambia y SE INTENTA UNA y OTRA VEZ hacer otras cosas distintas, hasta lograr los resultados esperados".

*** ～～*** ～～*** ～～

DETRÁS DE TODO COMPORTAMIENTO SE ENCUENTRA UNA ADAPTACIÓN O INTENCIÓN POSITIVA.

Tengamos presente que cada comportamiento se motiva o se origina de un *(conjunto de eventos)* que proceden de estímulos internos *(surcos neuronales)*.

Y éstas; son consecuencias directas del PORQUÉ y el PARA QUÉ realizamos lo que hacemos en cada situación que se nos presenta, que finalmente nos producirá un beneficio y un efecto de intención positiva en cada acción que ejecutamos, seamos consciente de ello o no.

Es decir, la intención de cada conducta produce un equilibrio y puede serle útil en algún contexto, trabajo o relación. A saber, todo lo que usted "sabe, piensa, siente o hace sea POSITIVO o NEGATIVO" es de gran valor y provecho para usted en una situación en particular, pueda percatarse de esa realidad o no.

Es necesario analizar todo comportamiento y conducta a la luz del ambiente donde se desarrollan los hechos, ya que de otro modo tales conductas o comportamientos pueden parecer ilógicos, irracionales o fuera de todo lugar y contexto, cuando en realidad tiene más coherencia de lo que suponemos. Recordemos que no necesariamente una intención positiva se manifiesta de acciones o actos positivos. AQUÍ COMPARTIRÉ ALGUNOS EJEMPLOS:

Supongamos que una persona quiere dejar algún tipo de vicio como fumar cigarrillos, beber alcohol o dejar los juegos de azar. No sería algo contradictorio pensar que algunos de esos vicios tuvieron alguna vez una INTENCIÓN POSITIVA.

Intentemos analizarlo desde la **Presuposición de la PNL**. En la oportunidad en que se desarrollaron esos hábitos; tuvieron como efecto producir una respuesta positiva, que produjeron en la persona una SUPUESTA alternativa.

En el caso del fumador él sabe que "Fumar es nocivo para la salud, pero la supuesta intensión positiva es relajarse" en el caso del alcohólico él sabe que "Beber en exceso le ocasiona conflictos, pero la supuesta intensión positiva es olvidarse de los problemas" en el caso del jugador él sabe que "Apostar le afecta económicamente, pero la supuesta intensión positiva es ganar un dinero fácil"

En resumidas palabras; es de vital importancia reconocer la intensión positiva detrás de un mal hábito, para poder desarrollar un nuevo buen hábito más empoderado, positivo y efectivo que te permita reemplazar el anterior.

*** ～～*** ～～*** ～～

CADA UNO DE NOSOTROS TIENE TODOS LOS RECURSOS Y LAS FUERZAS NECESARIAS PARA PRODUCIR CUALQUIER CAMBIO QUE SEAN PRECISO.

Es decir, campeones y campeonas, las personas ya disfrutamos y poseemos potencialmente de todas las cualidades, potencialidades, virtudes, destrezas y probabilidades que requerimos para cambiar y actuar eficientemente en cualquier campo de acción que escojamos. Si aún no los tenemos; o no los hemos desarrollado todavía, podemos aprenderlo en cualquier momento en que nos los propongamos. Y eso mis queridos lectores, es lo maravilloso de este mundo.

En conclusión, mis queridos amigos y apreciadas amigas, ustedes ya cuentan con todos los recursos que necesitan: Lo único que les hace falta es saber cómo acceder a ellos en la situación apropiada. Tenga presente que *(Nosotros creamos nuestra propia realidad)* para lograr todo lo que queremos, porque el poder ya se encuentra dentro de nosotros y reside latente en nuestro interior.

Toda tarea puede ser cumplimentada (o aprendida) si se divide en pequeñas porciones, en otras palabras, la forma más fácil para adquirir nuevas conducta, hábitos y competencias para solucionar un problema es dividirlo en pequeñas partes, luego tomar acción y hacer que las cosas sucedan.

A lo largo de nuestra historia las personas hemos acumulado una larga trayectoria de experiencias, conocimientos, vivencias e informaciones que tal vez se encuentran adormecida en su subconsciente. Pero que si aprendiéramos a despertar esas potencialidades conscientemente y utilizarlas a nuestro favor nos permitiría extraer todos esos recursos almacenados para desarrollarnos potencialmente como mejores personas y afrontar con determinación cualquier circunstancia que se nos presentará.

*** ~~~*** ~~~*** ~~~

SI ES POSIBLE PARA ALGUIEN MÁS, ES POSIBLE PARA MÍ TAMBIÉN.

Es decir, cualquier persona puede hacer cualquier cosa que se proponga en su vida. Si alguien más ya lo ha logrado, eso quiere decir que es posible también para ustedes modelar y copiar cualquier conducta y patrones de comportamientos que les permita adquirir esos mismos resultados deseados. Por tal razón, en la PNL creemos que, a través del MODELADO, si algo es posible para alguien más, también es posible para otros alcanzarlo.

(La identificación de "MODELOS EFICACES" nos lleva directo a la excelencia personal). Si alguien tiene alguna capacidad de realizar algo, se puede extraer el modelo o el patrón clave que fundamenta tal habilidad. Y luego aprenderlas, enseñarlas o duplicarlas en otras personas, obteniendo como efecto o consecuencia positiva los mismos resultados. Y en algunos casos, hasta mejores que el de la persona modelo. Recuerda todo comportamiento está orientado a la adaptación y al cambio, en la medida en la que creamos nuestra propia realidad.

Otra de las presuposiciones más poderosas de la PNL es la que nos enseña que las personas que contamos con una cantidad de alternativas posibles, tenemos más opciones y mayores probabilidades de éxito. Recuerda que el que tiene más opciones y alternativas tiene el control. Esta presuposición tiene su origen en la CIBERNÉTICA o TEORÍA DE SISTEMA, donde se manifiesta que el elemento con mayor flexibilidad (variedad) de respuesta antes diferentes estímulos es el que ejerce el control sobre el sistema.

En otras palabras, aplicando el mismo principio en el ser humano. La persona que cuenta con la capacidad de adaptarse a los cambios tiene mejores opciones de modificar sus patrones metales de pensamientos y como resultado es capaz de modelar y copiar conductas y patrones de comportamientos más emperadores.

$$*** \sim\sim *** \sim\sim *** \sim\sim$$

MENTE y CUERPO forman parte de un mismo "{(SISTEMA CIBERNÉTICO)}".

Ambos interactúan y confluyen holísticamente y sinérgicamente entre sí. Procesamos la realidad a través de nuestro MENTE - CUERPO y por lo tanto somos nosotros los que creamos nuestras propias experiencias. Por tal razón, somos responsables por lo que esas experiencias provocan en nosotros.

La psicosomática que es la ciencia que estudia la relación entre alma (psique) cuerpo (soma). Ha demostrado que muchas enfermedades pueden ser producidas a través de la intervención de nuestros pensamientos negativos y emociones limitantes como es en los casos de depresión, estrés, miedo o rencor.

En casos más severos, las enfermedades psicosomáticas se han asociado a hipertensión arterial, diabetes, cáncer y muchas otras enfermedades autoinmunes.

En otras ramas de investigaciones más resientes todavía, encontramos la Psiconeuroinmunología (PNI) que es la ciencia que se ocupa de la relación entre pensamientos, sentimientos y acciones. Es decir, es la ciencia que estudia la interacción entre los procesos psíquicos, el Sistema Nervioso (SN), el Sistema Inmune (SI) y el Sistema Endocrino (SE) del cuerpo humano y los procesos corporales que influyen entre ellos. Gracias a ella, se hace cada vez más evidente la relación que existe entre la MENTE y el CUERPO y ciertas enfermedades psicosomáticas, trastornos funcionales y hasta desequilibrios psíquicos.

Hoy en días hay otras especialidades como la Biodescodificación conocido en algunas ramificaciones también como Bioneuroemoción que son herramientas y metodologías modernas utilizadas para manejar de manera más eficiente la relación EMOCIONES PENSAMIENTOS, y han determinado que cada sentimiento y cada pensamiento o viceversa trae consigo cambios biológicos, fisiológicos y psíquicos que pueden ser favorables o desfavorables para el individuo.

Estas poderosas herramientas y metodologías modernas hablando de la "{(BIODESCODIFICACIÓN o BIONEUROEMOCIÓN)}" nos enseñan a producir cambios radicalmente positivos y favorables en nuestros Modelos de Pensamientos, siendo una de las ALTERNATIVAS más adecuadas para trabajar la relación entre la MENTE y el CUERPO.

Para repasar esta información y aprender más sobre el tema, puedes leer mi libro "eBook's en su REPORTE ESPECIAL" titulado *(Sanate a Ti Mismo y Libérate del Auto Sabotaje Aprende a Fortalecer Tú Guerrero Interior, Equilibrar tus Canales Energéticos, Controlar tus Emociones y Dirigir tus Pensamientos)* a la cual le dediqué una gran parte al tema en cuestión en el apartado denominado Aplicando la BIODESCODIFICACIÓN CONSCIENTE y la técnica de BIONEUROEMOCIÓN APLICADA donde compartí algunos ejercicios y ejemplos que te podrían ser útiles para este tema MENTE CUERPO…

Aquí les compartos los enlaces desde mi página oficial de AMAZON

Tapa Blanda: https://www.amazon.com/dp/107711737X

Kindle de Amazon: https://www.amazon.com/dp/B07TXRXSZT

Buenos campeones y campeonas, sin más, prosigamos con el tema.

Con relación al impacto que tienen nuestras percepciones MENTE - CUERPO en el estado del ser humano, Aldous Huxley nos enseña que: *"La experiencia no es lo que le sucede al hombre, sino lo que ese hombre hace con la experiencia que le sucede"*.

Para reforzar la idea anterior citaremos una frase de Marco Aurelio: que dice que *"Si te sientes angustiado por cualquier cosa externa, el dolor no se debe a la cosa en sí, sino a tu propia estimación sobre ella; así pues, tienes el poder de eliminarlo en cualquier momento"*.

La Vida, la MENTE el CUERPO y el Espíritu se rigen por principios universales de organización propias y escalonadas, formando una red simbiótica, sinérgica y holística que coinciden entre sí, y a la vez de marera independiente que busca de forma natural estados de equilibrio y armonía.

Vida, MENTE - CUERPO y Espíritu son procesos integrales en continua transformación y evolución. Todo, está formado por sistemas y subsistemas independientes, ecológicos y holísticos sinérgicamente entre sí, en permanente e interactiva e influencia con el universo.

*** ~~~*** ~~~*** ~~~

TODA EXPERIENCIA TIENE UNA ESTRUCTURA

Cada experiencia de vida que experimentamos se registra en nuestra SUBCONSCIENTE, creando nuevas conexiones neuronales; de esa situación que es anclada a la vez, en nuestra ESTRUCTURA MENTAL y psicológica, seamos conscientes de ello o no.

Para comprender esta presuposición tenemos que tener presente que cada pensamiento, sentimientos y acciones que componen nuestros recuerdos y experiencias son parte de un todo integrado en su totalidad. Y esas informaciones quedan guardas en nuestro sistema neurológico, por eso cuando acedemos a esas informaciones bien sea de manera consciente o inconsciente atraemos a la vez las mismas respuestas sensoriales que quedaron registrada en esa ocasión.

Voy a compartirles un ejemplo: Si en determinada situación recordáramos una vivencia del pasado sea POSITIVA TU GRADUACIÓN CON HONORES DE LA UNIVERSIDAD o negativa una discusión y rompimiento con una expareja. Aparecerá por regla general un patrón de recuerdos asociados a esas experiencias. entre ellas podríamos mencionar, imágenes mentales, sonidos, sentimientos y en ciertos casos olores, incluso pueden aparecer determinados sabores. Entre más intenso y personal haya sido el recuerdo más aspectos sensoriales se asociarán a tal evento en el presente al momento de recordarlos. Así pues, cada experiencia, vivencia o situaciones que experimentan quedan estructuradas en su cerebro.

Por tal motivo, cada experiencia personal se procesa de forma distinta en cada persona, dependiendo de su forma de percibir el mundo y los sentidos que utilizo para registrar esas vivencias, bien sea visual lo que vio, auditivo lo que escuchó, sensorial lo que sintió, el olfativo los olores que asoció al evento o gustativo los posibles sabores que le producen dicho evento.

Recuerda que todas las distinciones y representaciones que los seres humanos somos capaces de hacer con relación a nuestro entorno o medio ambiente para procesar o recordar información, lo hacemos a través de los 5 sentidos. Entendido este punto podremos destacar que, si cada experiencia tiene una estructura determinada en nuestra estructura mental y psicológica, podemos hacer los cambios que sean necesarios para MODIFICAR, RECODIFICAR y REESTRUCTURAR esa experiencia de manera más positiva y efectivamente como sea posible.

La persona con mayor flexibilidad para MODIFICAR, RECODIFICAR y REESTRUCTURAR sus experiencias, son las que más influencia tienen sobre sus emociones, pensamientos y acciones. Y, por ende, estará en mejores condiciones para enfrentar cualquier situación. Su flexibilidad de pensamiento determinará su éxito. La flexibilidad para adaptarse a los cambios, asegurarán la victoria en cualquier ámbito personal de nuestra vida.

Aceptamos con mayor facilidad lo conocido "Zona de Confort" aunque podemos decidir elegir buscar mejores opciones y alternativas, de PENSAMIENTOS y EMOCIONES. Recuerda que a medida que aprendes a MODIFICAR, RECODIFICAR y REESTRUCTURAR las experiencias, recuerdos y vivencias de manera positiva y más efectiva, entonces mayores serán los recursos que generaras para producir cambios radicalmente favorables en tú vida.

*** ~~*** ~~*** ~~

Recapitulación General del Segundo Capítulo.

1.- El mapa no es el territorio, ningún mapa refleja al mundo en una forma completa, exacta, precisa ni absoluta.

2.- La gente responde al mapa de su realidad, no a la realidad misma. Es decir, las personas, cuando toman decisiones lo hacen de acuerdo con la información que manejan o (el mapa que poseen) en ese sentido, son las mejores elecciones que pueden hacer en una determinada situación. Pero al ocurrir un cambio en el modelo del mundo, (EL MAPA) las opciones también cambian lo que permite que las decisiones y las elecciones sean diferentes para la misma situación.

3.- La gente siempre procurar tomar las mejores decisiones posibles y deciden hacer la mejor elección que pueden hacer, según los recursos disponibles en cada situación y dependiendo de la información que tengan a la mano. (Incluso aunque existan mejores decisiones o elecciones que hacer)

4.- Cada persona procesa y piensa de forma distinta, dependiendo de su forma de percibir el mundo y los sentidos que utiliza para ello bien sea el visual, el auditivo, el sensorial o kinestésico, el olfativo o el gustativo.

5.- Todas las distinciones y representaciones que los seres humanos son capaces de hacer con relación a su entorno o medio ambiente para procesar información, lo hacen a través de los 5 sentidos.

6.- Toda experiencia tiene una estructura y cada experiencia de vida se registra en nuestra neurología seamos consciente de ello o no.

7.- Aceptamos con mayor facilidad lo conocido "Zona de Confort" aunque podemos decidir elegir buscar otras opciones y alternativas

8.- Las personas cuentan potencialmente ya con todos los recursos necesarios a cada momento para generar cambios, alcanzar los objetivos que se propongan y actuar de manera eficiente, si aún no tienen esos recursos los pueden aprender o desarrollarlos en el camino.

9.- Todo comportamiento está orientado a la adaptación y al cambio, en la medida en la que creamos nuestra propia realidad

10.- Si no funciona, podemos elegir hacer algo distinto, no importa qué, pero podemos decidir realizar algo diferente. El éxito radica en probar hacer otras cosas, hasta que logremos nuestros objetivos.

11.- Detrás de toda conducta existe una intensión positiva en el que cada comportamiento tiene un valor adaptativo o motivado con objetivo de conseguir algún beneficio y es el producto del equilibrio que necesita el sistema para ese momento.

12.- La persona con mayor flexibilidad son las que más influencia tiene sobre el sistema y mejores opciones tiene para el control de la situación. Su flexibilidad personal determinará su éxito. La flexibilidad para adaptarse al cambio y al medio ambiente, asegurarán la victoria en cualquier ámbito personal de nuestra vida.

13.- MENTE y CUERPO forman parte de un mismo "{(SISTEMA CIBERNÉTICO)}" ambos interactúan y confluyen holísticamente entre sí.

14.- Procesamos la realidad a través de nuestro MENTE - CUERPO y por lo tanto somos nosotros los que creamos nuestras propias experiencias. Por tal razón, somos responsables por lo que esas experiencias provocan en nosotros.

15.- VIDA, MENTE - CUERPO y ESPÍRITU son Procesos Holísticos Integrales en continua transformación y evolución.

16.- La Memoria y la Imaginación usan los mismos circuitos neurológicos y potencialmente tienen el mismo impacto en nuestra mente.

17.- Cualquier persona puede lograr cualquier cosa que se proponga ya que es posible modelar cualquier conducta hasta alcanzar copiarla, modelarla y adquirirla, es decir si algo es posible para alguien más, también es posible para otros alcanzarlo.

18.- Las personas tenemos dos (2) Niveles de Comunicación: CONSCIENTE e INCONSCIENTE.

19.- En la COMUNICACIÓN no existen los fracasos, solo existe "{(RETROALIMENTACIÓN o FEEDBACK)}"

20.- No existen los errores, sino solo resultados, cada falla, error, o desacierto tan sólo nos proporcionan nuevas informaciones.

21.- Todos los resultados, conductas y comportamientos son logros, ya sea que se trate o no de los resultados esperados para una tarea o contexto deseado.

22.- Para reconocer las respuestas a una situación inesperada es necesario tener siempre los canales adecuados ALERTAS, ATENTOS y LISTOS para entrar en acción.

23.- El Rapport, la Sintonía y la Empatía son el resultado del encuentro entre las personas con el mismo MAPA o modelo del mundo.

24.- El significado de nuestra comunicación se encuentra en la respuesta que obtenemos, independientemente de nuestra intención

25.- El efecto de la comunicación depende de la flexibilidad y EFECTIVIDAD DEL EMISOR, es imposible dejar de comunicarse.

26.- Todo comportamiento es útil y puede servir en alguna determinada situación, es decir toda conducta es significativa en el contexto en la cual se realiza.

27.- Para conocer las respuestas correctas, y decidir elegir las mejores opciones es indispensable tener agudeza mental e intuición.

28.- Toda tarea puede ser complementada (o aprendida) si se divide en pequeñas porciones, en otras palabras, la forma más fácil para adquirir nuevas conducta, hábitos y competencias para solucionar un problema es dividirlo en pequeñas partes

29.- La habilidad de cambiar el proceso a través del cual experimentamos la realidad es a menudo más valiosa que cambiar el contenido de nuestra experiencia de la realidad.

30.- El potencial valioso de un individuo se mantiene constante, mientras que lo apropiado de su comportamiento externo o interno es cuestionado.

*** ～～*** ～～*** ～～

CAPÍTULO III: TÉCNICAS BÁSICAS DE LA PNL

¿Que son y para qué sirven las Técnicas de PNL?

Las técnicas de la **PNL** o **programación neurolingüística** son muy conocidas hoy día, mucho se habla sobre ellas alrededor del mundo, en la actualidad hay una gran variedad de técnicas, con ciertas variaciones entre sí según las escuelas y los practitioner de PNL que las enseñan… Aunque es verdad que muchas de estas técnicas han mantenido su esencia desde sus orígenes, muchas otras han evolucionado a través de los años, para adaptarse mejor a estos tiempos tan cambiantes. *Por lo que muchas personas tal vez pudieran estar preguntándose si ¿la Programación Neurolingüística realmente funciona? Y la respuesta con toda certeza es Si. LA PROGRAMACIÓN NEUROLINGÜÍSTICA funciona y es tan eficaz ahora como en sus inicios.*

Hay que tener presente que las **TÉCNICAS DE PNL** funcionan y son muy útiles para alcanzar metas, sueños y objetivos. Y para lograr dichos propósitos, es necesario contar con ciertos conocimientos, habilidades y estados mentales adecuados para lograrlo.

Por darte solo algunos ejemplos: Podemos necesitar no solo contar con ciertas competencias a la hora de producir cambios positivos en nuestras vidas. En la mayoría de las ocasiones, también se nos requerirá realizar algunos cambios en nuestros patrones de pensamientos, en otros casos podríamos tener que mejorar nuestra postura corporal, en otros reprogramar algunos mapas mentales o paradigmas autolimitantes, en otras ocasiones se nos requerirá eliminar ciertos sentimientos auto saboteadores y en la mayoría de los casos se nos requerirá involucrar activamente nuestra perseverancia y resistencia. Recordemos que, aunque las **técnicas de la PNL**, son poderosos recursos para vencer barreras y resistencia al cambio, es necesario tomar acción para hacer que las cosas sucedan… Y esto mis apreciados aprendices es la verdadera magia de la PNL.

*** ~~~*** ~~~*** ~~~

¿Que son las técnicas de PNL?

Las técnicas de la PNL son una serie de metodologías y herramientas prácticas creadas y diseñadas para apoyarnos a lograr un objetivo determinado entrenando y programando nuestra mente consciente y subconsciente para el éxito y la autorrealización personal. Acostumbrándonos de esta manera, a responder de manera más eficaz antes ciertas situaciones y actuando de manera automatizada ante ciertos estímulos.

¿Para qué sirven las técnicas PNL?

Mediante su puesta en práctica, las técnicas de la PNL puedes ayudarnos a conseguir una mejora considerable en muchos aspectos de nuestra vida, ya que optimiza nuestras capacidades latentes y nos permite reconocer competencias que de otra manera pasarían desapercibidas. A través de las técnicas de la PNL aprendemos a indagar nuestra forma de pensar, sentir y de actuar. Lo que nos permite que analices todos aquellos estímulos internos que sucede dentro de nosotros. Y de esta manera, al estar facultados con estas nuevas habilidades nos permite desechar todo aquello que suponga un comportamiento autodestructivo o desarrollar las cualidades o virtudes que necesitamos para llevar nuestra vida a un siguiente nivel… *Y estos mis apreciados amigos, es la PNL en acción.*

*** ～～*** ～～*** ～～

TÉCNICA DE PNL EL "MODELADO".

EL MODELADO es una de las técnicas pioneras de la **PNL**, fue la primera que dio origen a lo que hoy llamamos **programación neurolingüística**. El **MODELADO** es un proceso diseñado por John Grinder y Richard Bandler y consta de copiar una serie de secuencias y patrones de excelencias a través de **MODELAR** las conductas, comportamientos y patrones mentales de una persona exitosa, y reproducir esos mismos resultados de una actividad específica en otro individuo.

John Grinder y Richard Bandler afirman que una vez que conocemos los componentes, elementos lingüísticos, las conductas, los mapas mentales, las creencias y los patrones mentales que provocan el comportamiento deseado, podemos entonces reproducir exitosamente los mismos resultados de las personas a las cuales hemos MODELADO. Al aprender correctamente a copiar las diversas tácticas y estrategias mentales, el MODELADO se convierte en una habilidad que una vez aprendida y ejecutada apropiadamente puede ser transferida, programada y hasta copiada de una persona a otra.

Por todo lo aprendido anteriormente, es que la **PNL** o **PROGRAMACIÓN NEUROLINGÜÍSTICA** nunca debe entenderse o aplicarse como una técnica estática o aislada. Tiene que enseñarse como un **"METAMODELO"** sistemático, en que todas sus partes convergen y se relacional holísticamente entre sí. Como parte de un todo integrado que trabaja en conjunto de forma sinérgica e integral.

*** ～～*** ～～*** ～～

La PNL como disciplina comprobada, se sustenta en una metodología que fue creada y diseñada por sus creadores los doctores John Grinder y Richard Bandler para descubrir los "MODELOS" o "PATRONES DE ÉXITO" empleados por los expertos más sobresalientes de su época.

Y progresivamente se ha ido ampliando y sistematizando para su utilización en las distintas ramas clínicas, terapéuticas y psicológicas, así como también se ha diversificado en diferentes campos transformacionales del desarrollo del SER, y en otras áreas tan diversas como son las políticas, educacionales, religiosas, deportivas, culturales. Así como también en los múltiples mercados empresariales, de negocios, profesionales, organizacionales, entre muchos otros campos.

En todos esos espacios la PNL o programación neurolingüística nos facilita "aprender a comunicarnos de maneras más efectiva y eficaz", mejorando así nuestras relaciones interpersonales eficientemente. *Permitiéndonos organizar nuestras propias fortalezas, logros, triunfos y éxitos, a la vez que nos permite aprender y entender mucho mejor nuestras debilidades, desaciertos, errores o fracasos y aprender de cada uno de ellos.*

Estos procesos nos sirven de base y fundamentos para emprendimientos futuros, y es una manera de redescubrir nuestro genio personal (Metafóricamente dormidos en nuestro subconsciente, esperando ser despertados).

*** ~~~*** ~~~*** ~~~

¿TÉCNICA PARA MODELAR EL COMPORTAMIENTO?

Estrategia Simplificada:

•Siente un verdadero interés y curiosidad en la actividad que desarrolla la otra persona a la que deseas MODELAR.

•Crea una relación de confianza y empatía con la otra persona, genera rapport y un acompasamiento equilibrado con la persona MODELO.

•Aprende a escuchar atentamente, y hacer preguntas abiertas.

•Escucha con atención, y comprueba que comprendiste bien la idea de lo que la persona MODELO te está describiendo.

•Presta especial atención a la comunicación no verbal y al lenguaje corporal.

•Aprende a calibrar, y reconocer en forma precisa los cambios fisiológicos y estados mentales de la persona a la que estas MODELANDO.

•Utiliza las respuestas de la otra persona para formarte una imagen mental y reencuadrar el marco de referencia, mediante el cual la persona MODELO percibe los hechos, y toma notas.

•Aprende a detectar las submodalidades de los sistemas representativos (V-A-K- "O y G") de la persona a la que estas MODELANDO.

•Aprende a anclar los estados deseados del MODELO de la persona de la cual estas aprendiendo

•Verifica una y otra vez, que estás comprendiendo todo correctamente en forma periódica.

•Practica y aplica lo aprendido hasta que los hayas interiorizado en ti mismo.

•Una vez interiorizada la habilidad, practícala hasta que se convierta en parte de ti.

*** ~~~*** ~~~*** ~~~

LAS TRES FASES FUNDAMENTALES EN EL MODELADO

1.- Aprende a Observar al Modelo de Manera Objetiva.

•Esta fase se trata de imaginarte a ti mismo completamente sumergido en la realidad y/o mapa mental de la persona a la que estás MODELANDO, mediante el uso de lo que la PNL llama Cambio de Perspectiva en segunda posición.

•Tu atención debe centrarse en "QUE" hace la persona modelo (actitud, comportamiento y fisiología), en el "CÓMO" lo hacen (estrategias internas de pensamiento y emoción), y el "POR QUÉ" lo hacen "comprender los (principios y valores que rigen sus creencias, motivos de acción y presuposiciones)".

•Podemos obtener el "QUÉ" mediante la observación directa. El "CÓMO" y el "POR QUÉ", se obtienen mediante las preguntas claves del METAMODELO.

2. Encuentra la Diferencia que MARCA LA DIFERENCIA

Una de las ventajas del MODELADO en la PNL, es que permite al practicante un aprendizaje acelerado. Ya que este proceso, le facilita el análisis y la observación de todos los elementos que conllevan a un resultado específico en el modelo en cuestión. Y luego que se logra identificar el proceso que entra en juego en el resultado final deseado; se pueden agregar, quitar o modificar ciertos elementos del proceso si fuese necesario, para adaptarla a la situación, y así obtener el resultado final esperado.

De esta manera, en lugar de tomar años en aprender a desarrollar bien sea una habilidad o destreza práctica en cualquier campo profesional. Se puede literalmente tomar cuestión de meses, semanas, días o hasta solo horas para dominar dicha maestría. Si se aplica el método adecuado correctamente, y por supuesto, según el contexto y la capacidad que se desea modelar.

Al agregar, quitar o modificar sistemáticamente cuando sean necesario ciertos elementos de la conducta del modelo, podemos encontrar las piezas del puzle o (rompecabezas) que son vitales y esenciales para el resultado final esperado. Si el proceso sigue funcionando adecuadamente una vez que se ha agregado, eliminado o modificado el elemento en cuestión, sabremos a ciencia cierta que el cambio ha dado resultados. De lo contrario, comenzaríamos el proceso nuevamente hasta que logremos MODELAR el efecto esperado. Y esto, es lo maravilloso de la TÉCNICA DEL MODELADO en la PNL.

Las preguntas importantes para tener en cuenta en un MODELADO son:

¿Cuáles son los patrones conductuales de comportamiento que permiten tener éxito al modelo en cuestión?, ¿Cómo logra el modelo obtener sus resultados?, ¿Qué hizo el modelo, que es diferente a como actúa una persona promedio que no tiene éxito?, ¿CUÁL ES LA DIFERENCIA QUE MARCA LA DIFERENCIA? ¿Qué proceso debemos seguir para reproducir los resultados deseados?

Cuando tenga todas las piezas del procedimiento que desee modelar, entonces se puede refinar y secuenciar el modelo, y así lograr obtener el resultado final esperado.

3. Diseña un Método para Copiar, Reproducir y Enseñar la Habilidad

Hasta que no tengas todas las piezas relevantes de una habilidad y la secuencia correcta en que se producen los resultados, no lo podrás copiar, reproducir o enseñar con eficacia tal habilidad. Por tal razón, comprobar, practicar y repetir la secuencia natural de la habilidad una y otra vez, para lograr el resultado esperado es importante y vital. POR EJEMPLO; Si tratas de hacer un pastel, y lo colocas dentro del horno antes de mezclar correctamente todos los ingredientes adecuadamente. O, no esperas el tiempo suficiente de cocción en el horno, al finalizar no tendrías el resultado esperado. Sin embargo, claro está, que en algunos casos excepcionales es posible copiar, reproducir o enseñar los distintos elementos de una habilidad fuera de secuencia y fuera de contexto, y aun así tener un cierto grado éxito. Pero lo más recomendable es practicar, practicar y practicar una y otra vez, hasta desarrollar la habilidad exitosamente.

Siguiendo con la analogía del pastel, lo ideal sería no solo contar y seguir con una deliciosa receta paso a paso. Sino que, para llegar a preparar un delicioso pastel, la clave está, en prepararlo una y otra vez. Ya que es a través de la repetición, la práctica y la disciplina que se logrará desarrollar la experiencia y la habilidad necesaria para convertirnos en un extraordinario chef pastelero.

El MODELADO PNL es un proceso de gran alcance, que ha comprobado que se puede acelerar el aprendizaje de cualquier habilidad o destreza. Por este motivo, es importante desarrollar esta técnica para lograr una buena formación en cualquier campo profesional.

Recuerda PIENSA, SIENTE y ACTÚA como la persona que quieres llegar a SER, hasta que lo seas. "{(Ten presente que comenzamos MODELANDO una ACTITUD GANADORA y terminamos construyendo una PERSONALIDAD TRIUNFADORA)}". -. YLICH TARAZONA. –

"El ÉXITO no es un acontecimiento de un solo día, es un proceso que se repite toda la vida. Usted puede ser un ganador en su vida si se lo propone. YA QUE NACISTE Y ERES UN TRIUNFADOR desde el instante de la concepción...

Recuerda: Las personas exitosas realizan actividades que les permitan ganar de vez en cuando; porque saben que tanto el triunfo, la victoria, así como la conquista son hábitos que deberían desarrollarse constantemente en su estilo de vida...

Las personas exitosas; asimismo tienen presente que, perdiendo también se gana. Porque saben que cada fracaso los acerca más a su propósito y que cada derrota los fortalece y les enseña lo que deben mejorar. En fin y al cabo; tanto los triunfos como las derrotas, son tan importantes para el éxito, que cuando aprendemos de ellas nos hacemos más fuertes y merecedores de vivir ese estilo y calidad de vida extraordinaria por la que tanto nos hemos esforzamos día tras día"

-. YLICH TARAZONA. –

*** ~~*** ~~*** ~~

CALIBRACIÓN:

Es la capacidad de observar y reconocer en forma precisa y gradual el ESTADO MENTAL y EMOCIONAL de una persona. Y conocer cuando esa misma persona está pasando de un estado a otro. En otras palabras, CALIBRAR es detectar los distintos ESTADOS MENTALES y EMOCIONALES INTERNOS. Así como las micro expresiones faciales y corporales que las personas reflejan en un momento determinado. La CALIBRACIÓN se produce partir del reconocimiento de los distintos indicadores con que las personas expresan su mundo interno a través de los cambios producidos en su fisiología comprendiendo así, su mapa mental en una situación específica.

Es importante destacar en este punto que todo comportamiento o conducta humana; supone una actividad neurológica que está determinada por los SENTIMIENTOS, EXPERIENCIAS, SENSACIONES INTERNAS, PENSAMIENTOS, MAPAS o MODELOS DEL MUNDO. Y que, por tal razón, puede ser detectada y (reconocidas). Siendo la CALIBRACIÓN una de las técnicas más efectivas de la PNL o Programación Neurolingüística creada y desarrolladas para tal fin.

El CALIBRADO adecuado en la práctica de la PNL, permite intuir acertadamente, lo que está teniendo lugar en el interior de la persona (Pensamientos y Emociones) y desde allí, poder acompañarlo en el proceso. Esta etapa representa una gran oportunidad para llevar a cabo una Sugestión Positiva, o aplicar los Patrones Hipnóticos Persuasivos cuando la ocasión la requiera.

Las personas que deseen utilizar correctamente la técnica de la CALIBRACIÓN deben primeramente aprender a "Identificar las diversas expresiones del lenguaje tanto (Verbal como el no Verbal)". Igualmente debe aprender a "Reconocer los diferentes estados mentales y emocionales y la discrepancia entre pensamientos y emociones, bien sean negativas y positivas". Para ello es de vital importancia reconocer los cambios neurofisiológicos que se producen en el interior de la persona, y que se reflejan exteriormente a través de pequeñas y sutiles micro expresiones faciales y corporales tanto conscientes e inconscientes.

Para desarrollar nuestra capacidad de CALIBRACIÓN a un nivel superior hay que aprender a identificar de manera integrada las diversas señales que se van presentando sutilmente en la persona tales como son: El lenguaje corporal y micro facial, el ritmo de la respiración "si es profunda o artificial, pectoral o abdominal" entre otros. Para dominar el arte de la CALIBRACIÓN profesionalmente, se necesita ir desarrollando gradualmente la experiencia en el reconocimiento de los movimientos oculares, la dilatación de la pupila, así como aprender a detectar los diferentes tonos de voz, el ritmo cardiaco, las contracciones inconscientes de la piel y los poros entre otros factores.

Por consiguiente, para lograr ese OBJETIVO se debe propiciar un ambiente adecuado de armonía, tranquilidad y confianza, observando el lenguaje verbal y no verbal de la persona, para que, por ese medio, podamos detectar y reconocer el "MAPA o Modelo del Mundo" de la persona en cuestión. Fijándonos tanto en sus gestos como en las posturas; esto puede ayudarnos a CALIBRAR su Estado Interno al descubrir el comportamiento y la conducta asociada a dicho estado mental u emocional. Y de esta manera, entrar en sintonía y rapport más efectivamente con él.

*** ~~~*** ~~~*** ~~~

Guía para Identificar los Cambios y los Estados Emocionales

LA RESPIRACIÓN

•Ritmo "Equilibrado o Descontrolado" - "Lento o Suave"

•Forma "Abdominal o Pectoral"

•Volumen "Suficiente o Insuficiente"

MOVIMIENTOS OCULARES

•Vr: Hacia arriba, en dirección a la izquierda.

•Vc: Hacia arriba, en dirección a la derecha.

•Ar: Lateralmente hacia la punta final del lado izquierdo del ojo.

•Ac: Lateralmente hacia la punta final del lado derecho del ojo.

•K: Hacia abajo, en dirección a la derecha.

•DI: Hacia abajo, en dirección a la derecha

DILATACIÓN

•De la "Pupila", del "Labio Inferior"

MICRO-EXPRESIONES FACIALES

• "Ademanes o Gestos" de Duda, Temor, Ira, Inquietud, Tensión, Relajación, Emoción, Alegría, Felicidad, Amor.

POSTURA CORPORAL

• "Simetría" "Orientación" "Inclinación o Ladeo"

POSICIÓN DE LA CABEZA, MOVIMIENTOS DE LAS MANOS

• "Movimientos de Afirmación" "Movimientos de Negación"

• "Gestos con las Manos y los Dedos"

TONO MUSCULAR

• "Tensionado o Relajado" "Gestual y Expresivo"

TEMPERATURA, HUMEDAD DE LA PIEL y COLORACIÓN

•Transpiración "Sudoración Dilatación y Coloración de los Poros"

LA VOZ

•Ritmo "Pausado o Acelerado"

•Timbre "Agudo o Grave"

•Tono "Suave o Áspero"

•Volumen "Alto o Bajo"

SUBMODALIDADES o PREDICADOS VERBALES

•Visual "Percibe su MAPA a través de lo que VE y puede Observar"

•Auditivo "Percibe su MAPA a través de lo que OYE y puede Escuchar"

•Kinestésico "Percibe su MAPA a través de lo que TOCA o puede Sentir"

*** ~~~*** ~~~*** ~~~

REENCUADRE:

Esta estrategia utilizada en la PNL o Programación Neurolingüística consiste en modificar el MARCO DE REFERENCIA, mediante el cual una persona percibe los hechos, situaciones o contextos. El REENCUADRE entonces, nos permite cambiar de esta manera el significado original de una experiencia de vida que se haya tenido, permitiendo así, crear una nueva realidad.

En otras palabras, REENCUADRE es la capacidad de aprender a ubicar el posible marco de referencia de una persona a través del recuerdo, así como también de la imaginación, con la intención de cambiar el significado de un determinado MARCO DE REFERENCIA, bien sea de un acontecimiento vivido, experimentado o creado. Cambiando así; el tamaño, el olor, el color, el sabor, la forma, la dimensión, el clima, entre otras percepciones sensoriales, permitiendo cambiar el estado emocional, las respuestas, las conductas y el comportamiento de un determinado individuo, llevando así a la persona a establecer una nueva comprensión, significado o realidad de la situación experimentada anteriormente, generando como respuesta una NUEVA y MEJOR EXPERIENCIA POSITIVA con relación al mismo suceso.

En otro orden de idea; la técnica de REENCUADRE permite inducir de manera subjetiva las conductas y comportamientos no deseados, con la intención de captar los estados anímicos y emocionales de una persona. Y luego conducir a esa misma persona a un "ESTADO DESEADO de CONCIENCIA determinado" y así mejorar su MARCO DE REFERENCIA de manera más asertiva y positiva.

De esta forma, logramos llegar más fácilmente al subconsciente de la persona, ayudándole a cambiar de manera más óptima, positiva y efectiva una determinada forma de pensar, sentir o actuar, bien sea de un acontecimiento, comportamiento o situación, y permitirle darle una mejor orientación y sentido a la situación.

Voy a compartir con ustedes un EJEMPLO para ilustrar la idea anterior. Si conoces un poco de arte; te podrás haber dado cuenta que el artista, al crear su obra maestra, no solamente juega con la creatividad de su pintura, sino que al momento de exhibirla sabe que el MARCO tendrá mucha influencia en el resto del cuadro.

Es decir, que, si él quiere resaltar una parte específica de su obra, solo tendrá que ENMARCAR su pintura con un MARCO que permita subjetivamente a las personas centrar su mirada en un punto determinado. Por ejemplo, si el MARCO del cuadro es Rojo, resaltará en la pintura todo lo que sea de tonalidad rojiza.

De igual manera, sucede con la técnica de REENCUADRE, utilizada correctamente puede cambiar el MARCO DE REFERENCIA de la experiencia de una persona, provocándole un cambio de perspectiva radicalmente diferente de la misma situación, creando así un nuevo MAPA MENTAL ante la misma escena.

La técnica de REENCUADRE tiene muchas aplicaciones. Por ejemplo: Dentro del proceso de enseñanza-aprendizaje se puede aplicar la técnica del REENCUADRE; concientizando a la persona, haciéndole ver que cuenta con todos los recursos que necesita para cambiar de actitud en una determinada actividad, en la cual presente dificultades. Se puede lograr, resaltando la parte positiva de esa actividad y el provecho que tiene, a fin de que el individuo cambie deliberadamente el modo de realizar la actividad, y así cambiará el significado que tenía de ésta por un significado más positivo. Permitiéndole tomar acción con una mejor actitud.

En mi condición como coach transformacional; a través de mis años de experiencias en las secciones de coaching tanto virtuales como presenciales con mis coachees, he aprendido que el estar en el mejor estado deseado posible, me permite lograr mucho mejores resultados. Y conseguir de esta manera, que la persona logre entrar en un estado más óptimo, positivo y dispuesto a la terapia, haciendo posible que la técnica del REENCUADRE tenga mejores resultados.

Como coach, he aprendido que uno debe ser un constante observador de la personalidad de los coachees y personas a quienes asistimos, con la intención de captar los estados anímicos que éstos presentan, en cuanto a las actividades que realizan en nuestras secciones. Cuando percibo que uno de mis coachees o participantes, no presentan el grado de motivación requerido en un punto específico. Le enseño a REENCUADRAR, hasta lograr cambiar el significado de la asignación. Y que esto permita, que ellos la perciban de una manera más efectiva.

La agudeza sensorial nos permitirá reconocer los estados de excelencia de las demás personas; y nos ayudará a reforzarlos, permitiéndonos tener el potencial para dejar a cualquier persona, en mejor estado, que cuando iniciamos el contacto inicial.

*** ～～*** ～～*** ～～

Para mejorar los resultados al aplicar cualquier técnica de la PNL es necesario tener en cuentas estos principios fundamentales:

OBJETIVO: Saber qué quiero lograr y como lo quiero alcanzar, centrándonos en la meta y en el propósito que se pretende conseguir.

AGUDEZA SENSORIAL: Estar alerta y mantener los sentidos atentos; de forma que, nos demos cuenta de lo que está ocurriendo adentro y fuera de nuestros coachees. Y de esta manera, determinar los resultados que se están obteniendo. Detectando apropiadamente, si lo que hago me acerca o me aleja de mí objetivo.

FLEXIBILIDAD: Posibilidad de ir cambiando la forma de actuar, o aplicar las técnicas de la PNL, hasta que se obtenga los resultados requeridos. Cambiando oportunamente aquello que nos impide lograr lo que realmente queremos lograr.

*** ～～*** ～～*** ～～

Ejercicio de REENCUADRE Hablando con tu Mente Subconsciente

Este Ejercicio de REENCUADRE fue una de las primeras técnicas desarrolladas por los creadores de la Programación Neurolingüística los Dres. JOHN GRINDER y RICHARD BANDLER. Y aunque es una técnica muy antigua, y ha tenido varias modificaciones a través de los años, sigue siendo un procedimiento muy útil, utilizado actualmente por la mayoría de los Coach con PNL.

El concepto de este Ejercicio de REENCUADRE es simple. Y se basa en la metáfora o alegoría de que nuestra mente subconsciente batalla entre sí, para controlar ciertos estados emocionales, pensamientos y acciones en el individuo.

Con este Ejercicio de REENCUADRE, lo que se pretende es entrenar a la parte de nuestra MENTE SUBCONSCIENTE que causa un comportamiento limitante. Para que a través de ejercicios conscientes produzca un nuevo ESTADO DESEADO DE RECURSO conscientemente, que resulte más positivo y empoderador para el coachee o el participante de la sección.

Pasos para aplicar la Técnica de REENCUADRE

Primero: Hay que identificar el comportamiento limitante o auto saboteador que se desea REENCUADRAR.

Segundo: Se inicia la Comunicación Intrapersonal con la Mente Subconsciente que está causando dicho comportamiento limitante, para identificar la causa que produce a tal conducta (por ejemplo, "Posponer hacer las cosas").

Tercero: Una vez identificado el comportamiento a REENCUADRAR, pregúntele a la Mente Subconsciente cuál es el resultado o intensión positiva de dicha conducta, para identificar así, en que se sostiene tal creencia.

NOTA: (Es importante recordar que cada comportamiento de la conducta humana está diseñado para tener un resultado o intención positiva. Según una de las PRESUPOSICIONES DE LA PNL estudiadas en el capítulo II, aprendimos que: Detrás de toda conducta existe una intensión positiva en la que cada comportamiento tiene un valor adaptativo o motivado con objetivo de conseguir algún beneficio, y es el producto del equilibrio que necesita el sistema para ese momento.).

En el caso del Ejemplo en Cuestión "Posponer hacer las cosas", posiblemente la parte positiva de dicha intención es que le permite a la persona evitar pasar por un acontecimiento de dolor frente a una posible situación de fracaso).

Comenzando el proceso de REENCUADRE

Cuarto: Pregúntele a la MENTE SUBCONSCIENTE si hay otras maneras más apropiada para lograr obtener un resultado más efectivo y eclógico antes la misma situación. Y plantéale que te ofrezca 3 nuevas opciones, alternativas o ESTADOS DESEADOS DE RECURSOS que te permitan lograr un mejor resultado.

(Por ejemplo, en lugar de "Posponer las cosas", por miedo a fracasar. Podría ser, 1º Procurar tomar acción en el momento oportuno, 2º Hacer que las cosas sucedan en el momento inmediato o 3º Disfrutar del proceso, y de la recompensa por haber logrado el objetivo deseado).

Quinto: Al obtener un acuerdo con la Mente Subconsciente de las opciones, conductas o alternativas más conveniente ante la situación a corregir o mejorar. Visualícese así mismo viviendo esa misma situación en el futuro… Pero esta vez, introduciendo conscientemente uno de los tres nuevos comportamientos, opciones, alternativas o Estados Deseados de Recursos acordados previamente.

(Que serían: 1º Tomar acción en el momento oportuno. 2º Hacer que las cosas sucedan en el momento inmediato. O 3º Disfrutar del proceso de la recompensa por haber logrado el objetivo deseado).

Sexto: Visualícese viviendo la situación varias veces incorporando el estado deseado de recurso hasta que se sienta cómodo con los resultados obtenidos, y los nuevos cambios alcanzados. Para lograr mayores resultados, al momento de practicar el ejercicio de AUTO-VISUALIZACIÓN, estimule sus 5 sentidos y trate de activar todos sus canales sensoriales (Visual lo que ve, Auditivo lo que oye, kinestésico o Sensorial lo que siente, "Olfativo lo que olfatea y Gustativo lo que saborea). Vinculando las sensaciones, emociones y procesos internos al ESTADO DESEADO DE RECURSO que desea incorporar.

Séptimo: Una vez que haya logrado el objetivo, si percibe que ya ha incorporado el ESTADO DESEADO DE RECURSO adecuadamente. VERIFIQUE y luego repita el ejercicio si fuere necesario hasta tener la plena certeza que ha superado la situación positivamente. Si ya ha asimilado los nuevos patrones de conductas empoderadores acordados previamente, y siente que ya incorporo los estados deseados de recursos… puede dar por finalizado el ejercicio con éxito…

NOTA: (De sentir que aún no ha logrado los resultados esperado, podría practicar el ejercicio nuevamente, utilizando uno a uno, las 3 opciones, alternativas o ESTADOS DESEADOS DE RECURSOS hasta que encuentre la que se adapte mejor a la situación, y que sea más apropiado para usted en ese momento).

*** ~~*** ~~*** ~~

Glosario básico de términos más comunes en las Secciones de Coach con PNL.

COACH: Especialista que lleva a cabo la Sección de Coaching.

COACHEE: Persona que participa en la Sección bajo la guía del Coach.

COACHING: Nombre que se le da a la sección, que es llevada a cabo a través de un Especialista o Coach.

PATRÓN HIPNÓTICO: Declaración o "sugestión verbal que se utiliza en ciertos momentos claves de la sección, para introducir una orden" (directa o indirecta) en la mente consciente y subconsciente del coachee.

ESTADO DESEADO DE RECURSO: Es el estado deseado o CAMBIO FAVORABLE que se desea lograr desarrollar en un momento o situación determinada, a través de la técnica de reencuadre que utiliza tanto el coach como el participante en el transcurso de la sección de coaching.

MENTE SUBCONSCIENTE: Es la parte reprogramable de nuestro CEREBRO donde residen nuestros mapas mentales o paradigmas, nuestras creencias, nuestros valores y códigos éticos, en fin, todo aquello que rige y gobierna nuestra vida...

REENCUADRE: Estrategia utilizada en la PNL que consiste en modificar el MARCO DE REFERENCIA, mediante el cual una persona percibe los hechos, situaciones o contextos, permite cambiar de esta manera el significado original de una experiencia de vida, permitiendo así, crear una nueva realidad.

MARCO DE REFERENCIA: Acontecimiento vivido, experimentado o creado, que puede ser deliberadamente modificado, permitiendo cambiar el estado emocional, las respuestas, las conductas y el comportamiento de un determinado individuo, llevando así a la persona a establecer un nuevo significado o realidad de una situación experimentada anteriormente, generando como respuesta una NUEVA y MEJOR EXPERIENCIA con relación al mismo suceso.

*** ~~*** ~~*** ~~

Ejemplo de una Sección de Coaching con la Técnica de REENCUADRE Hablando con tu Mente Subconsciente

Coach: Siente usted que hay una parte de su mente subconsciente, que tal vez, le esté causando un comportamiento limitante, y que usted (Introduce el Patrón Hipnótico) "QUIERE MEJORAR y CORREGIR".

Coachee: La persona responde mentalmente "Sí, quiero dejar de posponer hacer las cosas en el momento". (Es importante en este punto, enfatizar que el coach que está llevando la sección, no necesita saber cuál es exactamente el comportamiento no deseado que su coachee desea mejorar o corregir. Por tal razón, todas las respuestas del coachee se hacen siempre mentalmente)

Coach: Ahora cierre los ojos, (Introduce el Patrón Hipnótico) "CONCÉNTRESE PROFUNDAMENTE" y busque dentro de usted la parte de su mente subconsciente que controla ese comportamiento. ¿Lo ha encontrado YA?

Coachee: Una vez logrado el (Asiente positivamente con la cabeza). Para proseguir.

Coach: Ahora quiero que esa parte de su mente subconsciente identifique las intenciones positivas detrás de ese comportamiento limitante, ya sea inconsciente o conscientemente. Cuando lo haya descubierto, hágame una señal.

Coachee: (Dependiendo del coachee y las experiencias en secciones anteriores, esta señal podría ser diferente para cada ocasión, acordada siempre de antemano).

OBSERVACIÓN: Aquí en esta parte de la sección es muy importante que el coach prestar atención a la técnica de CALIBRACIÓN para Identificar adecuadamente los Cambios Neurofisiológicos y los Estados Emocionales por los que está pasando su coachee, para saber en qué momento REENCUADRAR o introducir un PATRÓN HIPNÓTICO, que permita ACOMPASAR adecuadamente el ejercicio de la actual sesión.

Coach: Bien, ahora quiero que esa parte de su mente subconsciente encuentre tres (3) nuevas formas, alternativas o ESTADOS DE RECURSOS que sean (Introduce el Patrón Hipnótico) "más efectivas para lograr el mismo resultado". Pero ahora, con un comportamiento diferente, (Introduce el Patrón Hipnótico) "mucho más positivo y empoderador". Cuando los tenga, por favor hágame una señal.

Coachee: Una vez logrado (Asiente positivamente con la cabeza). Para proseguir con la sección.

Coach: Bien, ahora quiero que conscientemente visualices vívidamente en tu MENTE la situación. Pero esta vez, quiero que piense en ese momento y en ese comportamiento produciéndose (Introduce el Patrón Hipnótico) "positivamente en el futuro". Y quiero que ahora adoptes MENTALMENTE el cambio deseado para que la próxima vez que este comportamiento ocurra, usted pueda usar uno de los tres (3) nuevos comportamientos o ESTADOS DE RECURSOS DESEADOS que eligió previamente para lograr tal fin. ¿Puede hacer eso ahora mismo?

Coachee: (Desarrolla y lleva a cabo el ejercicio en su mente. Al haber logrado el objetivo deseado, asiente positivamente con la cabeza). Para proseguir.

Coach: Ahora quiero que se identifique (Introduce el Patrón Hipnótico) "positivamente" con este nuevo comportamiento o ESTADO DESEADO DE RECURSO. Visualícese viviendo la situación varias veces, (Introduce el Patrón Hipnótico) "hasta que se sienta cómodo con los nuevos cambios". Una vez que haya logrado el objetivo, si percibe que ya ha incorporado el ESTADO DESEADO DE RECURSO eficazmente, VERIFIQUE. Y luego repita el ejercicio si fuere necesario, hasta tener la plena certeza que ha superado la situación positivamente, y ha asimilado los nuevos patrones de conductas empoderadores que había acordado previamente con su mente subconsciente...

Y si es así, puedes dar por finalizado el ejercicio con éxito… (De sentir que aún no ha logrado los resultados esperados o siente que la conducta asumida no es lo que realmente quiere. Entonces puede probar utilizar uno de los otros comportamientos, recursos o ESTADOS DESEADOS DE RECURSOS hasta que encuentre el que sea más útil y apropiado para usted).

Este ejercicio de REENCUADRE mayormente se realiza en un estado de TRANCE LIGERO. Y puede iniciarse con el coachee completamente consciente, y luego permitir que a medida que avanza la sección en el proceso de coaching el coachee pueda ser llevado gradualmente a un estado de trance más relajado que le permita realizar el ejercicio apropiadamente.

NOTA: Cuando nos referimos a TRANCE… Quiere decir en un estado completamente relajado y concentrado. Para lograr este fin, hay varias formas de hacerlo. Tema del cuales hablaremos detalladamente más adelante.

PRINCIPIOS BÁSICOS PAR TRIUNFAR Y LEYES PRELIMINARES DEL ÉXITO

"Todo está en nuestra mente, todo está en nuestros pensamientos y acciones. Cuando decidimos dar el primer paso y hacer que las cosas sucedan. DIOS, La Fuente Divina, La Energía Universal y El Destino comenzaran a conspirar a nuestro favor proporcionándonos las circunstancias y los acontecimientos que estén en armonía con nuestro propósito y misión de vida. Las leyes y principios son inquebrantables, actúan cada vez que generamos una causa, produciendo un efecto, cada vez que creamos una acción producimos un resultado en el universo, porque así está escrito… Que todo lo que sembremos eso mismo segaremos" -.
YLICH TARAZONA. -

*** ~~~*** ~~~*** ~~~

ANCLAJE:

Es un proceso mediante el cual, un ESTÍMULO externo sensorial, se asocia con una conducta o RESPUESTA que se desea adquirir. Por ejemplo: Tocarse alguna parte del cuerpo específica cada vez que desea sentirse bien, hacer un gesto concreto, declarar o decretar algunas palabras claves, visualizar algún suceso, recordar una melodía o la combinación de varios elementos a la vez. Al aplicar la técnica correctamente, se unen las dos cosas y luego el cerebro hace todo el trabajo.

También es posible establecer un estímulo externo (ANCLAJE) y vincularlo intencionalmente con una experiencia, con el propósito de ATRAERLA o REVIVIRLA EN EL MOMENTO QUE UNO QUIERA. Éste es propiamente el proceso del ANCLAJE en su ilustración más práctica. Es algo similar a lo que en algunas ramas de la Psicología Conductista se le conoce como Reflejo Condicionado o CONDICIONAMIENTO DE LOS REFLEJOS por medio de un ESTÍMULO sensorial.

Este sistema de Reflejo Condicionado fue estudiado por el investigador ruso Ivan Pávlov. A través del cual, demostró que dicho procedimiento de ANCLAJE ESTIMULO - RESPUESTA permite movilizar experiencias válidas a través de sugestiones conscientes o subconscientes que podían ser utilizados posteriormente con éxito en situaciones requeridas, previamente preparada para tal fin.

A fines del Siglo XIX, el psicólogo ruso de nombre Ivan Pávlov (1849-1936), premio Nobel (1904), demostró por primera vez lo que actualmente conocemos como

LA LEY DEL REFLEJO CONDICIONAL, que por un error en la traducción de su obra al idioma inglés fue llamada «Reflejo Condicionado» y que se popularizo en diferentes campos de la psicología conductista como "Condicionamiento de los Reflejos", condicionamiento clásico o aprendizaje por asociaciones.

El condicionamiento clásico es un tipo de aprendizaje y comportamiento que consiste en conectar un estímulo natural con su respuesta natural, y ANCLARLO posteriormente con un segundo estímulo provocado para generar una respuesta que no se da naturalmente. De otra manera, el condicionamiento clásico es el mecanismo más simple por el cual los organismos pueden aprender acerca de las relaciones entre Estímulos - Respuestas y cambiar su conducta en conformidad con las mismas. Este condicionamiento de los reflejos permite a los seres humanos y animales inducir ciertos ESTÍMULOS y RESPUESTAS bien sean fisiológicas, automáticas, emocionales o psicológicas involuntarias que luego pueden ser ANCLADAS a una situación previamente establecida.

Uno de los experimentos más conocidos que Ivan Pávlov hacía, era simplemente que experimentaba con animales. El experimento consistía en presentar de forma simultánea dos (2) ESTÍMULOS diferentes, de forma consecutiva en varias ocasiones. Y se dio cuenta que después de hacerlo repetidamente, muchas veces la reacción del animal era la misma para los dos estímulos.

El ejemplo clásico más conocidos por todos, es el de los famosos perros de Pávlov. Que consistía simplemente en tocar una campana antes de alimentar a los perros. Producía el ESTIMULO varias veces, alimento - campana, campana - alimento… Y al repetir el mismo estimulo una y otra vez hasta crear una RESPUESTA. Lo que hacía luego era quitar uno de los estímulos (El Alimento), y observó que después de transcurrido un período de tiempo, cuando solamente sonaba la campana, el organismo del animal reaccionaba como si existiera el alimento. Es decir, producía "secretaba" una gran cantidad de saliva y de alguna forma respondía positivamente a la campana, aunque esta vez no se le estaba presentando el alimento. Ivan Pávlov a través de este experimento del condicionamiento clásico comprobó que es posible inducir en animales y en humanos para que reaccionen de manera involuntaria a un estímulo respuesta que antes no tenía ningún efecto, y que ahora a través del aprendizaje por asociaciones el estímulo logre llegar a producir o generar una respuesta condicionada en forma automática.

Para la PROGRAMACIÓN NEUROLINGÜÍSTICA la utilidad de éste procedimiento condicionamiento de los reflejos o (Teoría de Pávlov) es utilizada para la modificación del comportamiento a través de la técnica de la PNL llamada "ANCLAJE" que consiste en provocar un ESTÍMULO sensorial específico para despertar instantáneamente una determinada RESPUESTA la cual hace posible "{(MOVILIZAR)}" o INDUCIR experiencias válidas y plenas de estados de recursos que permitirán al sujeto afrontar una situación específica con mayores garantías de éxito. Entendiéndose en un contexto terapéutico el "ÉXITO" como la capacidad de alcanzar los objetivos previamente establecidos.

Por lo aprendido anteriormente, podemos decir que un ANCLAJE es una asociación o (Vinculación Intencional) de algo que se crea entre determinados pensamientos, ideas, sensaciones, sentimientos y estados de ánimo (Respuestas) y una "{(SEÑAL)}" sensorial determinada (Estímulo), bien sea de carácter Auditivo, Visual o Kinestésico.

Por tal razón; al utilizar la Técnica de PNL denominada ANCLAJE podemos aprender a asociar y conectar conductas de excelencia por medio de (Señales Sensoriales) a través de los SENTIDOS. Las cuales pueden ser bien sean palabras, gestos, sonidos, ademanes, señales, recuerdos, visualizaciones, imágenes, melodías, ritmos etc.

En otro orden de ideas; el ANCLAJE es un simple, pero EFECTIVO proceso sensorial que te permite transformar emociones negativas en sensaciones positivas a través de la adecuada utilización de la técnica del Reflejo Condicionado. Cuando creas un ANCLAJE programas una RESPUESTA para responder positivamente a un determinado ESTÍMULO cuando lo necesites.

La técnica del ANCLAJE suele introducirse en conexión con un tema conocido como "Momento Cumbre", es decir alguna situación vital del individuo que haya sido especialmente intensa emocionalmente, para él. Como, por ejemplo: Sentirse feliz, alegre, contento, sentir placer absoluto, estar enamorado, apasionado o entusiasmado con algo o de alguien. Lo que significa es que cualquier información sensorial concreta es capaz de servir como ANCLA o estímulo para recordar o atraer una vivencia respuesta. Como puede ser el caso de una canción, una película, una sensación, una determinada persona, o un hecho en particular, entre otras. Estos estímulos se encuentran asociados a dichos estados emocionales o mentales y pueden activarse consciente o inconscientemente ya que la mente enlaza esas experiencias de respuesta en modo natural, ya que es la manera en cómo damos significado a las cosas que hacemos.

*** ~~~*** ~~~*** ~~~

5 pasos para Crear un ANCLAJE

1) Identificar el estado emocional que deseas obtener: MOTIVACIÓN, Determinación, Coraje, Entusiasmo, etc. Este paso es crucial, ya que necesitas definir claramente cómo deseas sentirte, y que estimulo quieres inducir. Debes hacerlo en tiempo presente y en positivo. Por ejemplo, "Estoy Motivado en Dominar esta Técnica de Anclaje". Ten siempre presente, que primero debes seleccionar anticipadamente el sentimiento de estímulo - respuesta que desees ANCLAR. Y hacerlo siempre de manera determinante y positiva.

2) Recuerda un momento particular de tu vida, en que hayas sentido el estímulo respuesta que deseas inducir: Para lograr producir el ANCLAJE es muy importante que revivas tu pasado, y estimules en tu mente los recuerdos en los que hayas experimentado el estado deseado que necesitas. Y elijas entre ellos, el más poderoso.

3) Crea el ESTADO DESEADO: Utilizando la VISUALIZACIÓN, la imaginación, los recuerdos o la sugestión. Para ello, debes situarte en el momento de tu vida que has elegido ANCLAR como si estuviera ocurriendo EN EL AQUÍ y EN EL AHORA. Concéntrate en visualizar lo que pasa a tu alrededor y activar tus estímulos sensoriales (Visual, Auditivo, kinestésico o Sensorial), los ves, lo que escuchas, sientes, hueles y degustas. Es decir, activar todas las sensaciones y estímulos de respuesta que tuviste en aquel momento como si lo estuvieras viviendo ahora mismo.

4) Establece el ANCLAJE: Fíjate como el estado emocional deseado llega a un "Momento Cumbre" y luego comienza a decaer. Repite este proceso 5 veces, y en cada "Momento Cumbre" en que el estado deseado de las emociones este en su punto

máximo, crea un ANCLA que sea una señal kinestésica que realizas con una de tus manos, mientras que al mismo tiempo pronuncias o decretas una palabra o frase clave que induzca el estímulo deseado auditivo, y finalmente visualiza una imagen empoderadora, o trae un recuerdo a tu mente que represente dicho estado Visual. Todos estos 3 ANCLAJES deben ser personales, y con lo cual solo tú te sientas identificados. Lo más importante de este ejercicio, es lo que produzcan en tu mente y en tu cuerpo. Una vez realizado este ejercicio correctamente piensa en algo totalmente diferente, y cambiando tu postura física.

5) Repite el punto 4, cinco veces para consolidar el ANCLAJE creado: Esta repetición es esencial e importante. Por tal razón, debes hacerlo repetidamente varias veces durante todo el día. Y por lo menos practicarla por 7 a 21 días consecutivos, hasta que hayas afianzado en ANCLAJE positivamente a ti.

*** ~~~*** ~~~*** ~~~

RAPPORT:

Proviene del francés "rapporter" que significa llevar a cabo algo. El Rapport nos permite acompasar y crear una ilusión de espejeo con la finalidad de establecer una empatía con las personas con las que entablamos una conversación, facilitando así la comunicación entre ambas partes. El RAPPORT aplicado correctamente junto con la técnica del LEADING nos permite guiar el contexto adecuado para establecer una óptima comunicación altamente afectiva en el momento en que se establece una conversación o interacción entre dos o más personas.

Para la PNL, el RAPPORT o "ACOMPASAR", es adaptar o acomodar una cosa a otra para establecer simpatía, sintonía, afinidad y concordancia tanto en el lenguaje verbal como el no verbal con respecto a la relación interpersonal que existe entre individuos, a fin de crear una conexión con el mapa de la otra persona. Si existe Rapport, la comunicación tiene mayor fluidez, produciendo así, una armonía y acompasamiento tanto entre sus cuerpos como en sus palabras y fisiologías.

En otro orden de idea, podríamos definir RAPPORT "Como el proceso a través del cual se puede establecer empatía y contacto con otras personas, en un nivel consciente e inconsciente al mismo tiempo". También podríamos afirmar que el RAPPORT es la ciencia que nos permite sentirnos confortables con los demás, y al mismo tiempo, hacer que los demás se puedan sentir confortables con nosotros.

El RAPPORT es una técnica muy interesante de la PNL. Está técnica en particular, nos da la posibilidad de crear un contexto para que la comunicación sea más efectiva con las personas con quienes nos relacionamos a diario. En fin; para reforzar la idea, podríamos definir rapport como la capacidad y la destreza que tiene el ser humano para colocarse en el lugar de la otra persona y comprenderlo. Al mismo tiempo que permita que la otra persona también sienta la misma empatía y afinidad hacia nosotros. Permitiendo así, que este más abierto a una conversación más amena, sincera y agradable para ambos, teniendo como resultado una relación ganar - ganar en la comunicación y en las interacciones diarias.

LEADING y CALIBRAR como herramientas para facilitar el RAPPORT ¿Cómo sabemos si estamos en armonía en una conversación? ¿Cómo sabemos que estamos en sintonía con la otra persona? LEADING: Significa "Guiar" a una persona y CALIBRAR a una persona significa conocer, a través de su lenguaje verbal y no verbal su estado interno, a saber, su estado de ánimo y tenerlo presente en todo el proceso de la comunicación. El Leading entonces nos permite guiar la interacción mientras que el Calibraje nos permite confirmar si estamos realizando correctamente el Rapport.

¿Cómo realizar la técnica de RAPPORT apropiadamente?

El método es muy sencillo, solo debemos conseguir que nuestro interlocutor se sienta cómodo a nuestro lado, familiarizado y comprendido por nosotros. ¿Y cómo logramos hacer eso? De la forma más simple, conseguir que la persona con quien estamos interactuando, vea ante él a una persona que le resulte familiar, conocido y armonizado con su estado mental del momento. ¿Y cómo es esto posible? A través de la técnica del ESPEJEO que es una manera muy sutil de copiar y duplicar de forma parecida todos los gestos, ademanes, posturas, emociones, ritmo y tono de voz que hace nuestro interlocutor. El RAPPORT es una técnica de sincronía, que tienen como fin, crear una conexión más profunda entre ambas personas. Imaginemos el siguiente ejemplo: IMAGÍNATE Ver a una pareja ejecutando un baile en completa armonía en cada paso, al ritmo de la música. Es como si los dos bailarines se fusionaran de tal manera, que cada uno guiara o acompasara al otro de manera holística e integral simultáneamente.

El RAPPORT muchas veces se da en forma espontánea entre parejas, amigos y en distintas relaciones interpersonales. Por tal razón, podríamos decir con certeza que el Rapport sirve para crear buenas impresiones a primera vista de nosotros mismo en las personas. Por lo que utilizando la técnica de manera inteligente y correctamente nos permitiría influir positivamente en nuestras relaciones diarias.

Pero ¡ATENCIÓN! El rapport exige delicadeza, intuición, sutileza y sobre todas las cosas respeto. Es imprescindible, para establecer rapport correctamente, ser sutil y utilizar sobre todo el sentido común para acoplarnos modestamente a sus movimientos de forma parecida. Pero sin intentar remedar burlonamente a nuestro interlocutor, ni mucho menos parodiar exactamente a la persona con quien nos comunicamos. Ya que este tipo de acciones podrían crear una reacción contraproducente y adversa a la que esperamos.

En resumen, a modo de EJEMPLO ALEGÓRICO podemos agregar que:

Científicamente, nuestro sistema nervioso central, es como si fuera UNA RED, UN CABLEADO o FIBRA ÓPTICA, una vez que conseguimos entender cómo es la RED o EL SISTEMA ÓPTICO DE CABLEADO DE UNA PERSONA, comprenderemos mucho mejor cómo acceder a su RED NEURONAL o SISTEMA DE CABLEADO SENSORIAL y enviarle información, que llegue con éxito a través del mismo Sistema Representacional que el posee. Y de esta manera lograr una mejor conexión en el proceso de la comunicación.

Para eso es preciso aprender a CALIBRAR correctamente y reconocer las diferentes SUBMODALIDADES y los ACCESOS OCULARES para que de esta manera tengamos mayor acceso a su red neuronal o sistema de cableado óptico sensorial y de esta forma generar un mejor RAPPORT en nuestras interacciones.

Una de las técnicas más rápidas y efectivas de establecer RAPPORT es fijarse en los "{ACCESOS OCULARES}" o movimientos de los ojos y establecer nuestro diálogo a través de la "{SUBMODALIDAD}" o SISTEMAS REPRESENTACIONALES que esté utilizando la otra persona en ese momento.

Por ejemplo: Si mira hacia arriba al hablar significa que es una persona VISUAL y podríamos hablarle utilizando imágenes visuales, si mira con sus ojos puestos horizontalmente, a los lados significa que es una persona AUDITIVA y le hablaremos usando palabras, que representen sonidos, y si, al contrario, mira con sus ojos mirando hacia abajo significa que seguramente es una persona KINESTÉSICA o SENSORIAL y en esos casos le hablaríamos empleando palabras, que representen emociones y sensaciones.

3 pautas para establecer correctamente la técnica del RAPPORT en nuestras relaciones interpersonales.

1.- Ser conscientes de la importancia de producir una buena primera impresión. La mayoría de nuestras relaciones personales efectivas depende en gran parte de nuestra capacidad para generar un buen RAPPORT a la hora de presentarnos adecuadamente desde el inicio de nuestra interacción con los demás. De este modo, desde el principio se creará un marco de relaciones basado más en la confianza que en la falta de ella. El hecho de que nos presentemos adecuada y correctamente puede hacer ver a nuestro interlocutor, que él mismo tiene un protagonismo que no se esperaba. Por ejemplo: Un firme apretón de manos, con una sonrisa y una mirada agradable, puede ser suficiente para hacer que nuestros interlocutores se vuelvan significativamente más receptivos y abiertos a crear una atmosfera confortable de confianza, generada por el grado de simpatía en el contacto inicial. Esto permite, que, en el momento oportuno, se comience a generar el rapport y el acompasamiento a medida que transcurre la interacción.

2.- Crear una armonía plena entre nuestro lenguaje verbal y no verbal. La coherencia entre lo que decimos, y en el cómo actuamos es de vital importancia a la hora de crear RAPPORT apropiadamente en nuestras relaciones interpersonales. Por eso, es de vital importancia expresarnos de manera sincera, sin contradicciones entre lo que decimos y lo que hacemos. Un buen ejemplo: seria cuando invitamos a una persona hablarnos algo de sí mismo, seria corte demostrar verdadero interés en lo que nos comunica nuestro interlocutor. Para ello, podríamos hacer preguntas abiertas y escuchar con atención mientras la otra persona nos habla. Una de las maneras para mantener el rapport y a la vez demostrar que estamos interesados con lo que se nos está diciendo es mantener una postura de brazos abiertos, a medida que guiamos y acompasamos la conversación. Ya que esto transmite empatía en la mente consciente y subconsciente de nuestro interlocutor.

3.- Hablar de manera similar en el mismo lenguaje utilizado por nuestro interlocutor, sin utilizar palabras o frases fuera de contexto. Esta es una de las recomendaciones a seguir, para crear RAPPORT en nuestras interacciones con los demás. La buena comunicación de expresión verbal consiste en utilizar un lenguaje accesible y claro adaptado a la ocasión. Para así evitar dar pie a malas interpretaciones al momento de comunicar nuestras ideas. Un buen ejemplo para ilustrar este punto sería que aprendamos a comunicarnos efectivamente según la ocasión en la que nos encontráramos. En el caso de conversar con un amigo, generaríamos más rapport si habláramos de manera informal y cotidiana, si al contrario nos encontráramos en una reunión de negocio, para general rapport la conversación debería ser más formal, según a quien nos estemos dirigiendo.

*** ～～*** ～～*** ～～

SUBMODALIDADES:

Las Submodalidades de los sistemas representativos son las distintas variables que pertenecen a un mismo acceso de percepción que utilizamos "Externamente para percibir el mundo e Internamente para representarlos en forma de experiencia" y que definen la diferencia en como procesamos, almacenamos y codificamos la información que recibimos a través de los "diferentes canales sensoriales" (V-A-K- "O y G"). Visual lo que vemos, Auditivo lo que oímos, kinestésico o Sensorial lo que tocamos y sentimos, "Olfativo lo que olemos y Gustativo lo que gustamos o probamos"

Es imposible PENSAR en una situación en particular de nuestra vida o RECORDAR una experiencia vivencial sin que esta tenga una ESTRUCTURA en SUBMODALIDADES, es decir sin que entren en juego los procesos de PERCEPCIONES SENSORIALES tales como la (Vista, Oído, Tacto, Gusto y Olfato).

Permíteme darte un EJEMPLO para reforzar la idea anterior. Imagínate a un director de cine, que para dar mayor impacto a sus películas al momento del rodaje cambia la iluminación y el ángulo de sus cámaras de una escena crucial a otra para producirnos un ESTÍMULO, o nos hace escuchar una determinada música, ruido o sonido de fondo dependiendo de los sentimientos y emociones que quiera despertar en nosotros, todo esto en conjunto con las representaciones de los actores y actrices que en puesta en escena nos comunican un mensaje a través de sus expresiones corporales y su comunicación tanto verbal como no verbal; que nos transmiten bien sea, miedo, terror, suspenso, drama, dolor, tristeza, alegría, felicidad, amor, pasión, excitación, sensualidad, o deseo. En fin, una gran cantidad de situaciones que nos producen una RESPUESTA en nuestro organismo. Y esto que sucede dentro de nosotros, que desempeña un papel fundamental en nuestra MENTE Subconsciente por medio de representaciones sensoriales (Visual, Auditiva o kinestésico) es a lo que en PNL llamamos SUBMODALIDADES.

Como aprendimos en el ejemplo anterior las SUBMODALIDADES en la PNL están siempre presente en los procesamos de PENSAMIENTOS y EMOCIONES que se activan a través de las REPRESENTACIONES SENSORIALES al momento de recibir un ESTÍMULO bien sea por (ver, escuchar, sentir, oler y degustar) alguna situación produciéndonos una RESPUESTA en el organismo; que queramos o no, nos influye en todos los aspectos de nuestra vida.

Es importante destacar en este punto que: El ser humano utiliza FILTROS para crear el mapa del territorio de su realidad, con el fin de comprender al mundo y delimitarlo. Hasta ahora he enunciado los 5 filtros primarios que son el (Visual, Auditivo, kinestésico o Sensorial, Olfativo y Gustativo), pero dentro de cada una de estas categorías generales a su vez, existen gamas más sutiles en la MENTE humana que la denominamos SUBMODALIDADES del pensamiento.

Para fines prácticos la PNL trabaja con las 3 SUBMODALIDADES principales a saber Visual, Auditiva, kinestésica. A pesar de que hay personas que desarrollan las otras dos submodalidades. Por ejemplos: Los catadores de vino y los chefs tienden a desarrollar estas 2 últimas Olfativas y Gustativas con una intensidad mucho mayor a lo normal. Pero estas dos (2) últimas submodalidades entran en la categoría de Kinestésica o SENSORIAL.

A partir de ahora, nos referiremos sola a éstas 3 SUBMODALIDADES primarias (Visual, Auditiva y kinestésica). Aquí les presentare una lista de las Submodalidades Visuales, Auditivas y kinestésicas, así como una relación general de preguntas para detectar las distintas submodalidades en cada individuo, así que campeones y campeonas; esto se pone de bueno a mejor, así que continuemos…

*** ~~*** ~~*** ~~

En resumen, las SUBMODALIDADES son variantes de los sistemas de representación que determinan como nuestro cerebro clasifica y codifica las experiencias que recibimos. Algunas de las Submodalidades Visual Auditiva Kinestésica más comunes son:

VISUALES

Color, Blanco y Negro, Monocromático, Transparencia, Brillante, Opacado, Claridad, Oscurecida, Luminosidad, Sombrío, Matices, Tonalidades, Coloración, Decoloración, Gama, Reflejo, Aspecto, Figura, Semblante, Expresión, Detalles, Visión, Reflejar, Percepción, Enfoque, Tamaño, Distancia, Profundidad, Cualidad, Contraste, Alcance, Velocidad, Proporciones, Duración de la Imagen, Fondo, Orientación, Dos y Tres Dimensiones, Ubicación y Movimiento.

Ejemplo del Canal VISUAL al aplicar una técnica: ¿La imagen es nítida o difusa? ¿Opaca o brillante? ¿Cercana o lejana? ¿A todo color o en blanco y negro? ¿Es una sucesión de fotografías congeladas o es una película? ¿Es rápida o lenta? ¿Usted la contempla como si la viera con sus propios ojos o se ve a sí mismo a través de los ojos de otra persona? ¿Asociada o disociada?

AUDITIVAS

Volumen, Entonación, Pronunciación, Modulación, Tono, Resonancia, Acento, Vocales, Sinfonía, Eufonía, Timbre, Agudo, Grave, Soprano, Contralto, Contrabajo, Retumbo, Eco, Silbido, Murmullo, Susurro, Estruendo, Alboroto, Bullicio, Melodía, Música, Ruido, Escandalo, Ritmo y Duración, Tiempo y Compás, Velocidad del Sonido Emitido, Pausas de La Voz, Localización del Sonido, Sonido Bajo Medio - Alto, Preguntar, Comentar, Hablar.

Ejemplo del Canal AUDITIVO al aplicar una técnica: ¿Qué es lo que usted oye más? ¿Voces o sonidos? ¿El volumen o el ritmo? ¿Es bajo o es alto? ¿Es Agudo o grabe? ¿Es rápido al hablar o lento? ¿Es melodioso o ruidoso? ¿Dónde está la fuente del ruido? ¿Cerca o lejos? ¿Es un sonido continuo o intermitente? ¿Se escucha de lejos o cerca? ¿Es soprano, contralto o contrabajo?

KINESTÉSICAS

Sensaciones, Emociones, Sentimientos, Clima, Tiempo, Vibración, Textura, Presión, Movimiento, Intensidad, Peso, Tamaño, Forma, Contextura, Tocar, Empujar, Mover, Sólido, Suave, Contacto, Presión, Manejar, Impulsar, Aferrar, Peso, Cálido, Firme, Tangible, Tipo de Intensidad, Lugar, Movimiento, Continúo o Intermitente, Lento o Rápido.

Ejemplo del Canal KINESTÉSICO al aplicar una técnica: ¿Cuál es la sensación que usted siente? ¿Presión o stress? Si es así, ¿Dónde la siente, en el pecho, los hombros o la espalda? ¿Está localizada o es general? ¿Dónde se localiza la sensación en su cuerpo, arriba o abajo? Lo que siente es ¿Fuerte o débil? ¿Es una sensación persistente o Intermitente? O tal vez ¿Ondulante? Si tiene ritmo ¿Es rápida o lenta? Si pudiera describir la temperatura ¿Seria Frio o Calor? Si pudiera describirlo a través del olfato o el gusto ¿Podría olerlo o saborearlo?

Lograr tener agilidad mental para desarrollar adecuadamente las 3 SUBMODALIDADES al comunicarnos nos conducirá inevitablemente al éxito en nuestras relaciones sociales. Una de las formas de lograrlo, es saber utilizar las submodalidades del pensamiento correctamente, en nuestro lenguaje según las "({PERCEPCIONES SENSORIALES)}" de cada persona con quienes nos comunicamos. Así podríamos hablarle directamente a su MENTE consciente e inconsciente en el lenguaje según su acceso de percepción Visual Auditiva Kinestésica. Y de este tema; hablare más detalladamente en la SEXTA PARTE.

"El ÉXITO no es un acontecimiento de un solo día, es un proceso que se repite toda la vida. Usted puede ser un ganador en su vida si se lo propone. YA QUE NACISTE Y ERES UN TRIUNFADOR desde el instante de la concepción… Recuerda: Las personas exitosas realizan actividades que les permitan ganar de vez en cuando; porque saben que tanto el triunfo, la victoria, así como la conquista son hábitos que deberían desarrollarse constantemente en su estilo de vida…

Las personas exitosas; asimismo tienen presente que, perdiendo también se gana. Porque saben que cada fracaso los acerca más a su propósito y que cada derrota los fortalece y les enseña lo que deben mejorar. En fin y al cabo; tanto los triunfos como las derrotas, son tan importantes para el éxito, que cuando aprendemos de ellas nos hacemos más fuertes y merecedores de vivir ese estilo y calidad de vida extraordinaria por la que tanto nos hemos esforzamos día tras día" -. YLICH TARAZONA. -

*** ~~~*** ~~~*** ~~~

CARACTERÍSTICAS DE LOS SISTEMAS DE REPRESENTACIÓN SENSORIAL "VISUAL, AUDITIVA, KINESTÉSICA"

LOS VISUALES:

Son todas aquellas personas y sujetos que prefieren los Estímulos Visuales y que se identifican más claramente con "LO QUE VEN Y DISTINGUEN A TRAVÉS DEL SENTIDO DE LA VISTA".

Son los que les gusta observar mientras hablan, detallar lo que sucede a su alrededor, les agrada ser mirados a los ojos mientras conversan con alguien más, es decir, se sienten cómodos cuando ven que les están prestando la debida atención que merecen.

"{(ESTEREOTIPO)}" DE LAS PERSONAS VISUALES:

Podemos reconocerle porque la mayor parte de los Visuales por regla general su postura así como sus gestos corporales en algunos casos puede llegar a ser muy expresiva, su respiración visible, tienden a platicar a un ritmo más rápido de lo normal y utilizar palabras y frases entrecortadas, tienen un volumen o tono de voz más alto que los demás, acostumbran a mirar hacia arriba para enfocar la creación de imágenes mentales, tienen la capacidad de pensar en muchas cosas al mismo tiempo, cuidan su apariencia y aspecto físico.

Canales de Representación Visual en el Lenguaje:

Son las personas que al comunicarse se expresan con "submodalidades" como "MIRA", "necesito que me aclares tu enfoque sobre lo que VEZ en esta situación", "VEO lo que quieres decir", "me da la impresión que este negocio va en grande", "mirándolo detenidamente me atrae el precio que colocaste a esta prenda", "desde mi punto de VISTA creo que tenemos la misma VISIÓN del proyecto", "parece una excelente oportunidad para ir a la playa está el cielo despejado", "para mi es perfectamente claro lo que acabo de observar", "puedo visualizar lo que estás describiendo mi amor", "lo que está a simple vista no necesita anteojos", "tengo la imagen mental clara de cómo debe ser mi próxima entrevista", "Muéstrame el lugar donde queda el restaurant", "¿Te imaginas lo que trato de mostrarte?" "percibo que tienen un futuro brillante en esta empresa", "Si pudieras mostrarte el camino yo lograría llegar", "Si hubieras VISTO lo mismo que yo; se esclarecerían las cosas entre nosotros", "Me gusta el CINE", "Por fin, comienzo a vislumbrar la punta del iceberg".

*** ∼∼*** ∼∼*** ∼∼

LOS AUDITIVOS:

Son todas aquellas personas que prefieren, los Estímulos Audibles y que se identifican más con las palabras, los sonidos, las narraciones y las descripciones habladas, se sienten más identificado con "LO QUE ESCUCHAN Y PUEDEN OÍR MELODIOSAMENTE".

Al momento de comunicarse se identifican más cuando regularmente oyen comprobaciones auditivas que les permita saber que su interlocutor está atento a la conversación.

"{(ESTEREOTIPO)}" DE LAS PERSONAS AUDITIVAS:

Podemos identificarles porque la gran mayoría de los Auditivos con frecuencia su postura en cierta medida consigue llegar a ser equilibrada, su respiración normal, tienden a platicar de manera ordenada ya que son de pensamiento secuenciales, es decir que al comunicarse transmite una idea por vez, antes de continuar con la siguiente, tienen un volumen o tono de voz más moderado, acostumbran a mirar verticalmente hacia los lados lo que le facilita orientarse en la construcción de sonidos audibles, tienen la capacidad de recordar y asociar sonidos lo que les faculta tener buen oído para la música.

Canales de Representación Auditiva en Lenguaje:

Son las personas que al comunicarse se expresan con "submodalidades" mayormente como "Wuao SUENA bien", "Me agrada lo que DICES", "ESCÚCHAME lo que te tengo que decir", "me SUENA de maravilla tu idea" "Eso se escucha buenísimo",

"HÁBLAME sobre esa chica o chico", "Te DIGO lo que oí a HABLAR a Luis", "Me resuena esas idea", "Lo que me comentas lo OIGO y no lo creo", "Dime vale lo que quieres decirme", "Se rumorea que eres inteligente", "OÍDO al tambor", "Presta atención a lo que digo", "por DECIRLO así", "recuerdo la melodía", "Me encanta la MÚSICA", "Cuando dices eso de esa manera me enamoras, quiero volver a escucharlo, dímelo porfa sí".

*** ~~~*** ~~~*** ~~~

LOS KINESTÉSICOS:

Son todas aquellas personas que prefieren, los Estímulos Sensoriales que se identifican más con el Contacto Corporal y las aproximaciones cercanas entre las personas conocidas, se interesan de alguna manera en sus sensaciones.

Puedes notarlos mucho más cómodos con "LO QUE SIENTEN Y PERCIBEN A TRAVÉS DE LAS EMOCIONES" en su comunicación con frecuencia son lo que tienen movimientos más lentos, se siente cómodos al expresar sus sentimientos de manera abierta, les gusta el tacto, el rose y son muy afectuosos cuando perciben que les corresponde adecuadamente.

{(ESTEREOTIPO)}" DE LAS PERSONAS KINESTÉSICAS:

Podemos distinguirle fácilmente porque gran parte de los Kinestésicos pueden llegar a ser personas muy intuitivas, su comportamiento mayormente es sereno y tranquilo, su postura algo cobrada, relajada y en actitud de reflexión, su respiración es profunda y calmada, tienden a platicar a un ritmo más lento de lo normal, utilizan mucho el toque físico y las proximidades al hablar, tienen un volumen o tono de voz bajo y modesto, acostumbran a mirar hacia abajo para conectarse con su sexto sentido y canales sensoriales, tienen la capacidad de llorar, emocionarse, deprimirse o alegrarse fácilmente; en otras palabras, expresar sus emociones espontáneamente.

Canales de Representación Auditiva en el Lenguaje:

Son las personas que al comunicarse se expresan con "submodalidades" Tales como "SIENTO que está en CONTACTO con lo que EXPRESO", "Es muy práctico hacerlo así", "Tengo la SENSACIÓN de que deberíamos hacerlo de esta manera", "Quiero SENTIRME siempre a tu lado", "Yo también APRECIO lo que me dices", "Tengo el PENSAMIENTO en una sola dirección", "Hay que ser firmes, y tener los pies sobre la tierra para tomar esta elección", "Eres muy linda siento que PRODUCIDO una fuerte CONEXIÓN entre nosotros", "Por el momento todo va sobre ruedas", "a todo dar", "Me encanta el BAILE", ¿Hola cómo te encuentras? "Excelente con actitud positiva y buenas vibras".

Bueno campeones y campeonas como RECAPITULACIÓN y ANÁLISIS de este tema, es bueno recordar que existen 3 SISTEMAS DE REPRESENTACIÓN SENSORIAL y SUBMODALIDADES en el Lenguaje a saber "Visual, Auditivo, Kinestésico". Es importante hacer destacar que cada ser humano según formación en la infancia, medio ambiente donde fue creciendo e influencias en su entorno, refina en cierto grado un Sistema Representacional más que otro, éste pasa a ser su canal predominante en la comunicación. Aunque de una manera u otra, todas las personas tenemos también la capacidad de poder desarrollar los 3 canales sensoriales a la vez.

*** ~~~*** ~~~*** ~~~

CLAVES DE ACCESO OCULAR

Las CLAVES DE ACCESO OCULAR: Son los MOVIMIENTOS (laterales, verticales y horizontales) que realizamos a través de nuestros OJOS; mientras producimos bien sea "({SENSACIONES, EMOCIONES, PENSAMIENTOS, RECUERDOS o CONVERSACIONES)}" activando de manera natural los SISTEMAS DE REPRESENTACIONES SENSORIALES o SUBMODALIDADES "VISUAL, AUDITIVA, KINESTÉSICA". (Visual lo que vemos, Auditivo lo que oímos, kinestésico o Sensorial lo que tocamos, sentimos, olemos y probamos") Proceso que hacemos la mayor la parte del tiempo, de manera inconsciente o involuntaria.

Es de vital importancia destacar en este punto que los Movimientos Oculares, habrán de considerarse desde el punto de vista del observador a sabes como si se estuvieran mirando de frente cara a cara a una persona. Y estos accesos oculares son aplicables a la gran mayoría de los individuos. Si bien habrá que invertirlos en los casos de las PERSONAS ZURDAS, incluso en el de ALGUNOS DIESTROS en los que algunos esquemas, pueden estar invertidos en su opuesto, pero estas últimas son solo excepciones.

La observación de los movimientos oculares ofrece uno de los medios más rápidos y efectivos que conocemos en la PNL para determinar en cada momento; cómo una persona construye su experiencia. Ya que aplicada correctamente nos permiten reconocer determinado canal o modalidad representacional según aprendamos a identificar la construcción de los procesos mentales y psicológicos a través de las distintas posiciones o movimientos de los ojos.

*** ~~~*** ~~~*** ~~~

¿Cómo funcionan las CLAVES DE ACCESO OCULARES? Las Claves de Acceso Ocular son ciertos tipos de MICROEXPRESIONES inconscientes asociadas a nuestro comportamiento, que activan nuestra neurología ejecutando ciertas funciones corporales, en este caso MOVIMIENTOS OCULARES de nuestros ojos en distintas direcciones que representan un "SISTEMAS DE REPRESENTACIÓN SENSORIAL o SUBMODALIDADES" bien sea "Visual, Auditiva, Kinestésica".

Los MOVIMIENTOS OCULARES a manera de Ejemplo Alegórico: Funcionan como una palanca de cambio de marcha en un automóvil de caja sincrónica; como un (Ferrari para que te imagines un modelo de carro) para asociarlo a esta Alegoría. Que dependiendo en dónde coloques la PALANCA DE CAMBIO (Posiciones la mirada de tus Ojos) tendremos acceso a las diferentes VELOCIDADES (Submodalidades del Sistema Representacional) "visual, auditiva, kinestésica"

La información que nos brinda esta herramienta nos permite saber el Mapa de Representación del Mundo que está siendo utilizada por una persona en un momento determinado. Ya que el MOVIMIENTO OCULAR nos permite orientarnos en el canal o SISTEMA REPRESENTACIONAL que está utilizando la otra persona.

*** ~~~*** ~~~*** ~~~

Aquí te comparto unas pautas de orientación, que puedes utilizar en conjunto con la imagen de la página anterior para ayudarte a guiarte.

Vr: Visual Recordado: Colocamos los ojos mirando HACIA ARRIBA, en dirección a la Izquierda.

Vc: Visual Creado o Imaginado: Colocamos los ojos mirando HACIA ARRIBA, en dirección a la Derecha.

Ar: Auditivo Recordado: Miramos lateralmente hacia la PUNTA FINAL del lado Izquierdo del Ojo.

Ac: Auditivo Creado o Recordado: Miramos lateralmente hacia la PUNTA FINAL del lado Derecho del Ojo.

K: Kinestésico Sensorial: Colocamos la mirada HACIA ABAJO, en dirección a la Derecha.

DI: Dialogo Interno: Colocamos la mirada HACIA ABAJO, en dirección a la Izquierda.

CAPÍTULO IV: EL PODER DE LAS METÁFORAS, LOS EJEMPLOS Y EL LENGUAJE FIGURADO

PRIMERA PARTE: "EL PODER DE LAS METÁFORAS"

Hola que tal; campeones y campeonas, en esta oportunidad voy a compartir con ustedes, en este capítulo un tema muy interesante donde vas a aprender el poder que tienen las METÁFORAS y el LENGUAJE FIGURADO para comunicar y transmitir ENSEÑANZAS de profundo significado de manera sencilla y efectiva, a la vez que permite llevar el mensaje en MÚLTIPLES grados de complejidad, según la intención con que se comparte la información.

Para entrar en el tema; vamos a definir lo que significa el término de la palabra METÁFORAS: Metáfora proviene del GRIEGO y significa META: Dentro de o Más allá y FERO: llevar. En otras palabras, podríamos definir Metáfora como un medio de comunicación muy poderoso que nos permite LLEVAR MÁS ADENTRO o LLEVAR MÁS ALLÁ nuestras enseñanzas según la manera, o la forma en que nos expresamos. La metáfora se puede utilizar para comunicar una serie de ideas, ejemplos, historias, fábulas, parábolas, alegorías, relatos, representaciones simbólicas o cualquier otro recurso del Lenguaje Figurado que implique una ANALOGÍA.

La METÁFORA es una poderosa técnica que se usa para designar cualquier Recurso del Lenguaje que implique Comparaciones o Moralejas. Una Anécdota bien explicada en forma SUBJETIVA "({Distrae la parte CONSCIENTE del Cerebro y Activa en la Mente una Búsqueda INCONSCIENTE de recursos y significado)}".

En este sentido; CREAR o CONSTRUIR una METÁFORA es como "COMPONER LA MELODÍA DE UNA HERMOSA MÚSICA", porque ésta influye de la misma manera en los PATRONES MENTALES y EMOCIONALES (pensamiento y sentimientos) de los seres humanos.

Siguiendo en este mismo orden de ideas; podríamos decir entonces que una metáfora, al igual que una melodía "Son una excelente forma de comunicación para expresar múltiples ideas, emociones y pensamientos".

Una METÁFORA bien empleada ilumina el cuento o narración ya que relaciona una idea con algo que ya conocemos. Estas constituyen una ventajosa herramienta de gran utilidad para lograr cambios hacia el éxito deseado. Conocer las estrategias para la elaboración de las metáforas; nos hace posible crearlas y emplearlas en distintos contextos, para usarlas tanto a nivel profesional como personalmente.

Una METÁFORA es un procedimiento del lenguaje figurado que realiza una sustitución "proceso analógico digital". Es decir, apela a la Similitud entre dos objetos distintos. Es; en definitiva, una COMPARACIÓN.

Todos los grandes maestros de la historia han utilizado metáforas: Entre los maestros más sobresalientes podemos encontrar a Jesucristo, Buda, Mahoma, Gandhi entre muchos otros, que, para transmitir el significado de sus palabras y enseñanzas al hombre común, y dejar un gran impacto en sus mentes y corazones emplearon las metáforas como forma de enseñanza. Entre los libros sagrados de mayor enriquecimiento del LENGUAJE FIGURADO y METAFÓRICO encontramos la Biblia escritura hebrea, el Corán escritura musulmana, los libros budistas, el

Bhagavad-gita las cuales incluían narraciones, relatos, historias, cuentos, anécdotas, parábolas, fábulas, alegorías, analogías, moralejas, ejemplos, comparaciones, representaciones simbólicas entre otras. De esta forma daban vida al proceso de enseñanza-aprendizaje entre sus discípulos y seguidores.

Las METÁFORAS Son seductoras y muy atractiva para la mente consciente e inconsciente, incentivan la memoria, inspiran la independencia porque cada persona puede captar por sí mismo la idea y el sentido del mensaje y sacar sus propias conclusiones. Las metáforas a su vez permiten la flexibilidad en la relación enseñanza-aprendizaje, estimulando la comprensión y retención de las ideas transmitidas. Las metáforas es un recurso que puede ser utilizada gradual y sutilmente para vencer la natural resistencia al cambio de las personas a quienes tratamos de enseñar, facilitando que acepte más fácilmente las enseñanzas.

Cuando transmitimos una METÁFORA, lo que buscamos es que sea una historia persuasiva, atrayente e interesante para la persona. En tiempos modernos la PNL utiliza la Metáfora como un recurso de enseñanza-aprendizaje, muy poderoso para transferir patrones hipnóticos. Según la teoría de Milton Erickson, cuanto mayor sea la resistencia, a un hecho, situación o circunstancia, más sugerencias SUBJETIVAS indirectas deberemos utilizar en la METÁFORA junto con los PATRONES HIPNÓTICOS, ya que de esta manera podemos ayudar a la persona a ADOPTAR NUEVAS IDEAS, evitando la menor resistencia al cambio y CREANDO un mayor impacto emocional en el proceso de enseñanza-aprendizaje.

*** ~~*** ~~*** ~~

Dependiendo de las Características de las METÁFORAS, ésta puede tener diferentes formas, matices, dimensiones y representaciones:

Imágenes: Mediante la cual se representa lo que se quiere transmitir.

Comparaciones: Idea en la que se muestra un elemento de semejanza.

Proverbios: Verdades que emanan de la sabiduría y la experiencia.

Anécdotas: Se usa para compartir hechos vividos por uno mismo u otros.

Mitos y leyendas: Relatos cuyo protagonista es un héroe que representa aspectos de la vida real, la naturaleza o la condición humana.

Parábolas, alegorías, fábulas, analogías, ejemplos: estas últimas son formas metafóricas más complejas y completas para transmitir una enseñanza en múltiples grados según el que enseña, y el que la recibe.

A la hora de preparar una METÁFORA para que funcione eficazmente hay que recordar que éstas deben presentar un equilibrio entre lo "específico y lo simbólico" de los elementos que incluye. Ya que el objetivo o el propósito de una metáfora es PERSUADIR de manera "SUBJETIVA" a quien la LEE, o la ESCUCHA y pueda perciba que hay una semejanza con su propia experiencia. La estrategia para que las personas la acepten y la incluya como parte de su mapa mental o modelo del mundo, la misma debe contener los siguientes elementos:

Referencias difusas: Érase una vez, Cuenta una Historia, Hace algún tiempo

Verbos no específicos: Ser Hacer - Tener, Ver, Oír, Sentir, Oler, Gustar.

Sustantivos: Victoria, Conquista, Ganador, Actitud, Fe, Esperanza, Convicción, Certeza, Determinación, Perseverancia, Deseo, Creencia, Voluntad.

Y Órdenes disimuladas: Tú puedes hacerlo, Puedes lograrlo, Toma acción, Haz que las cosas sucedan, Comienza a vivir de forma extraordinaria, entre otras.

En una METÁFORA de excelencia, se trata de que la historia narrada tenga en cierta medida un (estado presente) que nos permita ir llevando a la persona que está escuchando, hacia una alternativa o (estado deseado) aplicando estrategias de conexión entre ambos estados... Tal es el caso de una historia del estilo: "Érase una vez" (Estado Presente) ..." y vivieron felices para siempre" (Estado Deseado).

La revelación de una buena historia, es decir la "línea argumental" de la narración, mantiene ocupado al hemisferio izquierdo del cerebro. Es decir, a la mente consciente o "racional". Mientras que el mensaje en sí; se va "codificando subjetivamente" a través de ciertos patrones hipnóticos en el hemisferio derecho del cerebro; a saber, la parte más instintiva o intuitiva hacia el interior de nuestra mente subconsciente, que permite que la orden quede registrada en el inconsciente.

Hay varios estilos o Tipos de Metáforas o Lenguaje Figurado; que es de vital importancia hacer mención, entre ellas podemos destacar las siguientes: Las METÁFORAS CERRADAS es el primer tipo, las METÁFORAS CONCRETAS son el segundo tipo, las METÁFORAS ABIERTAS, serían el tercer tipo y finalmente contamos con las METÁFORAS VIVAS que son las del cuarto tipo. Y este tipo de metáforas vivas son la del estilo mayormente utilizadas por los grandes maestros espirituales, avatares, líderes y los personajes importantes y relevantes de la historia.

*** ~~~*** ~~~*** ~~~

METÁFORAS CERRADAS

Vienen a ser los refranes y los proverbios. Pero en ocasiones este estilo de lenguaje figurado puede ser tan positivo y agregar valor como contraproducente. POR EJEMPLO: Algunos refranes positivos: "dame un punto de apoyo y moveré la tierra" "Más vale tarde que nunca, siempre es bueno poder volver a empezar". Como podemos apreciar el primero nos motiva a trabajar en equipo, mientras que el segundo nos inspira a tomar acción o volver a comenzar.

Ahora veremos algunos refranes contraproducentes: "Loro viejo no aprende a hablar" o "tranco que nace torcido, jamás sus ramas enderezan" como podemos apreciar en ambos casos son mensajes negativos que no te inspiran a hacer que las cosas sucedan, al contrario, te crean ideas y creencias limitantes.

Por último, estas los refranes duales: Son aquellos que son interpretados de una u otra forma según la persona que lo interpreta "no dejes camino por vereda", "más vale pájaro en mano que cien volando", "del pensamiento al hecho hay un corto o largo estrecho", en fin, lo más probable es que hayan escuchado algunos de ellos. PREFERIBLEMENTE EVITAR USAR ESTE TIPO DE LENGUAJE METAFÓRICO al menos que sean del estilo positivo y que agregue valor añadido a la persona y le inspire o motive a tomar acción.

*** ~~~*** ~~~*** ~~~

METÁFORAS CONCRETAS

Vienen a ser las que representan un mensaje directo. Mayormente son el estilo utilizado por muchos escritores y autores en libros tales como: La culpa es de la vaca de Jaime Lopera Gutiérrez y Marta Inés Bernal Trujillo, Sopa de pollo para el alma de Jack Canfield y Mark Víctor Hansen, 26 cuentos para pensar de Jorge Bucay, El canto del pájaro de Anthony de Mello, y muchas otras obras reconocidas que llevan un mensaje concreto.

Un buen ejemplo de una metáfora concreta seria la siguiente historia extraída del libro SOPA DE POLLO PARA EL ALMA. Que lleva como título EMPIEZA POR TI MISMO "Las siguientes palabras están inscritas en la tumba de un obispo (1100 d.c.) en la cripta de la abadía de Westminster:

Cuando yo era joven y libre y mi imaginación no conocía límites, soñaba con cambiar el mundo. A medida que me fui haciendo mayor y más prudente, descubrí que el mundo no cambiaría, de modo que acorté un poco la visión y decidí cambiar solamente mi país. Pero eso también parecía inamovible. Al llegar a mi madurez, en un último y desesperado intento, decidí avenirme a cambiar solamente a mi familia, a los seres que tenía más próximos, pero ¡ay!, tampoco ellos quisieron saber nada del asunto. Y ahora que me encuentro en mi lecho de muerte, de pronto me doy cuenta: «Sólo con que hubiera empezado por cambiar yo mismo», con mi solo ejemplo habría cambiado a mi familia. Y entonces, movido por la inspiración y el estímulo que ellos me ofrecían, habría sido capaz de mejorar mi país y quién sabe si incluso no hubiera podido cambiar el mundo.

Autor Anónimo.

Si se dan cuenta campeones y campeonas, YO no tengo que explicar el significado ya que todos entendimos el mensaje directo que se deseas transmitir con la historia… Y cuál es esa ENSEÑANZA CONCRETA… Que, para cambiar las cosas, primero tenemos que COMENZAR A CAMBIAR NOSOTROS MISMOS.

*** ~~*** ~~*** ~~

METÁFORAS ABIERTAS

Vienen a hacer aquellas historias que permiten a cada individuo una interpretación personal. Es decir que el narrador cuenta la metáfora abierta y sus interlocutores es decir las personas que la oyen pueden entender una cosa, mientras que otra parte de la audiencia puede entender otra, tú mi amiga o amigo mío puedes interpretar una cosa o identificarte más con una idea en particular, en otras palabras, campeones y campeonas lo que trato de enseñarles es que, en las metáforas abiertas, cada uno tiene el privilegio de entender e interpretar la historia como lo desee.

Para ejemplificar esta idea, voy hacerlo compartiéndoles una Antigua Leyenda SIOUX que trata de una Ancestral Historia de Sabiduría Indígena y dejare la interpretación de la enseñanza a cada uno de ustedes. Así que sin más preámbulos comencemos.

LOS DOS LOBOS QUE TODOS LLEVAMOS DENTRO

Cuenta una Antigua Leyenda; que hace mucho tiempo había un Anciano Cacique de una tribu SIOUX, que estaba teniendo una conversación mística acerca de la vida con sus nietos. Él Anciano Cacique les relataba que: "Una GRAN BATALLA estaba ocurriendo en el INTERIOR DE SU MENTE; y que era entre 2 Poderosos Guerreros Rivales. Uno era un Lobo BLANCO y el otro un Lobo NEGRO"

El Anciano Cacique; continuo con su enseñanza, y les dijo: Uno de los lobos; el NEGRO Personifica la Maldad, el temor, la ira, la envidia, el dolor, el rencor, la avaricia, la arrogancia, la culpa, el resentimiento, la inferioridad, la mentira, el odio, el orgullo, el egoísmo, la competencia, la superioridad, los pensamientos negativos y todas aquellas emociones limitantes que nos asechan para destruirnos de ser posible.

El otro Guerrero; el Lobo BLANCO Representa la Bondad, la alegría, la paz, la felicidad, el amor, la caridad, la esperanza, la fe, la serenidad, la humildad, la dulzura, la generosidad, la compasión, la misericordia, la piedad, la amistad, la verdad, la sinceridad, los pensamientos positivos y todas aquellas emociones que nos permiten desarrollar el máximo de nuestro potencial humano a un nivel de consciencia más elevado, en armonía divina con la fuente infinita llamada DIOS.

Y ésta misma BATALLA; hijos míos, está ocurriendo dentro de cada uno de ustedes, y está ocurriendo también de igual forma, dentro de todos los seres humanos que habitamos en esta tierra.

El Anciano Cacique hizo silencio para darles a los pequeños el tiempo suficiente para entender la profunda y mística enseñanza. Los niños Lo pensaron por unos momentos y después de unos instantes uno de los nietos le preguntó a su Abuelo: Abuelo, dinos:

"¿Cuál de los dos LOBOS crees tú que ganará?". Y el Anciano Cacique SIOUX respondió: Hijos míos EL GUERRERO QUE VENCERÁ y GANARÁ ESTA GRAN BATALLA; SERA AQUEL, QUE SIMPLEMENTE USTEDES MÁS ALIMENTEN... Con sus Pensamientos y Emociones.

*** ~~~*** ~~~*** ~~~

METÁFORAS VIVAS

Que vienen a ser el último grupo de lenguaje figurado de analogías que hemos venido estudiando, que por cierto después de las Metáforas Abiertas las METÁFORAS VIVAS son las alegorías más poderosas de todas porque no solo es una narración, cuento, historia o parábola, sino que LLEVA UNA ENSEÑANZA EXPLICITA QUE DEBE SER VIVIDA, es decir que crea un contexto para que la METÁFORAS VIVAS cobren significado en la persona que la recibe.

En otras palabras, las METÁFORAS VIVAS preparan el camino para que las personas que reciben la enseñanza tengan que vivir la experiencia por sí mismo, en carne propia. Por lo que antes de comenzar la metáfora viva se crea un contexto o situación de ante mano, para que la metáfora cobre vida en la medida que la persona recibe la enseñanza...

A VER SI HAN COMPRENDIDO LA IDEA ¿Comprenden el proceso que está implicado en la creación del ambiente que se llevara a efecto para que la metáfora viva ocurra? Voy a compartirles una idea de cómo YO la aplico en mis conferencias presenciales y en mis secciones de coaching con mis clientes... La metáfora viva es como una especie de sección o terapia en donde YO creo un argumento vivencial o experimental para que la persona (si es individual) o participantes (si es grupal) aprenda(n), entienda(n), asimile(n) o supere(n) una situación, hecho o circunstancia real que requiere de un contexto de vida, por eso se le llaman metáforas vivas. Porque al final deja un profundo mensaje y una enseñanza concreta y objetiva en la persona o participantes que la experimentan. Lo que le permite vivir la metáfora en carne propia, y el medio que UTILIZO para llegar a tal fin; es a los que muchos le llaman (dinámica o terapia). A diferencia que esta dinámica o terapia fue planificada de antemano para concretar o consolidar un contexto específico de forma subjetiva en la mente consciente y subconsciente de los que participan en mis diversas secciones de coaching.

Por tal razón, las metáforas vivas son un arte, y cuando aprendemos a dominar dichas habilidades de crear este tipo de metáforas vivenciales o experimentales; nuestra capacidad de persuasión e influencia personal nos faculta elevarnos a un nivel superior de consciencia que nos permite ser más efectivo en comunicar nuestras ideas con un mayor grado de entendimiento en todos los sentidos.

*** ~~~*** ~~~*** ~~~

Para repasar esta información y aprender más sobre el tema, puedes leer mi LIBRO "eBook's o REPORTE ESPECIAL" titulado EL PODER DE LAS METÁFORAS Y EL LENGUAJE FIGURADO, a la cual le dediqué una gran parte al tema en cuestión.

En ese LIBRO "eBook's o REPORTE ESPECIAL" compartí una gran variedad de HISTORIAS, METÁFORAS, PARÁBOLAS, FÁBULAS, EJEMPLOS y ANALOGÍAS para que ustedes mis amigos lectores pudieran experimentar por ustedes mismos el poder que tienen estas valiosísimas técnicas de la PNL como metodología de enseñanza usada a través de los siglos… Buenos campeones y campeonas, sin más, prosigamos con el tema.

*** ~~~*** ~~~*** ~~~

CAPÍTULO V: PRINCIPIOS AVANZADOS DE LA PROGRAMACIÓN NEUROLINGÜÍSTICA

PRIMERA PARTE: LOS METAPROGRAMAS EN LA PNL

Un "METAPROGRAMA" es un Proceso de Pensamiento o Mapa Cognitivo firmemente establecido en nuestros programas mentales, que operan a nivel subconsciente y actúa en múltiples contextos, guiando las conductas o comportamientos de una persona con el fin de alcanzar un determinado resultado u objetivo preestablecido. En otras palabras, Los METAPROGRAMAS son como "filtros" que utilizamos en nuestra percepción de la realidad. Y dichos MAPAS MENTALES determinan la información que dejamos entrar en nuestra MENTE, través de nuestras referencias internas y externas.

Los "METAPROGRAMAS" son la clave para conocer como procesamos la información, y determinar los patrones del pensamiento con los cuales construimos nuestros MAPAS o Representaciones de la Realidad (Estilos de Pensamiento) o filtros habituales y sistemáticos que ponemos en nuestras experiencias típicamente inconscientes, dictaminando los COMPORTAMIENTOS y CONDUCTAS que originan las competencias en cada individuo. Bien sea estos proactivos o reactivos.

Los METAPROGRAMAS son la clave para comprender el proceso de como registran la información las persona a través de un conjunto de pensamientos. Es decir, los METAPROGRAMAS son poderosos patrones o modelos del pensamiento bien sean asociados o disociados, que determinan el cómo nos formamos nuestras representaciones internas, y que dirigen nuestra conducta y comportamiento.

Para ejemplificar la idea anterior hagámonos las siguientes preguntas... ¿Por qué las personas reaccionan o responden de manera tan diferente a mensajes idénticos? ¿Por qué una persona ve el vaso medio vacío, mientras que otro en la misma situación lo ve medio lleno? ¿Por qué una persona escucha un mensaje y se siente inspirado, lleno de energía, emocionado y motivado, mientras que otra persona escucha exactamente el mismo mensaje y no responde en absoluto de la misma forma?

Para responder a dichas interrogantes, es importante tener presente que: El ser humano está PROGRAMADO subjetivamente para RESPONDER o reaccionar prácticamente ante dos (2) estímulos o respuestas posibles.

1º Acercarnos y Afrontarnos hacia las recompensas que nos producen PLACER.

2º Alejarnos, para Evitar o eludir las consecuencias que nos provocan DOLOR.

*** ~~~*** ~~~*** ~~~

Conviene destacar que los METAPROGRAMAS están condicionados de acuerdo con el contexto, y la experiencia personal de quien esté viviendo el momento determinado. Y esto lo hace basados en sus mapas mentales o paradigmas.

POR EJEMPLO: Cuando uno lleva muchos años repitiendo una conducta, probablemente poseamos un fuerte marco de referencia interno acerca de dicho comportamiento. Lo que hace, que al querer hacer los cambios que sean necesarios para mejorar dicha conducta, estos se produzcan con un mayor grado de dificulta. A diferencia, de que cuando somos principiantes en algún comportamiento, posiblemente no habremos construido todavía un marco de referencia interno tan fuerte en nuestra conducta. Lo que permite que sea mucho más sencillo hacer los cambios que sean necesario para mejorar dicho comportamiento.

Esto ocurre internamente en nosotros a través de los META-PROGRAMAS que utilizamos. Es importante destacar en este punto que como seres humanos tenemos la capacidad de transformar. Es decir, podemos cambiar el marco de referencia de una conducta o comportamiento, para que de esta manera podamos obtener mayores resultados en cualquier situación cuando tomamos conciencia de ello.

Una de las claves del éxito en cualquier aspecto de la vida, es la capacidad para realizar nuevas distinciones. Desde la perspectiva de la PNL o PROGRAMACIÓN NEUROLINGÜÍSTICA, los METAPROGRAMAS nos proporcionan las herramientas que nos permiten obtener múltiples diferenciaciones cruciales, que nos facultan a decidir y elegir cómo actuar en determinadas situaciones. Es decir, las PROGRAMACIONES MENTALES ya establecidas en nuestra estructura mental, pueden ser modificadas en cualquier momento cuando la ocasión así lo requiera.

En resumen: Los METAPROGRAMAS son filtros que determinan cómo percibes el mundo a tu alrededor. Y tienen una gran influencia en la manera en cómo te comunicas con las otras personas, y en los comportamientos y conductas que manifiestas.

*** ˷˷*** ˷˷*** ˷˷

Lo expuesto anteriormente; solo son definiciones simples de cómo funcionan los META-PROGRAMAS, para darte una idea de cómo la PNL o PROGRAMACIÓN NEUROLINGÜÍSTICA los aplica en determinados contextos. La INVITACIÓN campeones y campeonas, es aprender a utilizar estos meta-programas como guías para comenzar tu proceso de aprendizaje en este punto en particular.

Por ejemplo: Podrías comenzar a CALIBRAR a las personas que te rodean, tomando notas de los patrones mentales y conductuales que utilizan en su percepción del mundo "SUBMODALIDADES". También puedes analizar otros casos de patrones similares una vez dominadas estas metodologías; y aplicar otras técnicas como REENCUADRE y ANCLAJE con otras personas. Con la práctica conseguirás desarrollar todo un conjunto de distinciones acerca de las personas y contigo mismo. Y con el tiempo te permitirá dominar las distintas herramientas de la PNL en diferentes contextos y así aprender comunicarte más eficazmente con todo tipo de gente.

Representación Básica para Identificar METAPROGRAMAS

Analiza la siguiente tabla y trata de averiguar qué tipo de meta-programa posees. Este conocimiento te permitirá saber más acerca de ti y de las personas a tu alrededor y aprovechar este "METAMODELO" para auto motivarte o saber cómo motivar, inspirar o ayudar a otros...

METAPROGRAMA: aquí te compartiré algunos **perfiles de comportamiento** y **personalidad**, así como también sus características fortalezas "y" – debilidades. Según los modelos de conductas de las personas exitosas…

Así que sin más preámbulos comencemos…

Proactivo Vs **Reactivo**

Proactivo: TOMA LA INICIATIVA y ACTÚA. Observa Analiza y TOMA ACCIÓN.

Reactivo: Postergá las decisiones y espera antes de actuar.

Interno – Adentro Vs **Externo – Afuera**

Interno – Adentro: DECIDE basándose en su PROPIA EXPERIENCIA.

Externo – Afuera: Decide utilizando retroalimentación externa.

Opciones Vs **Procedimientos**

Opciones: CREATIVO, rompe las reglas, buscan la mejora continua.

Procedimientos: Le interesa más saber cómo se hace algo, antes de poder ejecutarlo.

Afrontar – Acercarse Vs **Eludir – Alejarse**

Afrontar – Acercarse: Orientado a objetivos, permanece ENFOCADO EN LA META

Eludir – Alejarse: Eluden los problemas e identifican las amenazas para evitarlas

Similitudes Vs **Diferencias**

Similitudes: Prefiere mantenerse sin hacer cambios y que las cosas se mantengan igual.

Diferencias: Buscá las diferencias y similitudes EL CAMBIO LE AGRADA.

Globales – Genéricos Vs **Específicos**

Globales – Genéricos: Comunicación concreta, Es directo y va al "grano"

Específicos: Detallistas ofrece muchos detalles en su COMUNICACIÓN.

Hacia Sí Mismo Vs **Hacia a los Demás**

Hacia Sí Mismo: Generar buenas RELACIONES y elije por sus propias decisiones.

Hacia a los Demás: Responde según las opiniones de los demás.

Asociado Vs **Disociado**

Asociado: Vive las experiencias en primera persona.

Disociado: Vive la experiencia en tercera persona.

*** ~~~*** ~~~*** ~~~

SEGUNDA PARTE: ANÁLISIS ELEMENTAL DE LOS METAPROGRAMAS

I.- META-PROGRAMA DE DIRECCIÓN

•Afrontar Acercarse (búsqueda de placer o satisfacción)

•Alejarse Eludir (evitar el dolor)

II.- FOCO DE LA ATENCIÓN

•En uno Mismo

•En los Otros

III.- FUENTE DE EVALUACIÓN

•Referencia Interna

•Referencia Externa

IV.- FLUJO DE EVENTOS MENTALES

•Semejanzas

•Diferencias

V.- ENFOQUE DEL PENSAMIENTO

•Globales - Genéricos

•Específico - Detalles

VI.- PROCESAMIENTO MENTAL

•Asociado

•Disociado

•Asociado/disociado

VII.- META-PROGRAMA DE GESTIÓN

•Opciones

•Procedimientos

VIII.- ORIENTACIÓN EN EL TIEMPO

•Pasado Presente - Futuro

IX.- INTERÉS PRIMARIO

•Lugar: ¿Dónde?

•Tiempo: ¿Cuándo?

•Persona (s): Quién (es)

•Información: ¿Qué?

•Motivos: ¿Por qué?

•Cantidad: ¿Cuánto?

•Proceso: ¿Cómo?

*** ~~~*** ~~~*** ~~~

TERCERA PARTE: ESTRUCTURA SUPERFICIAL y ESTRUCTURA PROFUNDA

La noción de **Estructura Profunda de la PNL** deriva da la teoría de gramática generativa y transformacional de Noam Chomsky (1956 1966). Según Chomsky, los pensamientos y las ideas que no están relacionadas con ningún lenguaje en particular (estructura profunda) pueden expresarse a través de una variedad de expresiones lingüísticas (estructura superficial). Las estructuras profundas llegan a la superficie luego de una serie de "transformaciones". Estas transformaciones actúan como una clase de filtro que son claramente manifestadas en la estructura superficial.

Tomemos esta idea para ejemplificar. Una misma ESTRUCTURA PROFUNDA puede generar varias oraciones, porque un mismo pensamiento puede ser dicho o escrito de muy diversas maneras. Por ejemplo: La estructura profunda: La lluvia pone el campo verde puede expresarse superficialmente de formas muy distintas.

•*El campo está verde a causa de la lluvia*

•*La lluvia hace poner verde el campo*

•*El campo es verde por la lluvia*

•*La lluvia verdea el campo*

Según los Creadores de la PNL los Doctores. GRINDER y BANDLER en su libro "La Estructura de la Magia Volumen I" (1975) el movimiento desde la Estructura Profunda a la Estructura Superficial involucra los procesos de Omisión, Distorsión y Generalización, que estudiaremos más adelante.

*** ~~~*** ~~~*** ~~~

ESTRUCTURA SUPERFICIAL El Lenguaje "Lo que se Dice"

En la PNL o PROGRAMACIÓN NEUROLINGÜÍSTICA, el término "Estructura Superficial" se usa para referirse al lenguaje y experiencias sensoriales a través de un conjunto de palabras y sonidos (para el habla), o símbolos, signos e imágenes, (para el escrito). El principio de PNL de la estructura superficial según los Co-Creadores de la PNL los Dres. GRINDER y BANDLER en su libro La Estructura de la Magia Volumen I (1975) como ya nos referimos anteriormente, procede como precursora de la teoría de gramática generativa y transformacional de Chomsky (1956 1966). Donde involucran tres procesos conocidos como Omisión, Distorsión y Generalización.

Desde el interior de la estructura profunda hasta la exteriorización del mensaje en la estructura superficial, el contexto o contenido de la experiencia va transformándose a medida que se aproxima a la superficie. Es importante destacar que tanto el lenguaje como la experiencia sensorial pertenecen a niveles lógicos diferentes, y cada modalidad representacional puede ser traducida mediante el lenguaje hablado o escrito bien sea por palabras o frases. En otras palabras, a través del lenguaje hablado o escrito podemos representar las experiencias vividas por cualquier experiencia sensorial.

En consecuencia, de que ambas estructuras "Superficial y Profunda" confluyen entre sí; la Estructura Superficial desprende reflejos fragmentarios de las Estructuras Profunda al mismo tiempo que ciertos indicios de la estructura profunda son reflejados y expresados en la estructura superficial a través del lenguaje y la conducta. Es decir que frecuentemente, las estructuras profundas se revelan exteriormente en una recopilación de estructuras superficiales.

La PNL considera a la estructura superficial como la expresión concreta de nuestras Experiencias Sensoriales y Emocionales (experiencias primarias). Por tal razón; la PROGRAMACIÓN NEUROLINGÜÍSTICA ha ampliado el uso de la noción de estructura profunda para incluir más que los "Proceso Lingüísticos" y las "Representaciones Sensoriales". También cabe destaque que la PNL ve al lenguaje y otros comportamientos de la Estructura Superficial como derivados de las (experiencias primarias). A forma de conclusión: Enriqueciendo los intercambios de los procesos de la "Estructura Superficial y Profunda" podemos expandir nuestras capacidades de manifestar plenamente nuestro máximo potencial.

ESTRUCTURA PROFUNDA La Mente "Lo que se Quiso Decir"

En la PROGRAMACIÓN NEUROLINGÜÍSTICA, el término "Estructura Profunda" se usa para referirse al significado de cada palabras y sonidos (en el habla), o símbolos, signos e imágenes, (en el escrito) para cada persona según su experiencia interna. La ESTRUCTURA PROFUNDA representa La Mente que soporta o contienen el significado de la oración. (Es abstracta).

La PNL o PROGRAMACIÓN NEUROLINGÜÍSTICA considera que la estructura profunda está compuesta por las experiencias sensoriales y emocionales. Y considera al lenguaje hablado o escrito como una experiencia secundaria que se deriva a través de las experiencias primarias.

El METAMODELO fue desarrollado por Grinder y Bandler como un medio para trabajar con la estructura superficial del lenguaje para poder ayudar a las personas a enriquecer su modelo de mundo recuperando su estructura profunda y reconectándose con la experiencia primaria. Ya que, de alguna manera, todas las técnicas de la PNL son un intento de crear una mayor y mejor conexión holística integral entre la estructura superficial y la estructura profunda.

Otra manera de organizar la relación que existe entre la estructura superficial y la estructura profunda es por medio de las nociones de los Niveles Neurológicos. (Entorno o Ambiente, Conductas y Comportamientos, Competencias y Capacidades, Creencias, Principios y Valores e IDENTIDAD y ESPIRITUALIDAD).

Nuestra interacción con el Entorno o medio ambiente es la parte de nuestra experiencia que está más cerca de la "Estructura Superficial". Por otra parte, las Creencias, Principios y Valores son los fundamentos de nuestra Conducta y Comportamiento que, aunque son parte de nuestra IDENTIDAD (Espiritualidad) son los más difíciles de reconocer en la "Estructura Profunda". Y aunque estas ejerzan una gran influencian desde un nivel más profundo de conciencia, crean las bases de nuestras Competencias y Capacidades. Seamos consciente de ello, o no.

*** ~~~*** ~~~*** ~~~

En conclusión: La idea de Chomsky acerca del lenguaje, es que la Estructura Profunda de nuestra Identidad y Espiritualidad llega a la Estructura Superficial por medio de una serie de transformaciones que se mueven atravesando nuestras

Creencias, Principios y Valores a través del lenguaje. Permitiendo desarrollar nuestras Conductas y Comportamientos, que son finalmente las que actúan en el Entorno o Medio Ambiente a través de nuestras Competencias y Capacidades.

Estas transformaciones están sujetas también a las Omisiones, Distorsiones y Generalizaciones. Estas últimas son el foco de varias técnicas de PNL desarrolladas posteriormente por los Dres. Grinder y Bandler.

*** ~~~*** ~~~*** ~~~

¿CÓMO ESTÁ COMPUESTA LA ESTRUCTURA DE UNA EXPERIENCIA HUMANA?

La Estructura Profunda de una experiencia humana, está compuesta de:

•Misión Transpersonal (El Para Qué)

•Identidad (Quienes Somos)

•Espiritualidad (De Dónde Venimos y Hacia Donde Vamos)

•Creencias, Principios y Valores (El Porqué)

•Capacidades y Competencias (El Cómo)

•Comportamientos y Conductas (El Qué)

•El Entorno o Medio Ambiente (Donde, Cuando con Quien)

•Meta-programas (Que corresponden a filtros de realidad)

•Estrategias Mentales (Diferencias y Semejanzas)

•Procesamiento Interno (Asociados y Disociado)

•Submodalidades (Hologramas Sensoriales)

•Líneas del tiempo (Codificación del tiempo en el cerebro)

•Estructura Neurológica y Química del cuerpo (Neurofisiología)

•Lingüística (Palabras, tiempos, verbos y predicados que utilizamos)

•Cuerpo físico (Estructura física corporal)

•Química corporal (Nutrición)

*** ~~~*** ~~~*** ~~~

CUARTA PARTE: LOS NIVELES NEUROLÓGICOS EN LA PNL
"Introducción"

Hola que tal, campeones y campeonas. Hemos llegado a uno de los PRINCIPIOS más interesantes de la PROGRAMACIÓN NEUROLINGÜÍSTICA, que son los Niveles Neurológicos desarrollados por Robert Dilts, y que están basados en los estudios e investigaciones propuestos por el antropólogo Gregory Bateson. Estos niveles neurológicos se suelen representar en forma piramidal, y guardan una relación jerarquizada entre sí, de manera que, cada nivel superior en esta escala neurológica; contiene elementos que influyen en los niveles inferiores.

Para comenzar esta CUARTA PARTE del libro, voy a hacerlo compartiendo un pensamiento de René Descartes (1596 1650). René Descartes; fue un filósofo, matemático y físico francés, considerado como el padre de la filosofía moderna, y uno de los hombres más destacados de la revolución científica. Quien propuso el siguiente teorema: Divide cada dificultad en tantas partes como sea factible y necesario para resolverlo.

Es precisamente en este aspecto, en el que nos vamos a enfocar en esta parte del libro… Para comprender los Niveles Neurológicos de forma sencilla, basta con aplicar la presuposición de René Descartes "Divide cada dificultad en tantas partes como sea factible y necesario para resolverlo" ya que este pensamiento nos da la posibilidad de ofrecer un marco de referencia, que nos ayude a sistematizar, y dar coherencia al proceso de intervención donde el concepto de NIVELES NEUROLÓGICOS destaca con luz propia dentro del campo de la PNL.

Los niveles neurológicos son tan importante y fundamentales dentro de la PNL que de hecho, diversos autores, entre ellos Salvador Carrión, considera esta aportación teórica de Robert Dilts (realizada a partir de los trabajos originales de Gregory Bateson) como uno de los mayores avance realizado en la Programación Neurolingüística desde el nacimiento formal del METAMODELO DEL LENGUAJE propuesto en el año 1975, por los Doctores Richard Bandler y John Grinder, ampliamente difundida y ejemplificada en su obra "La Estructura de la Magia. Volumen I - Lenguaje y Terapia (prólogo de Gregory Bateson)". METAMODELO DEL LENGUAJE del cual hablaremos más a profundidad en el siguiente capítulo.

Para continuar, pretendo analizar las valiosas aportaciones referentes a los Niveles Neurológicos en el Campo de la PNL tanto desde un punto de vista teórico (marco de referencia) como práctico (estrategias específicas de intervención psicoterapéutica). Tomando como referencia las aportaciones realizada por los pioneros más relevantes y destacados en los inicios de la PNL o Programación Neurolingüística. Tales como lo son "Robert Dilts, Judith DeLozier, entre otros.

*** ~~~*** ~~~*** ~~~

NIVELES NEUROLÓGICOS

Para comprender los Niveles Neurológicos, es de vital importancia mencionar las aportaciones de Gregory Bateson, quien fue el que propuso una categorización de diferentes Niveles Lógicos de Aprendizaje, basado en la teoría matemática de tipos lógicos de Bertrand Russell (1872 1970), filósofo, matemático, lógico y escritor británico, ganador del Premio Nobel de Literatura y conocido por su influencia en la filosofía analítica, sus trabajos matemáticos y su activismo social. Quien estableció que; una clase de cosas no podía pertenecer a sí misma. La tesis fundamental de esta teoría es que: Hay una discontinuidad entre una clase y sus miembros. La clase no puede pertenecer a sí misma, ni uno de sus miembros puede ser una clase por sí. Teoría de la cual, ya hablaremos y profundizaremos más adelante.

Cabe destacar que Gregory Bateson señaló que, en los Procesos de Aprendizaje, Cambio y Comunicación, existen unas jerarquías naturales en orden de prioridad. La función de cada uno de estos niveles neurológicos es organizar la información desde un nivel superior o mayor, hasta un nivel inferior o menor. Y las normas para cambiar algo en un Nivel Neurológico Superior, son completamente diferentes a las necesarias para cambiar algo en un nivel inferior.

En otro orden de idea, podemos afirmar que: Un cambio en un Nivel Neurológico Inferior puede, en algunos pocos casos, como se ha demostrado recientemente, afectar de una u otra manera a los niveles neurológicos superiores; pero ello, no necesariamente ocurre siempre, sino en contadas y pocas excepciones. Sin embargo, es importante destaque que: Todo cambio realizado en un NIVEL NEUROLÓGICO SUPERIOR siempre modifica RADICAL y POTENCIALMENTE los aspectos de los niveles neurológicos inferiores. Gregory Bateson constató, este principio a partir de su propia experiencia. Por lo que afirmo que es la confusión de uno o varios de los niveles lógicos, lo que en la gran mayoría de las ocasiones provocan los problemas. Y al resolver la confusión en los niveles superiores se corrigen automáticamente los conflictos en los niveles lógicos inferiores.

Tomando como referencia los trabajos del ya mencionado Gregory Bateson LOS NIVELES DE APRENDIZAJE. Robert Dilts ha desarrollado en los últimos años un modelo de orientación práctica conocido como Niveles Neurológicos o Niveles Lógicos de Modificación y que él mismo define como "Diferentes Niveles del PENSAR y del SER". El principal objetivo para el desarrollo de este modelo fue recoger en un marco global, los numerosos y diversos métodos de análisis e intervención observados, recopilados, compendiados y comprobados dentro del paradigma de la PNL o Programación Neurolingüística, tanto por los propios fundadores los doctores Grinder Bandler, como por las aportaciones que él mismo Robert Dilts ha venido realizando y aportando en los últimos años.

Este sistema, de los Niveles Neurológicos o Niveles Lógicos de Modificación en la práctica, proporciona una eficaz y amplia metodología, que, junto a las dimensiones temporales, las diferentes posiciones de perceptivas y de diagnóstico, facilitan enormemente el procedimiento, a partir de la información obtenida en los niveles lógicos. La elección de estas estrategias de intervención es una de la más adecuada en la práctica; comparada entre las múltiples técnicas y metodologías de las cual dispone actualmente la PNL o Programación Neurolingüística, para provocar cambios radicales y permanentes en los NIVELES NEUROLÓGICOS.

La esencia del sistema propuesto anteriormente puede ser definida en los siguientes términos según las aportaciones de "Robert Dilts y Judith DeLozier"

$$*** \sim\sim *** \sim\sim *** \sim\sim$$

Desde el PUNTO DE VISTA PSICOLÓGICO, son 5 los niveles lógicos en los que nos movemos con mayor frecuencia.

1.- El primer nivel básico es el ENTORNO, que representa las limitaciones externas. Es decir; el medio ambiente donde operamos y cohabitamos en ese entorno a través de nuestra conducta.

2.- El segundo nivel básico es la CONDUCTA o comportamiento que está guiada e influenciada por los mapas mentales y las estrategias mentales que delimitan las capacidades del sujeto.

3.- El tercer nivel básico son las CAPACIDADES, estas capacidades o competencias a su vez, están estructuradas por nuestros sistemas de creencias.

4.- El cuarto nivel básico son las CREENCIAS, las cuales, a su vez, se encuentran organizadas por la identidad.

5.- El quinto nivel básico es la IDENTIDAD y ESPIRITUALIDAD, que representa a quienes somos y nuestro propósito de vida centrado en principios y valores.

En otras palabras, nuestra interacción con el ENTORNO o medio ambiente es la parte de nuestra experiencia subjetiva que está más cerca de la "Estructura Superficial". Por otra parte, las CREENCIAS "Principios y Valores" son los fundamentos de nuestra CONDUCTA y Comportamiento que, aunque son parte de nuestra IDENTIDAD (Espiritualidad) son los más difíciles de reconocer en la "Estructura Profunda". Y aunque la identidad y la espiritualidad ejercen una mayor y gran influencian desde un nivel más profundo de conciencia, crean las bases de nuestras COMPETENCIAS y Capacidades. Seamos consciente de ello, o no.

*** ~~~*** ~~~*** ~~~

Gregory Bateson, también afirmaba que está disposición jerárquica, entre los niveles mayores, característica de los niveles neurológicos superiores, responde a una serie de presuposiciones básicas:

1.- La función de cada nivel neurológico superior, es organizar y dar sentido a la información del nivel inmediatamente inferior.

2.- Las reglas que rigen los procesos de cambio en cada uno de los 5 los niveles lógicos, no son necesariamente las mismas entre unos y otros, por lo que exigen un mayor nivel de complejidad en los niveles lógicos superiores.

3.- Los cambios en los niveles lógicos superiores siempre afectarán, casi con total seguridad, en diversas facetas a la organización y naturaleza de los niveles lógicos inferiores. Sin embargo, los cambios en los niveles lógicos inferiores no siempre tienen por qué afectar necesariamente en la estructura y configuración de los niveles jerárquicamente superiores. Por lo que este aspecto, debe ser tenido especialmente en cuenta a la hora de diseñar una estrategia de intervención en un nivel concreto de los niveles lógicos, donde se pretende o desea producir el cambio.

*** ~~~*** ~~~*** ~~~

Una vez comprendidas y aceptadas como ciertas las premisas anteriores y a partir del modelo original propuesto por Robert Dilts conocida como Niveles Neurológicos o Niveles Lógicos de Modificación. Vamos a analizar ahora, cada uno de estos niveles lógicos que configuran esta jerarquía, tomando en cuenta claro está, las enseñanzas que ya hemos mencionado anteriormente.

A.-NIVEL DE CAMBIO REMEDIATIVO.

- Intervención Psicolingüística sobre la CONDUCTA (comportamiento) y el AMBIENTE (contexto).

1.- Ambiente: ¿Dónde? ¿Cuándo y Con Quién?

- Contexto Externo. Lugar donde ejecutamos las acciones, con quien las realizamos, y en los momentos concretos donde interactuamos.

2.- Conductas o Comportamiento: ¿Qué Hago?

Acciones específicas realizadas en cada contexto determinado. Es decir, las conductas o comportamiento manifiestos o encubiertos de cada sujeto.

B.- NIVEL DE CAMBIO GENERATIVO.

Intervención Psicolingüística sobre las CAPACIDADES (competencias) y CREENCIAS y (principios y valores).

1.- Capacidades o Competencias. ¿Cómo?

Estrategias, estados mentales, cualidades, actitudes, emociones, habilidades y destrezas. Estos son algunos de los estados internos del individuo que permiten o no permiten generar ciertas conductas o comportamientos en determinados contextos.

2.-Creencias o Principios y Valores. ¿Porqué? ¿Para Qué?

Es el motor impulsos o motivación interna que permite desarrollar las capacidades o competencias en el sujeto. Es decir, es el nivel estructuralmente más complejo y de notable dificultad para su transformación eficaz.

C.- NIVEL DE CAMBIO EVOLUTIVO.

Intervención Psicolingüística sobre la IDENTIDAD y la ESPIRITUALIDAD.

1.- Identidad: ¿Quién Soy Yo?

Cuál es mi Misión o Propósito en la vida. Cuál es la relación conmigo mismo, quién creo que soy yo y como consecuencia dónde pongo los límites.

2.-Espiritualidad: ¿Quién Está por Encima de Mí? ¿Cuál es mi Naturaleza Divina? ¿De dónde Vengo y Hacia Dónde Voy?

- Qué o Quiénes Somos en nuestro Universo, Qué hay más conmigo y quien se encuentra por encima de mí. La Espiritualidad es el espacio interno que nos conecta con lo transpersonal, lo divino, lo místico. La esencia o el ser esencial. Es decir, aquello que nos conecta con un SER SUPERIOR, DIOS, el universo, la energía universal, el cosmos, el destino, el karma o esa fuerza o fuente divina como quieras llamarlo, trabajará a nuestro favor.

*** ～～～*** ～～～*** ～～～

EN CONCLUSIÓN: Según la idea de la Teoría de Gramática Generativa y Transformacional de Noam Chomsky (1956 1966 - La Estructura Superficial y la Estructura Profunda) y las aportaciones de Gregory Bateson (1991 Jerarquización de los Niveles Neurológicos), quien a su vez, propuso una categorización de jerarquía en los diferentes Niveles Lógicos de Aprendizaje, basado en la Teoría Matemática de Tipos Lógicos de Bertrand Russell junto a las contribuciones que ha venido realizando

Robert Dilts sobre los sistema, de los Niveles Neurológicos o Niveles Lógicos de Modificación acerca del lenguaje, podemos reafirmar que los NIVELES NEUROLÓGICOS son parte de la Estructura Profunda de nuestra Identidad y Espiritualidad, que llega a la Estructura Superficial por medio de una serie de transformaciones que se mueven atravesando a través de nuestras Creencias (Principios y Valores). Permitiendo desarrollar nuestras Conductas y Comportamientos, que son finalmente las que actúan en el Entorno o Medio Ambiente a través de nuestras Competencias y Capacidades.

I.- NIVEL DE CAMBIO REMEDIATIVO

Ambientes y Conductas

EL AMBIENTE: Como ya hemos explicado anteriormente el Ambiente o el Entorno es el primer nivel de los NIVELES NEUROLÓGICOS. En otras palabras, quiere decir que el ambiente, es el contexto por medio del cual evolucionamos e interactuamos los seres humanos. Y se representan por todas las percepciones exteriores de nuestros mapas mentales. EL AMBIENTE Incluye todo aquello que se percibe fuera de uno mismo, es decir, todo aquello ante lo que respondemos o reaccionamos, y que a su vez influye en cada uno de nosotros.

El Entorno a su vez, se relaciona con todo aquello que podemos percibir con nuestros 5 sentidos. Es decir, los aspectos concretos que podemos ver con nuestros propios ojos, escuchar con nuestros propios oídos, sentir con nuestro propio cuerpo, oler y saborear con nuestro sentido del olfato y el gusto. Nuestros 5 sentidos o Sistema Sensorial nos transmiten experiencias concretas que podemos compartir con otros individuos, y a través de las cuales experimentamos la realidad de nuestro entorno o medio ambiente, según nuestros mapas mentales.

LA CONDUCTA: La conducta, dentro del modelo de los Niveles Lógicos de la PNL o Programación Neurolingüística, es definida por el propio Robert Dilts de la siguiente manera: "La Conducta o Comportamiento son las acciones y reacciones físicas específicas mediante las que interactuamos con la gente y con el mundo que nos rodea". Se trata, en definitiva, de las acciones que realizamos en nuestro entorno.

Según Josiane de Saint Paul y Sylvie Tenenbaum en su reconocido libro EXCELENCIA MENTAL - LA PROGRAMACIÓN NEUROLINGÜÍSTICA (Como mejorar su relación consigo mismo, con los demás y con el mundo que le rodea) afirman que estas CONDUCTAS incluyen también a los "Comportamientos Internos" que no son más que nuestro lenguaje interior, imágenes o mapas mentales. Que son finalmente los desencadenantes de cualquier comportamiento o conducta externa.

Partiendo de una concepción más amplia e integral de la definición de "CONDUCTA y COMPORTAMIENTO" es posible definir estos dos conceptos o términos con mayor precisión al distinguir las siguientes dimensiones básicas:

Dimensión Conductual: Conductas Abiertas y Manifiestas. Respuestas Motoras.

Dimensión Cognitiva: Pensamientos, Diálogo Interno y Expectativas.

Dimensión Afectiva: Sentimientos, Emociones y Estados de Ánimo.

Dimensión Somática: Sensaciones Orgánicas y Fisiológicas.

De igual forma, aquí incluimos tanto los comportamientos operativos, útiles y funcionales. Así como los comportamientos anómalos, malsanos, compulsivos e incluso las enfermedades psicosomáticas, ya que, para la PNL o Programación Neurolingüística, toda enfermedad manifiesta es una CONDUCTA; por tanto, somos responsables directa o indirectamente de la pérdida de nuestro bienestar.

II.- NIVEL DE CAMBIO GENERATIVO

Capacidades, Creencias y Valores

LAS CAPACIDADES: Son las competencias y aptitudes que empleamos para adquirir ciertas habilidades o destrezas en un determinado asunto, y que, a su vez, nos permiten poner en práctica nuestros comportamientos y conductas en dichas capacidades. Se trata del conocimiento, la experiencia y la información potencialmente utilizable; sean estas (consciente o inconscientemente), acerca de los actos que hay que realizar, y la manera en la que hay que enlazarlos para lograr los objetivos deseados.

CREENCIAS "PRINCIPIOS Y VALORES"

"Robert Dilts y Judith DeLozier" bajo el concepto de "SISTEMAS DE CREENCIAS" engloban ambos términos. Una Creencia es una afirmación personal que consideramos verdadera. Las Creencias, sean estas Consciente o inconscientemente afecta de manera muy directa a la percepción que tenemos de nosotros mismos, la de los demás y la del mundo o medio ambiente que nos rodea.

Robert Dilts y Judith DeLozier también definen las CREENCIAS como "Generalizaciones sostenidas con firmeza acerca de 1) las causas 2) el sentido y 3) los límites de A) el mundo que nos rodea B) nuestras conductas C) nuestras capacidades y D) nuestras identidades."

Uno de los principios fundamentales de la excelencia humana, asumido plenamente por la PNL o Programación Neurolingüística. Es que, si somos plenamente conscientes de que nuestras CREENCIAS, tanto las que nos limitan como las que nos potencian, son una opción que tenemos y que pueden ser "elegidas" consciente y libremente, entonces pues, estaremos en disposición de escoger aquellas que nos potencien y nos acerquen más a nuestros verdaderos objetivos, afín de desterrar definitivamente aquellas creencias limitadoras generadoras del sentimiento de fracaso personal. Recordemos las palabras de -. HENRY FORD. cuando dijo que: Tanto si piensas que puedes como si piensas que no puedes, en ambos casos estás en lo cierto".

Los **PRINCIPIOS** y **VALORES**, son una clase particular de creencia. Son las creencias que una persona tiene acerca del porqué una cosa es importante y digna de mérito. En otras palabras, los principios y valores son aquellas virtudes, que las personas aspiran y tratan de alcanzar. A través de los principios y valores las personas deciden en cada momento lo que es bueno o malo, insignificante o importante, virtuoso, bello, de buena reputación, digno de alabanza o no. Y a partir de sus conclusiones, dirigen su conducta o comportamiento en uno u otro sentido.

Los principios y valores se encuentran fuertemente jerarquizados de tal modo que, en caso de duda, cuando diferentes principios y valores exijan diferentes conductas en el sujeto, su comportamiento se orientará en el sentido que indique el más alto de los valores en conflicto. Es decir, que en medio de la duda y la confusión donde son puestos en juegos nuestros principios y valores, las personas responderán según sus

CREENCIAS arraigadas en su código de la ética, así como en los valores morales más estrictos de las personas, que finalmente son lo que les permite vivir su vida, según los estándares más elevados centrados en sus propios principios morales.

En otras palabras, las CREENCIAS responden a la pregunta ¿Por Qué? mientras que los principios y valores responden a la cuestión ¿Para Qué? En ambos casos el constructo clave subyacente es el de motivación de cada persona.

III.- NIVEL DE CAMBIO EVOLUTIVO

Identidad y Espiritualidad

LA IDENTIDAD: La identidad es el ¿Quiénes Somos? que, a su vez, hace referencia al sentimiento que tenemos todos de "SER únicos, exclusivos, originales e idéntico a nosotros mismos", independientemente de nuestra edad o de otras circunstancias ambientales o personales. En otras palabras, la identidad puede ser definida como "La conciencia de lo que somos, de quienes somos, y sobre todo de lo que podremos llegar a SER. La conciencia de nuestra identidad es la que organiza nuestras creencias, capacidades y comportamientos dentro de un único sistema."

Una pregunta enfocada al Nivel Lógico de IDENTIDAD es la que dice así: ¿Quién Soy Yo? La respuesta a esta pregunta es en cierta medida la imagen que cada uno tiene o posee de sí mismo, en el más amplio sentido de la palabra. La IDENTIDAD es la imagen con capacidad para evolucionar, progresar y trascender, pero "manteniendo" siempre el sentido de nuestra personalidad, unidad y coherencia con quienes somos o con quienes creemos que somos.

La identidad, por tanto, se constituye como una definición dinámica en constante reformulación que cada uno ha de hacerse a sí mismo partiendo del lugar en el que se encuentra, y orientándose hacia las metas futuras. Nadie "es" de manera absoluta y permanente, sino que todos nos estamos "redefiniendo, reinventando y rediseñando" constantemente. Y esta autodefinición personal se manifiesta en cada uno de los Niveles Lógicos Inferiores de manera que, según la forma en la que yo me defina a mí mismo, así elijo desarrollar o adquirir las capacidades o competencias más relevantes para mantenerme en mi camino, con la mira puesta en la imagen de aquel en el que pienso que soy.

LA ESPIRITUALIDAD: Los Niveles Lógicos han sido representados y simbolizados por diversos autores y expertos en la materia como una pirámide cuya base estaría formada por el entorno, y en cuya cúspide se encontraría la identidad. Sobre este vértice, algunos autores, sugieren la existencia de otra pirámide invertida "representativa" de los diferentes niveles espirituales del ser humano. El ya mencionado Robert Dilts entiende por Niveles Lógicos Espirituales aquellos que sobrepasan al individuo mismo, y van mucho más allá de sus principios y valores, sus creencias y su propia identidad personal.

La Espiritualidad: está relacionada a las preguntas ¿Cuál es mi Naturaleza Divina? ¿De dónde Vengo y Hacia Dónde Voy? ¿Qué o Quiénes Somos en nuestro Universo? ¿Qué hay más allá de este mundo, y quien se encuentra por encima de mí? La Espiritualidad, puede ser definido como el espacio interpersonal que nos conecta con lo transpersonal, con la parte más profunda de nuestra existencia, con lo divino, lo místico y hasta lo sobre natural. Es decir, con nuestra esencia o el ser esencial. En otras palabras, la Espiritualidad es todo aquello que nos conecta con un SER SUPERIOR, aquello que llamamos DIOS, espíritu, el universo, la energía universal, el cosmos, el destino, el karma o esa fuerza o fuente divina como quieras llamarlo, trabajará a nuestro favor.

El Espíritu es definido por el propio Gregory Bateson como: "El patrón que conecta todas las cosas juntas como un tipo de mente mayor o superior de la que los individuos somos un subsistema" En otro orden de ideas, la Espiritualidad en relación a los NIVELES LÓGICOS, representa la responsabilidad última del sujeto, los niveles neurológicos espirituales no están codificados en un solo principio, sino que más bien la Espiritualidad englobaría aspectos como nuestra pertenencia a grupos sociales, familiares (como los amigos y la familia) laborales o académicos (como el lugar de trabajo o estudios). La Espiritualidad también representa nuestro sentido de pertenencia a la especie humana o al universo, nuestras convicciones ideológicas y políticas o nuestros sentimientos religiosos, trascendentales o místicos.

"Muchas veces habrá momentos en los que tendremos que resguardarnos por algún tiempo y comenzar nuestro propio PROCESO DE RENOVACIÓN de los NIVELES NEUROLÓGICOS para emprender nuestra segunda etapa a la excelencia personal. Una etapa decisiva; en la cual tenemos que empezar el proceso de "REINGENIERÍA CEREBRAL" y "PROGRAMACIÓN MENTAL" para desprendernos de los viejos PATRONES MENTALES LIMITANTES, LIBERÁNDONOS DEL AUTO-SABOTAJE INTERNO EMOCIONAL, y soltarnos de una vez y para siempre de las ligaduras del pasado que afectan considerablemente nuestros niveles neurológicos. Porque solamente así; podremos aprovechar los "{(BENEFICIOS RESULTANTES)}", que trae una RENOVACIÓN de los NIVELES NEUROLÓGICOS siempre consigo. Y solo de esta forma; seremos libres y capaces de "REINVENTARNOS", "RENACER COMO EL FÉNIX", "RENOVARNOS COMO EL ÁGUILA" y "CREAR UNA NUEVA Y MEJORADA VERSIÓN DE NOSOTROS MISMOS"

-. Máster Coach YLICH TARAZONA. -

*** ~~*** ~~*** ~~

CAPÍTULO VI: EL METAMODELO DEL LENGUAJE
PRIMERA PARTE: INTRODUCCIÓN AL METAMODELO

A continuación, identificaremos tres (3) conceptos generales que según los Co-Creadores de la PNL los Dres. GRINDER y BANDLER en su libro La Estructura de la Magia Volumen I (1975) proceden como precursora de la teoría de gramática transformacional de Chomsky con relación a la estructura superficial y la estructura profunda (1956 1966). Y donde Grinder y Bandler involucraron los procesos de Omisión, Distorsión y Generalización.

La Estructura Superficial es el resultado de la Estructura Profunda al atravesar el filtro de nuestros procesos psicológicos. En el momento en que el individuo recurre al lenguaje (hablado "o" escrito) para procesar las experiencias vividas (cuando habla consigo mismo "o" con otros) las mencionadas estructuras sufren ciertas modificaciones, ya que ciertos contenidos se **OMITEN**, se **DISTORSIONAN** o **GENERALIZAN**.

En la "**ESTRUCTURA PROFUNDA**" los seres humanos experimentamos las cosas por medio de los sentidos. Es decir que captamos y almacenamos las impresiones procedentes de nuestro Entorno o Ambiente a través de lo vemos, oímos, sentimos, olemos o gustamos. De esta forma las vivencias experimentadas son precisas, completas y carentes de distorsiones. Pero al pasar de la "estructura profunda" a la "**ESTRUCTURA SUPERFICIAL**" de manera inconsciente, hacemos tres (3) cosas omitir, distorsionar o generalizar. Y dicho proceso pueden producir confusión e interpretaciones erróneas. Y es aquí, donde el **METAMODELO DEL LENGUAJE en la PNL** entra en acción.

Pero ¿**QUÉ ES UN METAMODELO?** META deriva del GRIEGO y significa DENTRO DE "o" MAS ALLÁ. Un metamodelo entonces es la representación DENTRO DE una representación o un modelo que va MAS ALLÁ de los modelos. Por lo tanto, un METAMODELO sería un conjunto de formulario ideal que va dentro de una serie de "preguntas claves" o preguntas inteligentes que van más allá de las palabras, para mejorar nuestros procesos comunicativos.

Por tal razón, el Modelo De Preguntas Mágicas que propone la PNL se conoce con el término METAMODELO DEL LENGUAJE.

El METAMODELO: Es un modelo de la PNL o Programación Neurolingüística creado por GRINDER y BANDLER, que se basa en el estudio del lenguaje, y como este, afecta considerablemente a cada persona. Todo el metamodelo está basado en PREGUNTAS CLAVES centradas desde el punto de vista de la PNL.

*** ~~*** ~~*** ~~

Para tener una mejor idea de la importancia del METAMODELO y arrojar mayor luz; estudiaremos brevemente las diferencias entre ambas disciplinas, la Lingüística Convencional en contraste con el Metamodelo del Lenguaje creado a partir de los estudios de la PNL o Programación Neurolingüística. Para efecto de este análisis, lo haremos a través de la siguiente frase, que por cierto es muy común:

"YO NO PUEDO HACER ESO"

Si lo analizarnos desde un punto de vista lingüístico convencional o tradicional se podría decir que:

YO: *Es el sujeto de la oración.*

NO PUEDO: *Es la negación del verbo poder.*

HACER: *Es otro verbo.*

ESO: *Es un pronombre.*

Analicemos ahora la misma frase, desde el punto vista de la PNL o programación neurolingüística donde:

YO: *Se refiere a una nominalización.*

NO PUEDO: *Es un operador modal de limitación. Porque al operar desde ese pensamiento o manera de actuar, limita realizar la acción expresada.*

HACER: *Es un verbo inespecífico. Porque no especifica como lo piensa hacer.*

ESO: *Es una omisión o eliminación. No especifica que tarea; ni dice cuándo, ni cómo, ni dónde la piensa realizar.*

Entonces, como podemos apreciar claramente en ambos ejemplos. Si bien ambas disciplinas (Lingüística Convencional y Metamodelo del Lenguaje de la PNL) se encargan de analizar el lenguaje. La primera (Lingüística) pone mayor énfasis en la gramática; mientras que la segunda (METAMODELO) pone el énfasis en cómo ese lenguaje utilizado afecta o beneficia subjetivamente a esa misma persona.

Y éste estudio de la subjetividad es una de las raíces fundamentales del METAMODELO de la Programación Neurolingüística creado por los Dres. Grinder y Bandler. Esto es, el análisis de lo que pasa internamente dentro de una persona para que se comporte de determinada manera, a saber, la forma en que piensa, como lo piensa y que palabras utiliza según su marco referencial (MAPA) que puede afectar o beneficiar considerablemente su estado emocional. Y, por ende, sus pensamientos, emociones, acciones, conducta y comportamiento.

*** ~~*** ~~*** ~~

Recapitulando: METAMODELO, es lo que está DENTRO DE o MÁS ALLÁ del modelo de como estructuramos nuestro lenguaje hablado. En este punto es importante destacar que: La forma como hablamos e interpretamos las palabras, las hemos aprendido modelando a otras personas, que aprendieron a su vez el lenguaje de muchas otras. De este aprendizaje, hemos adquirido una estructura, que, de tanto repetirla, la interiorizamos.

El lenguaje lo hemos venido evolucionando los humanos, para comunicar lo que sentimos, vivimos y experimentamos. Muchas veces, de manera intuitiva o habitual. Por tal razón, el "Metamodelo del Lenguaje", ayuda a que el interlocutor descifre el significado oculto de lo que quiso decirse. Una vez que ambos participantes tienen toda la información que necesitan, a través del METAMODELO se pueden efectuar los cambios que guíen, acompase y reencuadre hacia un objetivo "bien intencionados".

OBJETIVOS DEL METAMODELO

•Encontrar la información perdida en el proceso de desviación desde la estructura profunda hasta la estructura superficial.

•Identificar las omisiones, distorsiones y generalizaciones que las personas introducen como limitante de su modelo de marco referencial o (MAPA) de cómo percibe su mundo.

•Poner al descubierto y evidenciar las limitaciones inconscientes producidas por el marco referencia o (MAPA) del mundo de la persona.

•Volver a conectar a las personas con su (experiencia primaria) y con el (TERRITORIO) de donde experimento la vivencia.

•Enfocarse en los procesos mentales internos que cada persona realiza para obtener una experiencia determinada.

A modo de repaso: Para el METAMODELO el lenguaje es un objeto de estudio muy importante ya que gobierna nuestra conducta. A la vez la programación neurolingüística estudia cómo el lenguaje utilizado evoca diferentes representaciones internas dentro de una persona y como esas representaciones internas afectan primeramente su estado emocional y luego su comportamiento.

En otras palabras, EL METAMODELO DE LENGUAJE PNL es "La llave maestra a la comunicación efectiva". En un sentido más claro, el "Metamodelo del Lenguaje", permite que en la comunicación se aprovechen los puntos fuertes y débiles del lenguaje; porque es una efectiva herramienta para aclarar y extraer los reales significados de las palabras, y que permite emplear el lenguaje con precisión.

Antes de continuar, es IMPORTANTE aclarar que, aunque el METAMODELO es un conjunto de formulario ideal de "PREGUNTAS CLAVES" para mejorar nuestros procesos comunicativos. Se evita la utilización de la pregunta ¿POR QUÉ? Ya que este tipo de preguntas ¿por qué? bloquea o anula la intención de obtener más información y al contrario se obtienen con frecuencia respuestas otra vez imprecisas.

POR EJEMPLO: La afirmación *"La Física y la Químicas son Difíciles"*

En la PNL sería más adecuado preguntar "¿Para quién la encuentra difícil?" Ya que esta pregunta FORMULADA CORRECTAMENTE con el ¿PARA QUIÉN? al inicio, nos aportaría mayor luz e información. Mientras que si solo preguntamos ¿Por qué la encuentra difícil? Ya que esta última pregunta MAL FORMULADA con el ¿POR QUÉ? al inicio, puede producir respuestas abstractas que no agrega ningún valor.

Siguiendo con el ejemplo anterior, recibiríamos una respuesta algo imprecisa como está por ejemplo "Porque se trata de una ciencia compleja". Que como podemos apreciar, en evidencia y definitiva la respuesta no aclaro la cuestión del análisis, ni mejoro el tono de la conversación, ya que no aporto mayor luz e información. Que es precisamente lo que SI se quiere lograr finalmente con el METAMODELO DEL LENGUAJE.

SEGUNDA PARTE: OMISIÓN, DISTORSIÓN Y GENERALIZACIÓN

OMISIÓN:

Es el proceso mediante el cual; una persona presta especial atención selectiva a ciertos hechos, palabras, ideas o circunstancias, al tiempo que excluye otras informaciones que podrían ser importantes y valiosas en la comunicación. Es decir, las OMISIONES pueden representarse en el hecho de dar cierta información por sentada en la comunicación. Y, por lo tanto, no explicar o compartir aquellos otros datos que serían esenciales para que el mensaje que se desea transmitir quede claro, y que la respuesta al tal o cual situación o contexto en una comunicación fuera más adecuada. Ya que en el caso de las omisiones suponemos que nuestro interlocutor ya ha identificado la idea o suponemos que completará la frase faltante.

Por EJEMPLO: "siento temor". En esta frase no se especifica de qué, porqué o de quién se siente temor. Como solución al problema se emplean ciertas interrogantes del METAMODELO que le permite a la persona en cuestión identificar los detalles de la situación, al tiempo que nos faculta neutralizar dicha afirmación.

Preguntas CLAVES del METAMODELO DEL LENGUAJE para obtener la información OMITIDA, y generar los cambios necesarios en la persona en el proceso de la comunicación. Las preguntas más importantes y relevantes en este sentido son:

"Quien", "Que", "Cómo", "De que", "Sobre qué", "De quien", "Con que",

EJEMPLO: "siento temor" "¿De Qué, o de Quién específicamente?", "¿Cómo sucede esto puntualmente?", "¿Comparado con qué...?", "¿Quién dice o quien lo afirma?", "¿cómo sabes que sientes temor?", "¿Sobre qué te fundamentas?"

Para este ejemplo podríamos neutralizar la afirmación "SIENTO TEMOR" con la siguiente pregunta bien formulada.

"¿Qué o quién ESPECÍFICAMENTE...?" "Le produce temor"

"¿De qué o de quién ESPECÍFICAMENTE...?". "Siente Temor"

OMISIONES: Cuando elegimos el mensaje para representar nuestras ideas o sentimientos, en ocasiones omitimos parte de la información que es relevantes, lo que hace que nuestro interlocutor pueda generar alguna confusión.

PREGUNTA CLAVE DEL METAMODELO

Otros Ejemplo: Lo enviaré de forma rápida "¿Cómo lo hará?"

Cuente con eso, pronto lo tendrá "¿Cómo piensas hacerlo?"

Estoy irritada "¿Irritada por qué?" - Mi madre dijo que tenía miedo "¿A quién se lo dijo?" - Tengo miedo "¿Miedo de qué?" Ya tengo bastante "¿Bastante de qué?

A modo de recapitulación, Omisión: Es la información que se omite, dando por hecho que el interlocutor ha entendido la frase "lo faltante". Puede haber omisiones verbales, de sustantivo o comparativas (mejor, peor, etc.). Otros ejemplos comunes: "Es mejor dejarlo así", "Estoy molesto", "Y eso no fue lo peor", "Es evidente no"

DISTORSIONES:

Es el proceso que nos permite hacer cambios en nuestra experiencia de la información, hecho, idea o acontecimiento que percibimos a través de los estímulos o representaciones sensoriales. Que nos permite bien sea; crear una idea o malinterpretar un mensaje o distorsionar el contexto o el significado del mismo. Dado que podríamos utilizar una FRASE para querer transmitir una idea, y como cada PALABRA tiene múltiples significado, terminamos dando un significado contrario al que esperábamos. En otras palabras, las DISTORSIONES suceden cuando se altera generalmente de manera muy sutil el contenido de lo que se quiere expresar. Interpretando, presuponiendo o expresándonos sin fundamentos, provocando en ocasiones confusión en vez de claridad. Por ejemplo, cuando la gente asigna a los objetos externos responsabilidades que están dentro de su control.

Por EJEMPLO: "los niños me ponen furioso". Esta es una distorsión debido a que la emoción "rabia" es atribuida a alguien más, distinto de la persona que lo está experimentando. La solución en este caso a través del METAMODELO sería emplear opciones que permitan aclarar la oración, y que nos brinde una mayor comprensión de la realidad del estado emocional de la otra persona.

Preguntas CLAVES del METAMODELO DEL LENGUAJE para obtener de la información DISTORSIONADA el verdadero motivo que llevo a la persona a tal o cual estado emocional. "¿Cómo los niños te hacen sentir eso?", "¿Cómo esa situación te produce esos sentimientos?", "¿Qué te hace creer que...?", "¿Exactamente cómo sabes que los niños son la razón?", "¿Cómo sabe tú qué?"

Para este ejemplo podríamos neutralizar la afirmación "LOS NIÑOS ME PONE FURIOSO" con la siguiente pregunta bien formulada.

"¿Qué le hace creer EXACTAMENTE qué?", "los niños lo enfurecen"

"¿Cómo sabe usted EXACTAMENTE qué?", "los niños le ponen furioso"

DISTORSIONES: Sustituciones de frases, ideas o palabras en nuestro lenguaje comunicacional que en ocasiones pueden producir presuposiciones ambiguas o con más de una interpretación.

PREGUNTA CLAVE DEL METAMODELO

Otros Ejemplo: Sé exactamente lo que va a pensar mi esposo "¿Cómo puede saberlo exactamente?", "¿Cómo puedes saber qué?"

Sé perfectamente cómo se comportará mi hijo "¿Cómo saber justamente que pasará?", "¿Estas completamente segura de eso?"

A modo de recapitulación, Distorsión: Son interpretaciones distorsionadas sobre algo que sucedió o que podría suceder. Aquí se producen fenómenos como lecturas mentales, relaciones causales, etc. Otros ejemplos comunes: "mi mujer no me habló hoy, significa que no me tomará en cuenta", "cada vez que la veo, me algo sucede" "todos los días son lo mismo, sabía que pasaría"

GENERALIZACIÓN:

Proceso mediante el cual algunos elementos del MAPA MENTAL de las personas se desvían de la experiencia original y llegan a representar un contexto generalizado completamente diferente del acontecimiento original. Es decir, las GENERALIZACIONES suceden cuando a partir de una o alguna experiencia o situación que experimentamos, desarrollamos un MAPA MENTAL y extraemos un modelo o patrón de conducta que se va extendiendo a todas las otras situaciones relacionadas. Anuqué estas últimas, nada tengan que ver con el contexto original.

Por EJEMPLO: "Alguien te molesta por tal o cual situación". Entonces generalizas el contexto y luego creas un MAPA MENTAL de la situación donde te predispones a pensar que todas las personas son molestas. Creando un nuevo paradigma de la situación generalizada creyendo que "toda la gente te molesta"

Preguntas CLAVES del METAMODELO DEL LENGUAJE para obtener información ESPECÍFICA y generar los cambios necesarios en las personas. Las preguntas más importantes en este sentido son: "¿Qué le hace creer que…?", "Exactamente ¿cómo crees que ocurra esto o aquello…?", "¿Cómo sabe usted…?", "¿Qué razones o motivos tiene para afirmar eso…?".

Ahora ¿cómo aplicaríamos el METAMODELO DEL LENGUAJE a dicha situación? A continuación, vamos a ir estudiando como la técnica de la PNL conocida como Metamodelo del Lenguaje podemos aplicarla apropiadamente a cada contexto de GENERALIZACIÓN.

Retomando el ejemplo anterior de la GENERALIZACIÓN "toda la gente me molesta" Aplicando el METAMODELO DEL LENGUAJE como solución al problema; se pueden emplear intervenciones que contradigan la generalización. Es decir, los verbos que el sujeto o la persona en cuestión no especifican completamente. Así neutralizamos su razonamiento y creamos un nuevo contexto o MAPA MENTAL.

Para este ejemplo podríamos neutralizar la afirmación "toda la gente me molesta" con la siguiente pregunta bien formulada.

"¿Qué le hace creer que TODA…?" "La gente le molesta"

"¿Cómo sabe usted que TODA…?". "La gente se la pasa molestándole"

GENERALIZACIONES: A menudo hablamos de la gente o utilizamos una ambigua frase cuando realmente nos referimos a un hecho o persona en particular. Mayormente vienen precedidas por palabras tales como: "todos", "nunca", "nadie", "ninguno ", "jamás ", "siempre ", etc.

Planteando preguntas específicas o preguntas inteligentes CLAVES del METAMODELO DEL LENGUAJE, el Coach con PNL induce a examinar la afirmación, y a verificar en qué caso concreto de su experiencia es realmente válida o no.

PREGUNTA CLAVE DEL METAMODELO

Otros Ejemplo: Todos los hombres "o" las mujeres son iguales.

Todas las navidades, fin de año, pascuas, cumpleaños son tristes

"¿Todos ellos?", "¿De verdad piensa que lo son?", "¿Estás seguro de eso?"

MÁS EJEMPLO: "Uno debe respetar las opiniones de los demás"

"¿Quién es uno?" ¿Qué Opiniones?" "¿Quiénes son los demás?"

SEGUIMOS CON MÁS EJEMPLO: "Uno no puede confiar en nadie"

"¿Usted ha confiado alguna vez en alguien como su médico verdad?"

"¿Entonces cómo dice que no se puede confiar en nadie?"

Coma ya hemos estudiado hasta ahora; podemos apreciar como el METAMODELO DEL LENGUAJE actúa a partir de la identificación de los que denominamos en la PNL (Violaciones) que se expresa por medio del lenguaje y que se clasifican en tres (3) conceptos:

OMISIONES - DISTORSIONES - y - GENERALIZACIONES

*** ~~~*** ~~~*** ~~~

A modo de recapitulación, Generalización: Las personas filtran sus experiencias considerando sólo aquellas evidencias que confirman una regla general, y evitando considerar otros matices o excepciones a esa regla. Es aquí cuando aparecen los llamados cuantificadores universales (siempre, nunca, todos, ninguno, jamás, nadie, etc.) Otros ejemplos comunes: "siempre me va mal en matemáticas", "nunca nadie me toma en cuenta", "todos los noviazgos son iguales", ninguno me ayudaras jamás a cambiar", "jamás seré bueno para eso".

Bueno campeones y campeonas; hasta aquí hemos analizado varios puntos entre ellos: La Estructura Profunda y la Estructura Superficial. También estudiamos el Metamodelo Del Lenguaje junto a las preguntas inteligentes o preguntas claves junto a las definiciones y ejemplos de Omisión, Distorsión y Generalización.

Pero sobre todo, también aprendimos que la PNL al ser una META-DISCIPLINA es decir (una DISCIPLINA de disciplinas) y (un MODELO de modelos) que no solamente se aplica a la lingüística convencional del lenguaje hablado, sino que también estudia y analiza las estructuras profundas y superficiales del lenguaje en la comunicación, permitiendo reconocer las Omisiones, Distorsiones y Generalizaciones, neutralizando dichas afirmaciones, y arrojando más luz al proceso comunicativo siendo el METAMODELO DEL LENGUAJE la metodología más efectiva en estos casos.

Ahora, campeones y campeonas que ya tenemos estos puntos claros, profundizaremos más el tema de las Omisiones, Distorsiones y Generalizaciones, así que adelante mis queridos amigos y apreciadas amigas continuemos...

*** ~~~*** ~~~*** ~~~

OMISIÓN:

Omisión Simple: Parte del contenido de la frase que se omite, la pregunta pretende recuperar la información omitida.

Omisión de Comparación: Cuando una frase incluye un adverbio, pero omite una parte, la pregunta pretende conocer con que o con quien se compara.

Verbos Inespecíficos: Se produce cuando utilizamos verbos pocos específicos con respecto a la acción, la pregunta pretende buscar claridad y comprensión.

Falta de Índice Referencial: Se presenta cuando hablamos sin hacer referencia explícita al contexto, la pregunta pretende saber quién es el sujeto en cuestión.

DISTORSIÓN:

Nominalización: Es una de las violaciones más difíciles de identificar, la nominalización ocurre cuando se transforma un verbo en sustantivos, la pregunta de desafío pretende romper el bloqueo, y para ellos atacamos la nominalización, repitiendo la misma frase construyéndola con el verbo correspondiente.

Modelo Casual: Esta violación se presenta cuando el hablante establece una relación causa/efecto que no tiene base, la pregunta de desafío pretende evidenciar la inconsistencia de tema tratado.

Lectura Mental: Esta violación pretende creer adivinar en la expresión los pensamientos de la otra persona, con la pregunta del desafío pretendemos evidenciar la inconsistencia de la afirmación.

Presuposiciones: Esta violación argumenta que el sujeto en cuestión da por sentado que el resto de las personas que le escuchan conocen los contenidos de lo expresado, la pregunta del desafío pretende aclarar el significado real de la afirmación.

Equivalencia Compleja: Se presenta cuando establecemos relación dentro de una frese, dando un significado que nada tiene que ver con el tema en sí, con la pregunta pretendemos que la persona se dé cuenta de la falta de inconsistencia de sus afirmaciones.

GENERALIZACIÓN:

Cuantificadores Universales: Son generalizaciones que en la mayoría de los casos carecen de sentido, al detectar la violación la pregunta pretende desafiar el propio cuantificador.

Operadores Modales: Se trata de órdenes implícitas que nos damos a nosotros mismos, la pregunta tiene como finalidad desafiar la orden implícita y crear un nuevo contexto más favorable.

Perdida de Concreción: Juicios o afirmaciones que se decretan como leyes, sin determinar la valides de la misma, la pregunta pretende desafiar la violación buscando que asuma la responsabilidad de sus palabras y de su contexto.

*** ~~~*** ~~~*** ~~~

CAPÍTULO VII: PRINCIPIOS DE LA HIPNOSIS Y LOS PATRONES PERSUASIVOS APLICADOS EN LA PNL

Primera Parte: Breve Reseña Histórica de la Hipnosis

Hola que tal, campeones y campeonas, este libro en particular es especial para mí, ya que la HIPNOSIS y la SUGESTIÓN son una de las herramientas y metodologías de la comunicación más poderosas que me impactaron cuando comencé mi camino en el estudio de este maravilloso arte de la PNL, el Neuro Coaching, la Reingeniería Cerebral y la BioProgramación. Por tal motivo, quiero compartir con todos ustedes estos conocimientos de manera simple, adentrándolos en este tema tan fascinante y a la vez tan complejo, de forma sencilla pero eficaz.

Una buena forma de introducirnos en este maravilloso mundo de la HIPNOSIS es transitar por su historia a través de los siglos. De este modo, recorriendo juntos TÚ y YO a través del tiempo, comprenderemos más acerca de este fenómeno. Y, por ende, estaremos en mejores condiciones para entenderla, comprenderla y aplicarla. Les propongo, por lo tanto, que demos un breve recorrido histórico, que nos sirva para contextualizar la HIPNOSIS y todos los aspectos relacionados con ella.

Para comenzar podemos decir que la HIPNOSIS al igual que la SUGESTIÓN es tan antigua; como la humanidad misma, es decir que existen desde los primeros orígenes de la historia humana, en el momento en que los seres humanos se comunicaron.

Ya los Antiguos sumerios, los egipcios y los babilónicos la practicaban, consiguiendo lo que ellos consideraban "Curaciones Milagrosas" por medio de ella. Es importante destacar, claro está, que la HIPNOSIS ANTIGUA ha evolucionado, y ha tenido muchas "formas de prácticas" y muchos "nombres antiguos" a lo largo de toda la Historia.

Posteriormente, este componente esotérico y terapéutico fue evolucionando y desarrollándose en la práctica tal y como la conocemos hoy en día. Aunque no es posible fijar el momento exacto de la historia en la que se produjo este descubrimiento, tenemos algunos datos históricos muy relevantes que nos proporcionan valiosísima información al respecto.

Aprendiz, el arte de la HIPNOSIS ANTIGUA, fue un proceso MÍSTICO y TERAPÉUTICO progresivo, que fue desarrollándose y evolucionando gradualmente a través de los años, por medio de un largo y costoso recorrido, seguramente con precisiones y errores, éxitos y fracasos, mitos y realidades, especulaciones y acierto, hasta llegar a nuestros días.

Nadie sabe con certeza los orígenes de la sugestión mental y la HIPNOSIS ANTIGUA. Ya que, desde los comienzos de la historia humana, existen muchos indicios de que los hombres de todas las civilizaciones y culturas primitivas utilizaban procedimientos hipnóticos sugestivos con fines tantos místicos, mágicos, curativos, esotéricos como terapéuticos entre ellos, en el alivio del dolor, así como también en ciertas patologías psíquico-mentales y espirituales.

La HIPNOSIS y la SUGESTIÓN HIPNÓTICA en sus muchas variantes, ha sido utilizada por diferentes culturas milenarias a través de los años. Muchas NACIONES ANTIGUAS utilizaban este tipo de prácticas entre sus rituales. Conocidos hoy día como ESTADOS DE "TRANCE HIPNÓTICO" que están descritos en jeroglíficos, pergaminos, planchas y en otros cientos de escrituras desde épocas muy antiguas.

En las culturas no occidentales se empleaba la HIPNOSIS ANTIGUA sobre todo por parte de los "curanderos", "brujos", "chamanes" o "sacerdotes", siendo generalmente ellos (los curanderos y brujos) quienes entraban en estado de trance como parte de las ceremonias de curación y purificación. Por otra parte, los antiguos pueblos como los mayas, aztecas, persas, griegos, egipcios y los sumerios utilizaban también la hipnosis como medio de sanación. Principalmente entre los (sacerdotes y chamanes) que provocaban un estado de trance llamado "SUEÑO MÁGICO" a través de la imposición de las manos, ofrenda a los dioses y ancestros, así como otros rituales caracterizados con cantos y bailes con un ritmo monótono.

La sugestión hipnótica, así como la HIPNOSIS es una vieja ciencia estudiada y utilizada al servicio de la humanidad. Por ejemplo: Los antiguos egipcios hace unos 4.500 años la llamaban la CURA DEL SUEÑO que era un estado de trance muy similar al "SUEÑO MÁGICO". Principalmente en las grandes civilizaciones más avanzadas como las naciones sumerias, egipcias, babilónicas y griegas empleaban la HIPNOSIS con distintos fines tanto médicos, curativos como sanadores.

Aprendiz, como hemos podido aprender, en los párrafos anteriores la HIPNOSIS, así como la SUGESTIÓN han existido a través de la historia. Entre las civilizaciones de las que se tiene registro histórico comprobado en el uso de este tipo de habilidades mentales y psíquicas, podemos encontrar las ya mencionados antiguos sumerios, babilonios, los sirios, los magos antiguos de persas, los griegos y los sacerdotes egipcios (que eran las civilizaciones más avanzadas en el uso de estas prácticas para la época antigua), algunos de los maestros y monjes chinos, budistas, tibetanos e hinduista (quienes practicaban una especie de meditación, que les hacía entrar en un estado de trance profundo), así como los diversos curanderos y magos de las antiguas civilizaciones africanas (quienes mayormente eran los que entraban en una especie de trance) , y finalmente los chamanes de las culturas prehispánicas y mesoamericanas tales como los mayas y aztecas (quienes hacían entrar en un sueño profundo a los miembros de las tribus, a través de bebedizos mágicos, hongos alucinógenos y cientos de otras experiencias místicas ancestrales "epifanía"), entre otros.

Esta ciencia en sus inicios, como hemos venido estudiando a través de su historia, fue practicada reservada y secretamente por muy pocos. Y trasmitida clandestina y esotéricamente entre las civilizaciones antiguas a través del tiempo, CREANDO ASÍ, MUCHOS TABÚES, MITOS y ESPECULACIONES a su alrededor. Ya que muchas de estas culturas milenarias atribuían sus efectos erróneamente, a poderes divinos, místicos, esotéricos y hasta sobrenaturales.

*** ~~~*** ~~~*** ~~~

Como hemos aprendido hasta ahora aprendiz, las primeras manifestaciones de la HIPNOSIS se dieron en épocas pasadas, en forma de AUTOHIPNOSIS y SUGESTIONES HIPNÓTICAS entre los hombres primitivos de la antigüedad, quienes, con sus canticos misteriosos, sus bailes ritualistas de ritmos monótonos, sus pases enigmáticos, palabras claves e invocaciones a dioses y ancestros, hacían de la HIPNOSIS ANTIGUA una serie de conjuros relacionados a supuestos poderes mágicos, místicos y milagrosos. Así, llegaban a insensibilizarse colectivamente en ocasiones con la provocación del dolor infundido (como en los casos de los trances en las antiguas y modernas civilizaciones de las tribus africanas donde se llega a estados hipnóticos catalépticos y catatónicos a través de sus rituales mágicos).

Otros rasgos característicos de la HIPNOSIS ANTIGUA era que se creía tener visiones y manifestaciones espirituales (EPIFANÍA) donde para entrar en estos estados místicos dominaban el cansancio o "SUEÑO MÁGICO", que permitió la cura de trastornos funcionales entre otras sanidades tanto mentales como espirituales. De hecho, este fue el inicio de la magia, la aparición de curanderos, hechiceros chamanes, sanadores y la introducción de la superchería sacerdotal que ejercían una gran influencia sobre la tribu o civilizaciones antiguas. Siendo estas las causantes de muchos de los MITOS, TABÚES, ESPECULACIONES y FALSEDADES que existen aún hoy en día alrededor de la práctica de la HIPNOSIS MODERNA.

Como nos hemos dado cuenta aprendiz, hace miles de años. Ya los antiguos sumerios, egipcios y babilónicos se dieron cuenta de que la HIPNOSIS era un arma tremendamente poderosa que ejercía un poder y una gran influencia, que les permitió desencadenar unas fuerzas enormes increíbles en la mente subconsciente de sus súbitos. Naturalmente, ellos deseaban tener ese poder oculto solo bajo su control absoluto, así que rodearon a la HIPNOSIS de "magia" y de toda una serie de rituales y ocultismo. Aquellos hechiceros, magos, brujos, chamanes y sacerdotes antiguos sabían que la gente suele resistirse a las "explicaciones sencillas", y que suele considerar más ciertas, místicas y misteriosas las explicaciones más complicadas y difíciles, por lo que rodearon la hipnosis de todas esas teatralidades.

Por esa razón aprendiz, cuando aquellos hechiceros, magos, brujos, chamanes y sacerdotes practicaban la HIPNOSIS ANTIGUA, realizaban extraños rituales lleno de simbolismos, canticos, círculos mágicos, pases enigmáticos, palabras claves y evocaciones a los dioses y ancestros, así como también la utilización de velas, incienso, sonidos extraños, entre otras cosas. Y todas esas teatralidades y dramatizaciones tenían como único fin, y el propósito era mantener a la HIPNOSIS como algo ocultista, mística, esotérica y mágica, fuera del alcance de la gente común, es decir de sus súbitos. Ya que ellos percataban que aquellas personas incautas que presenciaban esos supuestos rituales creían que aquel poder supuestamente sobrenatural de la HIPNOSIS ANTIGUA era los que les curaba, era los que les proporcionaban sanación a través de aquellos "rituales complejos", aquellas "invocaciones a dioses" y aquellos dibujos "místicos", canticos y simbolismos. Cuando en realidad era la propia SUGESTIÓN MENTAL de la persona la que surtía efecto y los (hechiceros, magos, brujos, chamanes y sacerdotes lo sabía muy bien). Ellos entendían muy bien, que era la propia mente del paciente la que realizaba la curación, por medio del poder sugestivo de la hipnosis antigua. Y eso exactamente de igual manera aprendiz, es lo que ocurre hoy en día más de 4,000 años después, cientos de supuestos hipnólogos clínicos e hipnotistas modernos, así como cientos de hipnotistas de teatro o show de espectáculos siguen manteniendo la HIPNOSIS como algo ocultista, mística y esotérica, trayendo como consecuencia la gran cantidad de TABÚES, MITOS, FALSEDADES y ESPECULACIONES que existen hoy en día alrededor de esta práctica.

¿AHORA APRENDIZ, YA PUEDES ENTENDER PORQUE HAY TANTA CONFUSIÓN ALREDEDOR DE LA HIPNOSIS? ¿Si la HIPNOSIS es REAL porque entonces hay tanta especulaciones, mitos y falsedades a su alrededor?... ¿Ahora puedes entender de donde salieron todas esas especulaciones, mitos y falsedades que existen hasta el día de hoy?... El propósito de este LIBRO es enseñarte claramente toda la evolución histórica de la HIPNOSIS, como lo he hecho hasta ahora. Mi objetivo con esta obra es demostrarte que la HIPNOSIS es REAL; pero que al igual que muchas otras prácticas antiguas, esta llego a nuestros días con muchas tergiversaciones. Y mi intención es aclararte todas esas dudas, desmentir todas esas falsedades y despejarte las incertidumbres, al igual que también demostrarte su eficacia, preséntate las pruebas médicas científicas, corroborándote su valides terapéutica y comprobar su vigencia en nuestro tiempo.

Así que, sin más preámbulos, mis apreciados lectores continuemos...

*** ~~*** ~~*** ~~

Práctica de la HIPNOSIS en Tiempos Actuales

Como lo afirmaba en los párrafos anteriores, fue alrededor de tan solo hace unos 200 a 300 años, afínales del SIGLO XVII y comienzo del siglo XVIII, que la HIPNOSIS, y la SUGESTIÓN comenzaron a popularizarse y tomar credibilidad científica, y ser practicadas en manos de profesionales médicos, así como otros psiquiatras, neurofisiológicos, psicoterapeutas y especialistas de otras ramas profesionales antiguas así como modernas, que descubrieron que este tipo de TERAPIA HIPNÓTICA producía excelentes resultados subjetivos y mentales en la mejora de sus pacientes, haciéndose popular tanto en épocas pasadas, como en nuestros días.

El análisis histórico de los Fenómenos de la Sugestión y de la Hipnosis, como lo hemos venido estudiando hasta ahora, nos demuestra su constante desarrollo y evolución progresiva, que junto a los estudios e investigaciones recientes han producidos unos cambios cualitativos y cuantitativos a través de los años. Actualmente nadie niega que la SUGESTIÓN y la HIPNOSIS actúan sobre la psique de las personas; es decir, que pueden influir sobre la fuerza o intensidad de fenómenos psíquicos como la percepción, la sugestionabilidad, la memoria, el pensamiento, los sentimientos, la imaginación, la creatividad, los recuerdos y la voluntad, entre otros.

Hoy día aprendiz, es conocida la estrecha relación existente entre los aspectos somáticos y psíquicos (Cuerpo-Mente) del ser humano. Está científicamente demostrado que cualquier cambio fisiológico y bioquímico en el organismo provoca cierta reacción psíquica y viceversa. Por eso se utilizan los términos psicosomático y somatopsíquico. Y sobre ambos aspectos es posible trabajar actualmente con la HIPNOSIS, como una terapia efectiva en ambos campos.

Claro está, que la utilización de la HIPNOSIS y la SUGESTIÓN como recurso psicoterapéutico ha tenido que recorrer un sinfín de adversidades a través del tiempo, y recorrer caminos llenos de obstáculos y desafíos en su desarrollo y evolución histórica; pero finalmente se ha podido comprobar su carácter médico-científico y su significativo valor terapéutico en la medicina moderna, convirtiendo la HIPNOSIS en una de la terapia más reconocida mundialmente.

Entre los hombres más conocidos y renombrados de la historia a quienes se les atribuyen los estudios pioneros de la HIPNOSIS MODERNA podemos mencionar y destacar a los siguientes personajes históricos:

•El ya antes mencionado **Franz Anton Mesmer** (1734 1815), nacido en Alemania, conocido como el padre de la hipnosis moderna, fue un médico alemán que descubrió lo que él llamó MAGNETISMO ANIMAL, (que se refiere principalmente a la SUGESTIÓN) y que otros de sus seguidores años después, lo denominaron MESMERISMO. Franz Anton Mesmer obtuvo su doctorado en medicina en 1766, realizó sus primeros experimentos en 1773 utilizando una técnica que llamó y dio a conocer como "CURA MAGNÉTICA"; él usaba elementos magnéticos (IMANES) para tratar a sus pacientes. Sin embargo, más adelante se concluyó que lo que Mesmer hacía era inducir o sugestionar a sus pacientes a un estado alterado de la mente mediante SUGESTIONES o Patrones Hipnóticos Persuasivos. Mesmer realizó su primera publicación referente a la Cura Magnética en 1775. En noviembre de 1841 un Magnetizador conocido como LA FONTAINE, quien practicaba el Mesmerismo, introdujo a James Braid al Mesmerismo y sus experimentos, siendo este el que popularizo el término de hipnosis.

•Más tarde, la revolución y evolución de las ideas y prácticas hipnóticas de Franz Anton Mesmer desarrollador del Magnetismo Animal y el Mesmerismo, hicieron que el ya mencionado **JAMES BRAID** (1795-1860) doctor neurocirujano escocés, desarrollara, definiera, introdujera y popularizara el termino de HIPNOSIS e HIPNOTISMO en la comunidad médica científica tal y como se le conoce hoy día. Aunque luego el mismo James Braid tiempo después tratara de cambiar el nombre de "HIPNOSIS" por el seudónimo de «MONOIDEISMO» haciendo acotación a la teoría que el proponía refiriéndose a la (Fijación en una sola idea). Pero la rápida popularización del término y la aceptación internacional del nombre «HIPNOSIS» impidieron que el cambio al seudónimo de «Monoideismo» se diera en fechas subsiguientes, de forma que la denominación del vocablo HIPNOSIS permaneció inalterada hasta nuestros días.

James Braid causo un cambio en el paradigma del mesmerismo de siglo XVIII y principios del siglo XIX. Braid después de observar demostraciones del mesmerismo creía supuestamente haber descifrado el por qué las personas iban a ese estado particular de trance hipnótico, y reafirmaba que no tenía nada que ver con esos supuestos flujos de fuerzas magnéticas propuestas por Mesmer. Braid sugirió una base más psicológica para el magnetismo animal y concluyo que el estado del mesmerismo (Hipnosis) era causado por la fatiga de un nervio óptico mientras se mantenía fijo la mirada en punto en particular, por lo tanto, la asociación de enfocar la vista en péndulos, luces estroboscópicas o discos hipnóticos entre otros era lo que producía dichos estados hipnóticos.

Al parecer James Braid al principio de su teoría pasaba por alto, que la SUGESTIÓN VERBAL era tan importante en el trance hipnótico como el ENFOQUE VISUAL. Ya que el hecho de que el ENFOQUE VISUAL era lo que causaba que los ojos del paciente se sentirían cansados y sus parpados se serraran al enfocar su vista en los péndulos, las luces estroboscópicas o discos hipnóticos, como es lógico, claro está. Pero era la SUGESTIÓN VERBAL, a través de las INDUCCIONES ORALES lo que verdaderamente sumergían a las personas a entrar en el ESTADO DE TRANCE HIPNÓTICO deseado.

Más tarde, en sus escritos, parece cambiar el énfasis de su teoría, aunque no abandona por completo la fijación de los ojos, ya que señaló que no se trataba sólo de la mirada por medio del ENFOQUE VISUAL, lo que producía el trance hipnótico, sino que era la SUGESTIÓN VERBAL a través de las inducciones orales lo que permitía que el ojo de la mente entrara en acción. En otras palabras, cuando nos enfocamos en algo a través del ENFOQUE VISUAL y la SUGESTIÓN VERBAL, la mente consciente queda fascinada, permitiendo que el subconsciente se enfoque en torno a una sola idea o línea de pensamiento, produciéndose así el fenómeno hipnótico esperado.

*** ～～*** ～～*** ～～

Aprendiz, a modo de recapitulación, podemos afirmar que: James Braid definió a la HIPNOSIS como «Un estado particular del sistema nervioso, que podía ser provocado artificialmente por medio de una serie de procedimientos estratégicos desarrolladas para tal fin» conocidas como técnicas de fijación de los ojos creadas por James Braid, preparadas para causar fatiga en el nervio óptico a través de la estimulación o enfoque visual y que través de las sugestiones verbales e inducciones se producían los fenómenos hipnóticos deseados.

Como ya hemos leído anteriormente aprendiz, fue entre los años 1842 y 1843 que James Braid popularizo el termino de HIPNOTISMO e HIPNOTISTA entre la comunidad médica científica, cambiando el nombre de MESMERISMO a HIPNOSIS, haciendo referencia a los Templos del Sueño Egipcios. Todo esto después de la famosa publicación de su libro "Neuro-Psicología, o la razón del sueño nervioso considerado en relación con el magnetismo animal, ilustrado por numerosos casos de aplicación con éxito en el alivio y la curación de la enfermedad" o "Neurypnology, or the rationale of Nervous Sleep considered in relation to Animal Magnetism, Ilustrated by Numerous Cases of Succesful Aplication in Relief and Cure of Disease"; donde utiliza el término "hipnotismo" para referirse a un estado de trance o "sueño nervioso", que manifestaba era normal debido a la fijación y cansancio palpebral al mantener la mirada fija en un objeto brillante como podría ser el ("péndulos"), las ("luces estroboscópicas") o los muy conocidos ("discos hipnóticos").

Como ya nos hemos referido previamente también, la palabra HIPNOSIS fue inspirada del vocablo griego "Hypnos" que significa SUEÑO y la expresión "Sis" sufijo que significa acción, proceso o resultado de... Queriendo James Braid traer como acotación metafórica y simbólica a la HIPNOSIS como un estado de adormecimiento o trance profundo similar al sueño. Por tal razón, la HIPNOSIS hoy día es comparada metafóricamente a ese estado similar al sueño o estado de relajación profunda, haciendo referencia a los Templos del Sueño Egipcios. Pero finalmente tenemos que comprender y puntualizar que: La HIPNOSIS REAL es muy diferente al SUEÑO FISIOLÓGICO que conocemos como (DORMIR)".

Por tal razón, el mismo James Braid años después al darse cuenta de que las manifestaciones del estado hipnótico no tenían debidamente nada que ver con el sueño fisiológico normal que conocemos como el acto de DORMIR, trató de cambiar el nombre en varias oportunidades. Su idea era cambiar el nombre de "HIPNOTISMO" por el calificativo de «MONOIDEISMO» que hacía más acotación a la hipótesis que él había desarrollado de la fijación de los ojos o ENFOQUE VISUAL que era la (Fijación en una sola idea). Pero fue tan rápida la popularización y la aceptación del término «HIPNOSIS» a nivel universal que impidió en años sucesivos lograr que tal cambio ocurriera, de tal forma, que la denominación del término HIPNOSIS permaneció inalterado hasta nuestros días.

•**Bernheim y Liébeault: Hippolyte Bernheim** (1840-1919) médico francés psiquiatra nacido en Alsacia, que era profesor agregado de la facultad de Medicina de Estrasburgo, definió a la HIPNOSIS como «Un estado mental en el que se producía un grado de hipersugestibilidad exaltada». Este mismo Hippolyte Bernheim contactó con un médico rural, Ambroise-Auguste Liébault, (1823-1904) fundador de la Escuela de Nancy, en la ciudad francesa de Nancy 1886, dedicado al estudio de la sugestión hipnótica en el cuidado de la salud. Bernheim y Liébeault desarrollaron un MÉTODO HIPNÓTICO muy parecido al que se emplea en algunas ramas psicoterapéuticas hoy en día. Esta metodología se apartaba completamente de las turbias teatralidades y dramatizaciones del Método Mesmeriano (ya antes mencionado). Creando un tipo de hipnosis más terapéutica enfocada en las sugestiones verbales y las inducciones orales como parte del proceso psicoterapéutico sin hacer alusión o referencia al magnetismo animal. Hippolyte Bernheim y Ambroise-Auguste Liébault crearon la "Escuela Psicológica de Nancy", auténtica pionera en el estudio de la hipnosis moderna, y opuesta a la "Escuela Neurofisiológica de París" del Hospital de la Salpetriére, fundada por el neurólogo francés más importante de aquellos tiempos Jean-Martin Charcot. La "Escuela Psicológica de Nancy" aunque poco reconocida en su época, tuvo una gran trayectoria e influencia, trabajo de forma reservada compartiendo publicaciones abiertamente, que se convirtieron en las predecesoras enseñanzas de la moderna medicina psicosomática, y de las aplicaciones del TRANCE HIPNÓTICO en este tipo de enfermedades (Psíquico Mentales).

•**Jean-Martin Charcot,** (1825-1893) Uno de los neurólogos más influyentes de aquella época, era profesor de anatomía patológica, titular de la cátedra de enfermedades del sistema nervioso, miembro de la academia de medicina 1873 y de la academia de ciencias 1883, que junto al médico Guillaume Duchenne (1806-1875) investigador clínico francés del siglo XIX, considerados como pioneros en la neurología y la fotografía médica, fundaron la "Escuela Neurofisiológica de París" pionera de la neurología moderna. Ambos impartían sus lecciones de neurología, incluyendo psiquiatría e HIPNOSIS, siendo mucha más reconocida que la "Escuela Psicológica de Nancy". Una de las diferencias que presentaban ambas escuelas era que la DOCTRINA DE CHARCOT, denominaba a la HIPNOSIS como «Neurosis Experimental» manifestando que solamente se podía hipnotizar a los enfermos histéricos, mientras que la "Escuela Psicológica de Nancy" afirmaba que la hipnosis podría practicarse psicoterapéuticamente en muchos otros casos. Contrario a las ideas de Bernheim y Liébeault, Jean-Martin Charcot postuló que la hipnosis era un síntoma de histeria; y que, por tal razón, solamente las personas que la experimentaban eran las que podían ser hipnotizables.

•**James, Prince, Sidis:** El interés de la HIPNOSIS se mantuvo en los Estados Unidos a través de los escritos de William James (1842-1910) filósofo estadounidense con una larga y brillante carrera en la Universidad de Harvard, donde fue profesor de psicología y fundador de la psicología funcional y gran creador de literatura relacionada con la HIPNOSIS. Por otra parte Morton Prince (1854-1929) Psiquiatra y psicoterapeuta norteamericano contemporáneo con William James, fue un adversario declarado del Freudismo, pero brillante partidario de la HIPNOSIS, Morton Prince fue uno de los pioneros de la "Escuela Bostoniana de Psicoterapia" y finalmente otro contemporáneo fue Boris Sidis (1867-1923) Psicólogo y licenciado en medicina y filosofía, era un psiquiatra que publicó numerosos libros y artículos sobre HIPNOSIS, destacando principalmente en psicología anormal, interesados por las extrañas manifestaciones hipnóticas de ciertos pacientes histéricos con doble personalidad o con personalidad múltiple.

• **Pierre-Marie-Félix Janet** (1859-1947) conocido simplemente como Pierre Janet, fue un psicólogo y neurólogo francés que hizo importantes contribuciones al estudio moderno de los desórdenes mentales y emocionales y fue quien acuñó el concepto de MENTE CONSCIENTE e INCONSCIENTE y SUBCONSCIENTE. Y usó la HIPNOSIS como un método para acceder a las capas más desconocidas de la conciencia. Pierre Janet desarrolló originalmente la teoría de disociación y neodisociación, que argumentaba que la «DISOCIACIÓN», literalmente era la separación de algunos componentes de la conciencia, como resultado de su trabajo con pacientes histéricos. Pierre Janet creía que la HIPNOSIS era resultado de la disociación, y que las áreas del control del comportamiento de un individuo están separadas del comportamiento ordinario. Pierre Janet presuponía que la posibilidad de la formación de una consciencia secundaria se daba por disociación. Es decir, que en el estado de trance hipnótico se producía la formación de una segunda consciencia que durante la HIPNOSIS tomaba momentáneamente el lugar de la consciencia normal. Esta interesante idea es compartida también por otros muchos investigadores en la actualidad, se trata en definitiva de un estado controlado de disociación psíquica, como la definía Christenson «La HIPNOSIS no produce disociación por sí misma, sino que emplea más bien la disociación existente entre consciente y subconsciente del sujeto para producir el fenómeno hipnótico» En este caso, la hipnosis quitaría algo de control de la mente consciente, lo que permitía que el individuo respondería con un comportamiento autónomo y reflexivo.

• **Josef Breuer** (1842-1925) médico, fisiólogo y psicólogo austriaco descubridor de la función del oído en la regulación del equilibrio y del mecanismo de la regulación térmica del cuerpo por medio de la respiración. Creador del "MÉTODO CATÁRTICO" para el tratamiento de las psicopatologías de la histeria a través de la HIPNOSIS. Dicho método fue precursor del método psicoanalítico de Sigmund Freud.

• **Sigmund Freud** (1856-1939) médico neurólogo austriaco de origen judío, padre del PSICOANÁLISIS y una de las mayores figuras intelectuales del siglo XX empleaban la REGRESIÓN HIPNÓTICA como base para llegar al análisis de los contenidos inconscientes traumáticos. Freud abandonó más adelante la técnica hipnótica, al desarrollar su propio MÉTODO PSICOANALÍTICO. Pero, aunque Sigmund Freud nunca fue un buen hipnotista, siempre reconoció y mantuvo la validez de la HIPNOSIS como un método eficaz y terapéutico hasta el final de sus días.

•**Émile Coué** (1857-1926): Fue un farmacéutico y psiquiatra francés 1857-1926. Autor del método curativo basado en la AUTOSUGESTIÓN, profundizó en la HIPNOSIS y en la AUTOHIPNOSIS. Durante la primera guerra mundial este médico, como tantos otros sufrió la carencia de drogas básicas para preparar sus recetas magistrales. Ante la impotencia de este hecho decidió no decirles nada a sus pacientes, de lo que estaba sucediendo, y comenzó a probar con medicamentos placebos, esperanzado en solucionar pronto su problema de desabastecimiento, pero el normal abastecimiento de drogas para sus recetas tardó mucho más de lo que Coué imaginó. Este tiempo fue el que le dio la oportunidad de observar qué muchos de sus pacientes habían hecho el proceso de recuperación curativa como si estuviesen medicados tradicionalmente. A partir de esta observación, comenzó a investigar el poder ilimitado de la mente humana para sanar el cuerpo y la mente. Sus investigaciones dieron origen a estas Tres Leyes llamadas las LEYES DE COUÉ.

•**Ivan Pávlov** (1849-1936) neurofisiólogo y psicólogo ruso, premio Nobel (1904), centro sus estudios en la actividad del sistema nervioso superior, sobre reflejos condicionados. Sus teorías se aplicaron en psicología, fisiología, biología y por supuesto a la HIPNOSIS proporcionándole una explicación científica. Ivan Pávlov creía que la hipnosis era un sueño parcial. Observó que los varios grados de hipnosis no diferían perceptible y fisiológicamente según él, del estado de despertar, y que la hipnosis dependía de insignificantes cambios de estímulos ambientales. Ivan Pávlov también sugirió que los mecanismos más bajos del cerebro estaban envueltos en condición hipnótica constantes. Pávlov con sus investigaciones y sus seguidores le daban al hipnotismo una base científica fisiológica y con esto se convertía en una técnica valiosísima para el tratamiento de procesos psicológicos con una fuerte sustentación en las llamadas neurociencias.

Por otra parte, Ivan Pávlov afirmaba que la condición que provoca la hipnosis es una estimulación monótona y prolongada, que produce una inhibición interna que no es más que un estímulo de respuesta parecido al sueño, solo que se propagaba por una vía diferente. Según Pávlov la HIPNOSIS se limita a un sector reducido propagándose cada vez más, dejando intactos, libres únicamente los centros respiratorios y cardiacos. Otro aporte interesante de sus conclusiones, y que nos ayuda a la comprensión de las enfermedades, es que la HIPNOSIS constituye una técnica psicológica efectiva que facilita la formación de estados alterados de conciencia mental, que retrasan considerablemente los procesos internos orgánicos. La HIPNOSIS según Pávlov puede ser producida por varias formas, verbalmente (cuentos, historias, metáforas, etc. "Método Ericksoniano"), cansancio ocular (mirada fija "Método propuesto por James Braid"), drogas (somníferos "Métodos Chamánicos"), que influyen en la corteza cerebral inhibiéndola (alterándola), caricias cutáneas monótonas (masajes) entre muchos atrás formas. En conclusión, para Pávlov la HIPNOSIS es un sueño parcial inducido -una inhibición parcial de la corteza-, mientras que el sueño natural es total, es decir, una inhibición generalizada.

•**Dave Elman** (1900 - 1967) Importante figura en el campo de la HIPNOSIS y la HIPNOTERAPIA. Es más conocido hoy como autor de Findings in Hypnosis (1964) y el autor de una TÉCNICA DE INDUCCIÓN, muy conocida y llamada hoy día inducción hipnótica Dave Elman. Dave Elman define la hipnosis como un estado mental en cual la facultad crítica de la mente humana es disociada y desconectada temporalmente permitiendo establecer un pensamiento selectivo que permite llevar finalmente al sujeto al estado de trance deseado. La facultad crítica de su mente es ese factor que traspasa el enjuiciamiento. El factor crítico de la mente es dicha parte que distingue entre conceptos como, caliente y frío, agrio y dulce, grande y pequeño o claro y oscuro. Dave Elman plantea que si logramos disociar o desconectar esta facultad critica de la mente de tal modo que no pueda distinguir entre dichos conceptos (caliente y frío, agrio y dulce, grande y pequeño o claro y oscuro), es posible substituir el pensamiento selectivo por la construcción de un enjuiciamiento convencional a través de las inducciones, produciendo así, finalmente en el sujeto el fenómeno hipnótico deseado.

•**Milton H. Erickson** (1901 1980), nacido en Nevada, Estados Unidos, fue un médico e HIPNOTERAPEUTA estadounidense, innovador, y pionero en cambiar las TÉCNICAS DE HIPNOTISMO aplicadas a la psicoterapia. Es reconocido como el abuelo de la HIPNOSIS ERICKSONIANA MODERNA, y se dice que es el mejor Hipnoterapeuta de todos los tiempos que jamás haya existido.

El doctor Milton H. Erickson sentó las bases de importantes líneas dentro de la psicoterapia. Entre los que se incluyen los siguientes enfoques psicoterapéuticos: la PNL o PROGRAMACIÓN NEUROLINGÜÍSTICA, la Terapia Sistémico Estratégica, y la Terapia Breve Centrada en Soluciones entre muchas otras ramas que fueron influidas por el PENSAMIENTO ERICKSONIANO.

El origen particular de su característico y único estilo de terapia puede atribuirse a sus vivencias personales tan particulares, y en la forma en que el mismo Milton H. Erickson enfrentó su enfermedad. Y aunque el hipnotismo fue una herramienta importante en su práctica, lo fundamental de su modelo terapéutico era el cambio de estado mental que inducia en la otra persona, a través de las historias, las metáforas y las buenas relaciones interpersonales que mantenía con sus pacientes. Su modelo terapéutico no responde a ninguna escuela clínica, excluyéndose de la influencia del psicoanálisis, del conductismo y de la terapia sistémica. Milton H. Erickson es la figura emblemática de la hipnosis clínica moderna. Erickson creó lo que después se ha llamado HIPNOSIS ERICKSONIANA o Método Milton (la cual aprendiz, es una de mis especialidades hipnóticas). Fundamentalmente, el Método de Milton consistió en el uso del poder de la palabra hablada con la finalidad de crear confusión en la mente consciente mientras se establecía un patrón hipnótico o sugestión indirecta al inconsciente del paciente a través de las metáforas para hacer llegar las sugestiones de manera más irresistible.

Y para lograr esto, Erickson utilizaba como terapia y metodología el uso de metáforas, parábolas, alegorías, historias, cuentos y narraciones como una poderosa herramienta persuasiva y seductiva esencial en el TRANCE HIPNÓTICO.

Por tal razón aprendiz, el Dr. Milton H. Erickson gracias a su poderosa influencia ejercida en su tiempo, fue uno de los MODELOS iniciales, que inspiraron a los creadores de la PNL los doctores JOHN GRINDER y RICHARD BANDLER a estudias su metodología (Hipnosis Ericksoniana) que luego fue incorporada como parte de la PNL o Programación Neurolingüística, desarrollándose una vertiente hipnótica que se conocería más adelante como HIPNOSIS PSICOLINGÜÍSTICA.

Por tal razón, el Dr. Milton H. Erickson gracias a su poderosa influencia ejercida en su tiempo, fue uno de los MODELOS iniciales, que inspiraron a los creadores de la PNL los doctores JOHN GRINDER y RICHARD BANDLER a estudias su metodología (Hipnosis Ericksoniana) que luego fue incorporada como parte de la PNL o PROGRAMACIÓN NEUROLINGÜÍSTICA.

*** ~~~*** ~~~*** ~~~

Antes de continuar quiero aclarar el término HIPNOSIS, tal como se aplica hoy en día en la PNL. Y, sobre todo, el cómo se aplica para efectos de este libro, y en especialmente en este capítulo.

*Definición de la palabra HIPNO * SIS por su Origen en la Raíz Griega:*

• "HIPNO": Que significa "SUEÑO" que proviene de la MITOLOGÍA GRIEGA (Hypnos), que era la personificación del (sueño), hijo de Érebo (dios de la oscuridad y la sombra) y Nix (diosa de la noche), y hermano gemelo de Thánatos (dios de la muerte) y padre de Morfeo (dios del sueño).

• "SIS": Sufijo que significa acción, proceso, resultado de..., o estado mental irregular. Por lo tanto, la HIPNOSIS sería una acción o proceso de resultado de un estado mental irregular de "hiper sugestionabilidad" combinada y fusionada sinérgicamente con estados de "hiper imaginación", "hiper creatividad" e "hiper concentración" Creando como resultado, que el individuo conectara con su inconsciente o mente subconsciente, creando una indiferencia consciente del resto de las demás realidades o percepciones a su alrededor, abandonado todas las demás ideas, opiniones e impresiones del pensamiento, creando así una nueva realidad subjetiva.

Por tal razón aprendiz, la HIPNO-SIS al provenir del vocablo griego (Hypnos) que significa sueño, se le asocia simbólica y metafóricamente al adormecimiento, al sueño o al letargo, Pero recordemos que la expresión HIPNOSIS, solo es una referencia alegórica de la MITOLOGÍA GRIEGA (Hypnos) y a las PRÁCTICAS EGIPCIAS ANTIGUAS que se asocian a (Los Templos del Sueño Egipcios) que se practicaban en la antigüedad. Aunque en la actualidad y en la práctica real, la HIPNOSIS MODERNA no tiene nada que ver con el acto de "DORMIRSE, SOÑAR o ADORMECERSE" literalmente.

Como ya se ha comprobado científicamente la HIPNOSIS es "Un estado fisiológico normal del ser humano, donde se producen ciertos fenómenos fisiológicos semejantes al sueño REM, que al activarse por medio de las sugestiones e inducciones hipnóticas declaradas por el hipnotista, permite la aparición de respuestas ideo motoras, ideo sensoriales, e ideo-emocionales, pero el sujeto en cuestión siempre se mantiene despierto y alerta en todo momento, solo que en un estado de relajación y concentración mucho más elevado que el estado de vigilia.

Aunque es verdad que ciertas funciones del estado REM del sueño entra en juego en los procesos hipnóticos; es importante resaltar aprendiz, como ya hemos aclarado anteriormente que el ESTADO DE TRANCE HIPNÓTICO es muy diferente al SUEÑO FISIOLÓGICO normal que conocemos como el acto de (DORMIR)". Ya que repito, en ningún momento del procedimiento, las personas en el estado de trance hipnótico caen en algo como un sueño profundo, ni mucho menos se duermen literalmente en el trance.

*** ~~*** ~~*** ~~

Definiciones de la HIPNOSIS

La HIPNOSIS es un estado mental o un grupo de actitudes generadas a través de una disciplina llamada HIPNOTISMO. Usualmente, la HIPNOSIS se compone de una serie de instrucciones verbales y sugestiones preliminares. Dichas inducciones pueden ser generadas por un hipnotista, hipnotizador o hipnoterapeuta en una terapia o sesión hipnótica, así como también, pueden ser "autoinducidas (autosugestión)" por la misma persona "Autohipnosis".

Al usar la HIPNOSIS, una persona (el sujeto "participante o paciente") es dirigido o guiado por un especialista (el hipnotista, hipnólogo o hipnotizador) para responder a sugestiones verbales e inducciones preliminares a cambio de recibir experiencias internas subjetivas. Estas experiencias internas subjetivas o fenómenos hipnóticos producen en (el sujeto "participante o paciente") alteraciones en su percepción de la realidad, al igual que una amplificación de las sensaciones multisensoriales, que permiten aumentar los niveles de hiper*sugestionabilidad estimulando y redirigiendo sus emociones, pensamiento, emociones, acciones y comportamiento a un estado hipnótico deseado. En otras palabras, la HIPNOSIS es un estado mental amplificador de las respuestas internas o profundizador de las experiencias sugestivas que está experimentando (el sujeto "participante o paciente") a través de un estado hipnótico inducido que permite la aparición de respuestas ideo motoras, ideo sensorial, e ideo-emocionales que faculta a la persona a lograr mayores y mejores resultados con los procedimientos hipnóticos. Claro está aprendiz, que en esta disciplina las personas también pueden aprender a "autoinducirse o (autosugestionarse)" así mismas a través de la AUTOHIPNOSIS, que es la capacidad o habilidad de emplear procedimientos Auto Hipnóticos efectivos en uno mismo y generar los cambios positivos y favorables que se desean.

Por estas razones, podemos reafirmar que la HIPNOSIS provoca temporalmente en el sujeto una DISOCIACIÓN DE LA CONCIENCIA, es decir, la separación temporal del FACTOR CRITICO entre su MENTE CONSIENTE y su INCONSCIENTE o MENTE SUBCONSCIENTE, con lo cual, las personas son capaces de percibir y experimentar los estímulos externos, a través de la atención focalizada en las SUGESTIONES y/o ÓRDENES INDUCTIVAS que se les están transmitiendo a través del especialista (hipnotista, hipnólogo o hipnotizador), permitiendo de esta manera, responder positiva y afirmativamente a dichos estímulos u órdenes subjetivamente de forma más efectivas, ACCEDIENDO voluntariamente a las sugestiones e inducciones recibidas, creando así esa nueva realidad.

Es importante puntualizar que el uso de la HIPNOSIS con fines terapéuticos se conoce como HIPNOTERAPIA. Aunque la hipnosis también es utilizada para fines de entretenimientos, como es en los casos del show de hipnosis de espectáculos.

*** ~~*** ~~*** ~~

Mitos alrededor de la Hipnosis

Bueno campeones y campeonas, hemos llegado a uno de los apartados más importante del marco teórico. Una vez que hemos comprendido el desarrollo del contexto histórico y evolutivo de la hipnosis a través de los siglos, hemos comprendido las múltiples definiciones y teorías de la hipnosis, AHORA es de vital importancia aprendiz, comprender la realidad y los perjurios detrás de los MITOS, LEYENDAS y ESPECULACIONES ALREDEDOR DE LA HIPNOSIS. Ya que saber y comprender cuáles son las tergiversaciones más frecuentes alrededor de la hipnosis, nos ayudará a poder eliminar los miedos falsamente infundidos y las inseguridades o desconfianza que existe en la mente de las personas. Ya que, si el miedo está presente en algún grado, sea la persona consciente de ello o no, puede afectar negativamente el proceso de la hipnosis, ya que las personas podrían inconscientemente poner resistencia, y esto es algo que debemos evitar.

Antes de continuar aprendiz, aclararé un poco más el término de HIPNOSIS. Porque como es bien sabido, la PRÁCTICA DE LA HIPNOSIS MODERNA es un arte magistral de excelencia personal y una disciplina extraordinariamente eficaz en las terapias y sesiones hipnóticas; pero sin embargo, ha sido mal interpretada y cuestionada por muchas personas a través de los años, debido principalmente a las malas ideas y conceptos erróneos creados por el uso ritualista y teatralidades de la HIPNOSIS ANTIGUA, así como también la influencia negativa de ciertas películas de Hollywood, revistas de farándula, periódicos críticos, artículos exagerados de personas con desconocimiento sobre el tema, ciertas creencias religiosas, y hasta la práctica de personas inescrupulosas que utilizaron o utilizan la hipnosis de manera inapropiada, anti-ética y antiprofesional.

La idea generalizada y la percepción más frecuente que se tiene de la HIPNOSIS CLÍNICA y especialmente la del ESPECTÁCULO son la completa dominación de la mente, y el control absoluto del hipnotista o hipnoterapeuta hacia otro ser humano; estas ideas son incorrectas y completamente falsas. Que para nada tienen que ver con la hipnosis real.

Como ya lo expliqué anteriormente en el primer capítulo, la palabra "trance", "hipnosis" o "patrones hipnóticos" pueden ser mal interpretadas, y hasta incluso despertar ciertas asociaciones o sentimientos negativos en ciertas personas que desconocen del tema. Cuando en realidad el "Trance", la "HIPNOSIS" y los "Patrones Hipnóticos" son una disciplina y una ciencia psicoterapéutica comprobada a través de los años, y aplicada científica y profesionalmente a través del tiempo por algunos de los especialistas hipnoterapeutas más destacados, influyentes y renombrados de la historia.

Entre ellos, el reconocido el Doctor Milton H. Erickson pionero de la hipnosis clínica moderna, creador de la llamada Hipnosis Ericksoniana o Método Milton (Principios de los cuales ya hemos hablado anteriormente en capítulos posteriores a este).

Entonces; aclarado este punto, podemos recordar como lo hemos venido enseñando en el transcurso de todos los apartados anteriores, que la VERDADERA HIPNOSIS TERAPÉUTICA, es la ciencia que nos permite dirigirnos directamente a la MENTE SUBCONSCIENTE de las personas y poder traspasar el factor crítico de la mente, a través de los procesos hipnóticos "{(guía, instrucción, sugerencias, y sugestiones (inducciones) directas declaradas por el hipnotizador, así como también metáforas, parábolas, alegorías, historias, cuentos, narraciones y lenguaje figurado"}), que permiten a los participantes estimular potencialmente su REALIDAD ALTERNA SUBJETIVA ayudándole a desarrollar respuestas ideo motoras, ideo sensoriales, e ideo-emocionales disminuyendo sus niveles de frecuencias y ondas cerebrales a un ESTADO ALFA / ALPHA de entre 13 a 8 Hz o ciclos por segundo provocando así el habitual "TRANCE LIGERO".

Convirtiéndose todos estos elementos de manera holística, integral y sinérgica en una herramienta completamente eficaz y muy efectiva para conseguir el ESTADO DE TRANCE HIPNÓTICO DESEADO, en la que el individuo entra en un ESTADO ALTERADO DE CONCIENCIA de intensa serenidad tanto física como mental. Amplificado las respuestas psicocognitivas y profundizando las experiencias sugestivas a un estado de "hiper*sugestionabilidad", "hiper*creatividad", "hiper*imaginación", "hiper concentración" e "hiper*relajación" que les permite experimentar a los individuos transformaciones personales de un modo mucho más eficaz, efectivo y de manera más sencilla, que si realizara el mismo procedimiento hipnótico en el ESTADO DE ALERTA o ESTADO DE VIGILIA (ONDAS BETA entre 14 a 28 Hz o ciclos por segundo). Y así permitirle al participante ayudarle a superar algún desafío, o adentrarla a un acontecimiento concreto con la finalidad de mejorar en alguna necesidad especifica.

Recordemos aprendiz; que la MENTE INCONSCIENTE que poseemos todas las personas, es el lugar donde se almacenan las programaciones neuronales y los mapas mentales de los individuos. Y junto a ellas, también se encuentran los códigos de la ética, así como los valores morales más estrictos de las personas, que les permite vivir según los estándares más elevados centrados en sus principios morales. Es por esta razón, que aun cuando una persona está en un completo estado de trance hipnótico, si se le da una orden que sea contraria a sus principios éticos y valores morales, esta no lo va a aceptar, ya que su mente subconsciente sabe lo que es bueno o no.

Ya que su MENTE INCONSCIENTE, se mantiene alerta, y sabe lo que es bueno, y reconoce lo que es malo. ¡Y la mente subconsciente jamás haría algo que valla en contra de su código ético y principios morales! Así mismo pasa, cuando la orden hipnótica va en contra bien sea de sus creencias arraigadas o cualquier otra idea que valla en contra de un acto que atente en la supervivencia del individuo.

NOTA: Claro está, que al igual que cualquier otra disciplina; hay personas que, a través de la práctica, la experiencia y la preparación continua desarrollan ciertas habilidades que van más allá de lo que experimentan las personas promedias, permitiéndoles llevar sus habilidades a un nivel muy superior al normal. DÉJAME DARTE UN EJEMPLO: Tal vez muchas personas o disciplinas practican meditación ¿CIERTO? Pero la preparación y la entrega de un monje budista o monje tibetano le permite llegar a un NIVEL MUY SUPERIOR, de lo que llegaría o llegan las personas promedias. Y esta habilidad adquirida con la práctica, la experiencia y la preparación continua les permite a los monjes budistas o monjes tibetanos llegar a lo que ellos llaman el ESTADO DE ILUMINACIÓN.

En la HIPNOSIS sucede lo mismo. La práctica, la experiencia y la preparación continua les permite a ciertos Hipnotizadores, Hipnotistas, Hipnólogos Clínicos e Hipnoterapeutas, aumentar su CÍRCULO DE POTENCIA y su Nivel de Fuerza o Nivel de Autoridad a un NIVEL SUPERIOR (FP´s) que les permite desarrollar sus habilidades hipnóticas al siguiente nivel, (a otro nivel amigo mío) ¿ME COMPRENDES?

Esto les permite crear órdenes directas e indirectas, inducciones y sugestiones de manera más óptima y efectiva, subiendo paulatinamente en los GRADOS DE HIPNOSIS. Es decir, que logran ascender desde el CÍRCULO DE POTENCIA y su Nivel de Fuerza o Nivel de Autoridad a un NIVEL SUPERIOR FP0 y FP1, hasta FP5 y superiores, lo que les faculta producir ciertos FENÓMENOS HIPNÓTICOS que de otra manera fuera imposible.

Aclarado este punto, ahora quiero compartir con ustedes otra DEFINICIÓN DE HIPNOSIS, para reforzar lo aprendido hasta este punto, y permitir ir adentrándonos más en el tema en cuestión del libro en especial a este capítulo.

La HIPNOSIS como hemos aprendido hasta ahora aprendiz, es un estado mental, estado de trance conocido como estado de "hiper sugestionabilidad", es decir, un amplificador de respuesta o profundizador de las experiencias sugestivas que activa un grupo de actitudes generadas a través de una disciplina llamada hipnotismo. La hipnosis es entonces un estado de hiper concentración y relajación semejante al sueño metafóricamente hablando que se logra por medio de la SUGESTIÓN y los COMANDOS o PATRONES DE PERSUASIÓN utilizados por el terapeuta o hipnotista. Usualmente se componen estos comandos y patrones persuasivos de una serie de instrucciones verbales, y sugestiones orales que junto con otras técnicas de inducción o conducción verbal produce el FENÓMENO HIPNÓTICO. Dichas sugestiones o inducciones verbales pueden ser generadas bien sea por un especialista (Hipnoterapeuta) o pueden ser autoinducidas y autogeneradas por la misma persona hacia sí misma a través de la (autosugestión) o (autohipnosis).

El uso de la hipnosis con fines terapéuticos, tal y como se aplica en la PROGRAMACIÓN NEUROLINGÜÍSTICA, y particularmente en este libro se conoce como metamodelo, hipnoterapia, patrones hipnóticos o hipnosis ericksoniana.

Como me réferi anteriormente, el desconocimiento del ARTE DE LA HIPNOSIS y la PERSUASIÓN como ciencia comprobada, tiende en ocasiones a confundir a las personas que poco saben de la aplicabilidad de esta metodología en las distintas ramas de la psicoterapia. Trayendo como consecuencia que muchas personas piensen que el HIPNOTIZADOR tiene poderes mágicos increíbles o hasta sobrenaturales, que pueden causarles miedo al momento de ser hipnotizados por un profesional. El mayor culpable de estos MITOS, como ya me he referido antes, es la cultura popular donde el Hipnotizador es visto muchas veces como un mago que tiene poderes supremos, capaces de adueñarse de las mentes débiles de las personas, y todo esto, está muy alejado de la verdad. Es decir que es un MITO, una creencia infundada y una idea contraria a la verdad.

Por tal razón, CONOCER LOS MITOS que rodean a la HIPNOSIS es importante, ya que nos ayudara a la hora de romper esas barreras mentales limitantes y pensamientos auto saboteadores que tiene la gente cuando se le habla de HIPNOSIS, hipnotismo o el trance hipnótico.

Bueno campeones y campeonas para aprender más de este maravilloso arte, vamos a conocer los MITOS más populares que rodean a la HIPNOSIS en sus muchas variantes, así que sin más preámbulo comencemos.

*** ~~~*** ~~~*** ~~~

MITO Nº 1. Los Hipnotizadores Tienen Poderes Mágicos, Místicos Y Especiales.

Esta primera afirmación es completamente falsa. Ya que la práctica de la HIPNOSIS una vez que conoces sus principios es "Muy Sencilla Aprenderla", tan sencilla que cualquier persona que se lo disponga, la estudie y la practique cuidadosamente la puede llegar a desarrollar. Esto es algo que SABE todo Hipnotizador Experto; y es por esta razón, que hay algunos Hipnotizadores (Hipnotistas de Espectáculos o Hipólogos Clínicos) que le dan a la HIPNOSIS un aire de "MISTERIO" o "PROFESIONALISMO" e intentan convencer a la gente (participantes o pacientes) de que la hipnosis es algo muy "DIFÍCIL" que sólo unos pocos que tienen el "Don Mágico o Poder Especial" o los "Estudios o la Titulación Universitaria" son los únicos facultados para lograr conseguir esos FENÓMENOS HIPNÓTICOS en los individuos (participantes o pacientes) que participan en sus sesiones. REAFIRMO "ESTE MITO ES FALSO". Ya que en realidad no es el DON ni la TITULACIÓN lo que te hace un excelente hipnotista, sino la preparación, la disciplina, la práctica constante y los conocimientos de las diferentes técnicas y metodologías, que, junto a la participación consciente, proactiva, voluntaria y participativa de las personas, son finalmente los pilares claves que te permitirán desarrollar profesionalmente esta disciplina en cualquier de los dos campos mencionado.

¿ENTONCES PORQUE TODA ESTA CONFUSIÓN? Déjenme compartirles algunos ejemplos en ambos casos, para que comprendan la raíz que ha sido la causante de la aparición y popularización de este MITO: Para comenzar, les confieso que yo personalmente he conocido a muchos Hipnotizadores (Hipnotistas de Espectáculos) colegas míos, que rodean el arte de la HIPNOSIS de un aire de "ocultismo", "secretismo" y "misterio" para que la gente "normal" en el escenario No Vea en que consiste realmente el procedimiento hipnótico". Porque si lo vieran, muchos de esos (Hipólogos de teatro o Hipnotistas de Espectáculos) "perderían su poder sobrenatural". Así es que el Hipnotizador Profesional, afirma sabia y categóricamente que es el "PODER DE SU MENTE" la que permite HIPNOTIZAR a la otra persona, y que sólo unos pocos privilegiados, aquellos que nacemos con este supuesto "DON", somos los únicos capaces de hipnotizar... (Les revelo algo, yo entiendo por qué lo hacen. Es parte del show, el crear en el escenario esa incertidumbre y generar en las personas esas expectativas aumenta los niveles de hiper sugestionabilidad, ya que estas creencias psicológicamente ayudan a los participantes a estar más receptivos a las inducciones y sugestiones del hipnotista. Lo que permite crear esos espectaculares fenómenos hipnóticos que tanto sorprenden a la gente… ¿Y porque lo sé? … Porque yo mismo, mis apreciados lectores, en mis inicios en este ARTE HIPNÓTICO también realizaba exhibiciones de hipnosis callejera y show de hipnosis de teatros y espectáculos, lo que me permitió comprobar y entender por mí mismo, cómo estos MITOS, junto a ciertas estrategias publicitarias, me daban tan excelente resultado en la mente del espectador.

El primer ejemplo, por una parte; por otra parte, también he tenido la oportunidad de conocer y compartir con otros colegas míos (Hipólogos Clínicos), aquellos que trabajan como Médicos Profesionales o Hipnoterapeutas, que aún hoy día, todavía rodean su trabajo médico-científico de ciertas "barreras psicológicas" para que los pacientes normales o personas comunes y corrientes no "adquieran estas técnicas terapéuticas" irresponsablemente. En esta ocasión, esas "barreras psicológicas" creadas eran la necesidad de estudiar supuestamente esos "libros muy gordos y las enciclopedias" llenas de teoría sobre los "conceptos más complejos de la hipnosis" que, en vez de animar a los nuevos participantes, les crean más incertidumbres que respuestas. Otras de las "barreras psicológicas" son los "TÍTULOS UNIVERSITARIOS", y la "Necesidad de estar Colegiado como algún tipo de Médico especializado para poder Ejercer - (claro está, que estos dos últimos puntos son de vital importante si realizas terapias a nivel profesional)", pero no necesaria para practicar la hipnosis de espectáculos, la AUTOHIPNOSIS o la AUTOSUGESTIÓN.

Ahora analicemos un poco este segundo ejemplo y entendamos por qué colocar estas "barreras psicológicas". Este principio es lógico comprenderlo, es decir, que es fácil entender por qué razón los médicos y especialistas alimentan este MITO. Ya que este "celo profesional" es lo permite mantener a las HIPNOSIS TERAPÉUTICA alejada de las personas inescrupulosas, personas antiéticas y antiprofesionales que pudieran ejercer este arte o disciplina sin la previa preparación adecuada o sin los estudios universitarios o titulación requeridos para tal fin. Recordemos que la HIPNOSIS CLÍNICA debe ser estudiada profesionalmente, es decir que se debe recibir una colegiatura o título certificado universitario para poder ejercerla terapéutica, profesional y éticamente.

NOTA: Cabe destacar, que, aunque cada uno de los puntos o ejemplos antes mencionados son imprescindibles y de vital importancia comprender a la hora de efectuar un show hipnótico de espectáculo o ejercer la hipnosis clínica terapéuticamente. En realidad, no existe ningún tipo de poder especial o mágico en ninguna de las dos especialidades. Es más, si hablamos de algo especial o mágico en la hipnosis de espectáculo o en la hipnosis clínica, es el DON mismo de la persona para ser Hipnotizable. Que es, repito y reitero nuevamente, es este DON, la habilidad de poder ser hipnotizado, y esta cualidad maravillosa la tienen las personas mismas que reciben las sugestiones verbales o las inducciones hipnóticas por parte del Hipnotista o el hipnoterapeuta. Ya que nosotros los Hipnotizadores Profesionales simplemente somos un guía que dirige la experiencia hipnótica de las personas a través de las herramientas y metodologías adecuadas para generar el estado de trance hipnótico deseado.

*** ～～*** ～～*** ～～

MITO N° 2. Solo Unos Pocos Elegidos Son Hipnotizables.

¡Este segundo MITO también es totalmente falso! ¿Por qué? Porque toda persona es hipnotizable en menor o mayor grado, dependiendo de la predisposición, la voluntad y la influencia ejercida que se tenga en el sujeto en cuestión (Te voy a compartir algunas ideas, la primera de ella es que tenemos más inclinación de dejarnos persuadir por personas de autoridad en la que confiamos. POR EJEMPLO, Un niño es más influenciable por su madre, así como el paciente lo es de su doctor). Simplemente lo que sucede es que para algunas personas es más sencillo o más rápido o más sugestionables ser hipnotizados (programados) que para otros. TE EXPLICO PORQUE... El Trance Hipnótico es un estado natural del cuerpo, que de hecho sucede todos los días, a cada momento y de varias maneras o formas en nuestro diario vivir, solo que no nos damos cuenta de ello conscientemente.

(Por ejemplo siguiendo el ejemplo anterior, el niño es hipnotizado por su madre cuando está la orienta, lo guía y lo dirige en su desarrollo "Si la madre le programa principios y valores desde su niñez a su hijo cuando le dice que él es un buen muchacho, lo que está haciendo es programándolo {hipnotizándolo} para que el joven lo crea y a media que valla creciendo tenga estas enseñanza fuertemente arraigada en su mente subconsciente, en su forma de pensar, sentir y actuar" lo mismo sucede en el caso contrario; IMAGÍNATE lo que sucedería si en vez de enseñarles principios y valores a los hijos, los padres, como sucede lamentablemente en algunos hogares decretaran sobre sus hijos que son unos perdedores, fracasados e inútiles, estos niños a medida que van creciendo escuchando estas cosas comienzan a ser programados {hipnotizados} creando esta realizad subjetiva que le implantaron cuando niño, cuando en realidad esas palabras solo eran una forma de reproche, pero que al declararlas el niño se las cree y comienza a vivir bajo esa FALSA CREENCIA…

¿ESO ES HIPNOSIS? Claro que sí lo es) …

Tengamos presente que la HIPNOSIS es un proceso psicológico tan natural de todo ser humano, que tal vez TU YA HAS ENTRADO EN TRANCE HIPNÓTICO MUCHAS VECES una y otra vez; en tu niñez o juventud, sin ni siquiera haberte dado cuenta de ella. O tal vez, aún ahora mismo, tú puede ser que estés hipnotizado (programándote positivamente estas enseñanzas) a medida que vas leyendo atentamente este capítulo. (Para continuar y retomar con el tema, permíteme compartirte otra idea; siguiendo con el ejemplo anterior del doctor y el paciente. "Cada vez que el médico le receta un medicamento (tratamiento) a su paciente y le dice que, con él, este va a mejorar su salud; lo predispone (programa o hipnotiza) para que así sea. Pero también está el caso contrario, IMAGÍNATE que sucedería si el doctor cometiera un error de prescripción y por descuido o negligencia como también ha pasado, le comunica al paciente que su enfermedad es grabe y que no va a mejorar, este doctor sin querer está programándolo {hipnotizándolo} para que el paciente lo crea y responda ante esa situación, aunque haya sido solo un error de diagnóstico" … ¿ES ESTO HIPNOSIS? Claro que sí lo es y por cierto muy común.

Recuerden que la HIPNOSIS es una habilidad o capacidad natural que hemos desarrollado en el transcurso de nuestra vida, lo que nos hace más sugestionables {hipnotizables} en todo momento y en muchas ocasiones, seamos conscientes de ellas o no… DÉJAME DARTE ALGUNOS OTROS EJEMPLOS: Esta misma situación de HIPNOSIS o "ESTADO ALTERADO DE CONCIENCIA" o ESTADO HIPNÓTICO INVOLUNTARIO sucede y se repite muy regularmente en nuestro diario vivir POR EJEMPLO: Cuando vemos una buena película, y nos adentramos tanto en las historia y en el argumento de la misma, que sin darnos cuenta de ello la película termina por sumergirnos tanto en el trama; de tal manera, que quedamos literalmente HIPNOTIZADOS por el film, que comenzamos a recrear en nuestra mente las mismas sensaciones, vivencias, situaciones, acontecimientos, pensamientos, sentimientos, ideales y hasta los estados emocionales de los protagonistas; a tal punto, que experimentamos en ese momento sus mismas emociones, bien sean estas de miedo, terror, suspenso, drama, dolor, tristeza, alegría, felicidad, amor, pasión, excitación, sensualidad y hasta deseo. Con una intensidad tal, como si fuéramos nosotros los protagonistas de la película ¿ESO ES HIPNOSIS? Claro que sí).

OTRO BUEN EJEMPLO PODRÍA SER Cuando alguien nos cuenta una historia fascinante, o nos relata un acontecimiento o situación que haya vivido una persona, y lo describe con tal intensidad, pasión y emoción, que nosotros que lo escuchamos comenzamos a ser capaces de imaginar vívidamente esas mismos emociones o circunstancias narradas en la situación, y a recrear en nuestra poderosa mente subconsciente cada acontecimiento de la narración como si lo estuviéramos viviendo y experimentando personalmente nosotros mismos en ese preciso momento. Es decir,

[En ese instante, la persona que escucha atentamente la historia queda tan absorto en el relato, que entra en un estado de trance ALFA o "ESTADOS ALTERADOS DE CONCIENCIA" sin siquiera darse cuenta o percatase de ello]. Ahora pregunto ¿ES ESTO HIPNOSIS? Claro que sí lo es también. ¿Cierto?

En fin, mis apreciados lectores, como pudimos apreciar en los ejemplos anteriores, comprobamos como a cada instante, en todo momento y en cada lugar o circunstancia que vivimos, generamos una gran cantidad de situaciones MULTI-SENSORIALES que nos producen o generan una RESPUESTA INCONSCIENTE EN NUESTRO ORGANISMO y que en HIPNOSIS lo llamamos ESTADO ALTERADO DE CONSCIENCIA o ESTADO DE TRANCE HIPNÓTICO INVOLUNTARIO. Y todos estos estímulos MULTI-SENSORIALES suceden dentro de nosotros internamente, sin siquiera darnos cuenta de ellos. Lo único que ocurre, es que tú aun no te habías dado cuenta de esta realidad; es decir, que no sabías que poseías esas destrezas y cualidades hipnóticas desde siempre; y por esa razón, HASTA ESTE MOMENTO no habías caído en cuenta de este poder innato de la mente conscientemente que tienes a tu favor.

En resumen, el MITO N° 2. Solo Unos Pocos Elegidos Son Hipnotizables Es total y completamente falso. Ya que como demostramos todas las personas son y pueden ser HIPNOTIZABLES de una u otra manera; y todas las personas han entrado en una especie de ESTADO ALTERADO DE CONSCIENCIA o ESTADO DE TRANCE HIPNÓTICO INVOLUNTARIO en menor o mayor grado; consciente e inconscientemente nos hayamos dado dé cuenta de ello o no.

TENGAN SIEMPRE PRESENTE QUE: SI se puede aprender a HIPNOTIZAR, a cualquier persona, en cualquier momento y en cualquier lugar. El asunto no es, si entrara en HIPNOSIS, la cuestión es, cuando entrara. Ya que toda persona es HIPNOTIZABLE si se sabe el "COMO" y al "QUE" responde.

*** ~~*** ~~*** ~~

MITO N° 3. Solo Las Personas Con Poca Voluntad Pueden Ser Hipnotizables O Solo Se Pueden Hipnotizar Las Personas De Mente Débil.

Cuestionemos este falso MITO... Hasta la siguiente pregunta ¿Has pensado alguna vez en la cantidad de personas que utilizan la Autohipnosis, las Sugestiones Positivas o El Poder de su Mente como medio para mejorarse o superarse a ellos mismos? De hecho, se ha demostrado y comprobado científicamente una y otra vez, que las personas más creativas, intuitivas, llenas de imaginación y confiadas en sí mismas entran en ESTADOS DE TRANCE HIPNÓTICO mucho más rápido, de forma más efectiva y de manera más potente que aquellos individuos que tienen dudas o falta de creatividad e imaginación. Ya que repito, se ha demostrado y comprobado científicamente que una mente abierta y una actitud positiva es mucho más poderosa, intuitiva e ingeniosa, que se abre a un sinfín de probabilidades ilimitadas mucho mayores y extraordinarias, que la de las personas promedio.

Es decir, campeones y campeonas, que las personas que entran en un estado de trance hipnótico no son de mente débil en ningún sentido; al contrario, se puede decir, que las personas que entran en HIPNOSIS son de mente más abiertas, receptivas, dispuestas e ingeniosas. En otras palabras, que son más susceptibles (aptos, capaces, dispuestos, hábiles) y receptivas al estado de trance hipnótico. Es decir, que son personas más sensibles y prestas a las sugestiones e inducciones del hipnotista. Y esta cualidad tan extraordinariamente maravillosa mis apreciados lectores es una habilidad, don natural o talento innato. Más que un defecto, es una capacidad de concentración que todos debiéramos querer desarrollar.

En resumen, el MITO N° 3. SOLO LAS PERSONAS CON POCA VOLUNTAD PUEDEN SER HIPNOTIZABLES O SOLO SE PUEDEN HIPNOTIZAR LAS PERSONAS DE MENTE DÉBIL. Es completa y totalmente falso…

*** ~~*** ~~*** ~~

MITO N° 4. Bajo Hipnosis Somos Totalmente Vulnerables. Desmintamos este otro falso MITO…

La HIPNOSIS nunca ha sido, ni jamás será una situación vulnerable en la que perdamos el control absoluto bajo la influencia del hipnotista, como muchas personas erróneamente creen. Ya que tenemos que recordar cómo he enfatizado en apartados anteriores que aun estando bajo un Estado Profundo de TRANCE HIPNÓTICO, nuestra consciencia siempre queda activa y conservamos latentes nuestros VALORES MORALES y nuestros PRINCIPIOS ÉTICOS más elevados. Por lo que nadie, ni nada nos puede inducir a realizar acciones, decir algo o hacer nada para lo que no le hayamos dado nuestra aprobación y autorización previa; ya que todo lo que se puede realizar a través de la HIPNOSIS CLÍNICA o HIPNOSIS DE ESPECTÁCULO es solo y únicamente con el consentimiento voluntario y participativo de la persona en cuestión. Lo único que se puede conseguir a través de la Hipnosis, es que nosotros hagamos SI ASÍ LO QUEREMOS y si ASÍ LO ELEGIMOS; es hacer, sentir, pensar o actuar en la forma en que el hipnotista de teatro, el hipnotizador de espectáculos, el hipnólogo clínico o lo que hipnoterapeuta especialista nos sugiere. Siempre y cuando nosotros accedamos a ello voluntariamente, sobre todo si sabemos que es bueno y útil para nosotros.

Recordemos que la MENTE SUBCONSCIENTE que poseemos todas las personas, es el lugar donde se almacenan nuestras programaciones neuronales y junto a ellas, también se encuentran los códigos de la ética, así como los valores morales más estrictos de las personas; que les permite vivir según los estándares más elevados centrados en sus principios morales. Es por esta razón, mis apreciados lectores que aun cuando una persona esté bajo un completo estado de trance hipnótico, si se le diera una orden que sea contraria a sus principios éticos y valores morales, esta nunca accedería a ella y jamás podría aceptarla, ya que su mente subconsciente sabe lo que es bueno o no para nosotros.

Hay que tener siempre presente que nuestra MENTE INCONSCIENTE se mantiene alerta a cada instante de nuestra vida, y ella sabe lo que es bueno para nosotros, y reconoce de inmediato lo que es malo. ¡Y la mente subconsciente jamás haría algo que valla en contra de su código ético y principios morales!... Así mismo sucede, cuando una orden hipnótica va en contra bien sea de nuestras creencias más arraigadas o cualquier otro ideal que tengamos, si la orden es contraria a estos estándares elevados que tenemos registrados la MENTE SUBCONSCIENTE se activa en modo de alerta, rechazando la orden automáticamente, ya que esta nunca permitirá hacer o realizar un acto que atente en la supervivencia del individuo.

En resumen, el MITO N° 4. BAJO HIPNOSIS SOMOS TOTALMENTE VULNERABLES es completa y totalmente falsa. Porque como ya hemos aclarado en varias ocasiones, bajo ningún trance hipnótico no vas a hacer nada que no quieras hacer, ¿PORQUE TE PREGUNTARAS? Bueno la razón es porque aún en estado de hipnosis profunda, que como ya sabes vas a estar siempre consciente en todo momento de la INDUCCIÓN, lo que te permitirá escuchar y seguir las instrucciones, sugerencias y sugestiones directas declaradas por el hipnotista, hipnotizador, hipnólogo clínico o hipnoterapeuta Ya que nosotros somos simplemente un guía que dirige la experiencia hipnótica de las personas a través de las herramientas y las metodologías adecuadas para generar el estado de trance hipnótico deseado.

*** ~~*** ~~*** ~~

MITO N° 5. Me Puedo Quedar Dormido Para Siempre.

Desmintamos este MITO de una vez por todas. Tengamos presente que, aunque el término HIPNOSIS provenga del término griego (Hypnos) que signifique sueño, el estado real que se experimenta en un trance hipnótico, es más similar a un estado de relajación o meditación en el que siempre somos conscientes en todo momento de lo que pasa a nuestro alrededor. ¿ENTONCES PORQUE EXISTE ESTE MIEDO DE QUEDARNOS DORMIDOS? Déjame explicarte brevemente…

La HIPNO-SIS al provenir del vocablo griego (Hypnos) que significa sueño, se le asocia simbólica y metafóricamente al adormecimiento, al sueño o al letargo, Pero recordemos que la expresión HIPNOSIS, solo es una referencia alegórica de la MITOLOGÍA GRIEGA (Hypnos) y a las PRÁCTICAS EGIPCIAS ANTIGUAS que se asocian a (Los Templos del Sueño Egipcios) que se practicaban en la antigüedad. Eso quiere decir, que, en la práctica real, la HIPNOSIS MODERNA no tiene nada que ver con el acto de "DORMIRSE, SOÑAR o ADORMECERSE" literalmente.

Como ya se ha comprobado científicamente la HIPNOSIS es "Un estado fisiológico normal del ser humano, donde se producen ciertos fenómenos fisiológicos semejantes al sueño REM, que al activarse por medio de las sugestiones e inducciones hipnóticas declaradas por el (hipnotista, hipnotizador, hipnólogo clínico o hipnoterapeuta), permite la aparición de respuestas ideo motoras, ideo sensoriales, e ideo-emocionales, pero el sujeto en cuestión siempre se mantiene despierto y alerta en todo momento, solo que en un estado de relajación, meditación y concentración mucho más elevado que el estado de vigilia.

Aunque es verdad que ciertas funciones del estado REM del sueño entra en juego en los procesos hipnóticos, es importante resaltar como ya hemos aclarado anteriormente que el ESTADO DE TRANCE HIPNÓTICO es muy diferente al SUEÑO FISIOLÓGICO normal que conocemos como el acto de (DORMIR)". Ya que repito, en ningún momento del procedimiento, las personas en el estado de trance hipnótico caen en algo como un sueño profundo, ni mucho menos se duermen literalmente.

*** ~~*** ~~*** ~~

MITO N° 6 Puede La Hipnosis Afectar Mentalmente De Una Manera Negativa O ¿Puede La Hipnosis Ser Peligrosa En Ocasiones?

Este MITO es uno de los más interesantes; por tal razón, lo deje en último lugar para explicarlo claramente y comprender equilibradamente lo favorable y desfavorable, lo negativo o positivo y la realidad o ficción de este MITO. Para comenzar podemos afirmar categóricamente que el acto hipnótico no es peligroso en sí mismo. La experiencia a través de los años, y los cientos de estudios médicos científicos nos demuestran decisivamente que no se puede hacer que un individuo (Paciente o Participante) bajo el ESTADO DE HIPNOSIS adopte un comportamiento contrario a su ética moral, sus principios y valores, creencias religiosas, buenas costumbres, ideales o cualquier otro pensamiento, sentimientos o acciones que atente contra dignidad o ponga su vida en riesgo o en peligro. Tengamos en cuenta que el (hipnotista callejero, el hipnotizador de espectáculo, el hipnólogo clínico o el hipnoterapeuta especialista) solo tiene el control y el poder que el inconsciente y subconsciente del mismo sujeto le entregue voluntaria y conscientemente.

Si por EJEMPLO un hipnotista callejero en una de sus presentaciones de calle logra hacer que uno de sus participantes se pegue sus dedos, manos o pies, es porque el mismo participante accedió a las sugestiones libremente, al comprender que estos fenómenos hipnóticos muy populares en este tipo de presentaciones se llevan a cabo gracias a la participación voluntaria de la persona en sí misma, que al saber que solo es parte de una especie de juego mental permite dejarse llevar por la experiencia trayendo como resultado lograr favorablemente el fenómeno hipnótico deseado. De igual manera, si un hipnotizador de espectáculo consigue que un sujeto del público se comporte como un perro, un gato o cualquier otro animal, es porque el sujeto en cuestión sabe intuitiva e inconscientemente que se trata de un juego en la cual él es el protagonista; en otras palabras, el sujeto acepta las sugestiones e inducciones del HIPNOTIZADOR porque sabe y comprende en su interior que es parte del show de espectáculo hipnótico que está experimentando y que él es parte del mismo.

Lo que, si hay que tener en cuenta, y lo enfatizo por lo importante que es. Es que ningún hipnotista callejero o hipnotizador de espectáculo deben por ninguna razón, motivo o circunstancia realizar diagnósticos o tratar enfermedades sin tener conocimiento previo y estar autorizado para tal fin, ya que esto es única y exclusivamente para los hipnólogos clínicos e hipnoterapeutas especializados que están facultados y titulados para realizar este tipo de terapias y procedimientos. Es importante destacar en este punto, que todo diagnostico o tratamiento solo debe ser realizado por personas especializadas en ese tema tales como lo son, los psiquiatras, doctores, psicólogos e hipnoterapeutas. Ni los coach ni los trainer en PNL están facultados en diagnosticar o tratar enfermedades al menos que estén debidamente titulados y facultados para ello, de lo contrario deberían abstenerse de estas prácticas.

MITO Nº 7 Siempre podemos recordar todas nuestras experiencias y realizar REGRESIONES al pasado cuando estamos Hipnotizados.

Antes de explicar este MITO es importante aclarar que dentro del campo de la hipnosis existen ciertas disciplinas y especialistas encargados de realizar estos fenómenos hipnóticos llamados REGRESIONES (Que son la capacidad de producir en el sujeto (paciente o participante) la oportunidad de "Experimentar Vivencias del Pasado" y estimular la memoria junto a sus recuerdos almacenados en su mente subconsciente, para traerlos al presentes con un propósito específico y un objetivo determinado previamente establecido entre la persona y el HIPNOTIZADOR).

Teniendo esta idea en cuenta; es de vital importancia tener claro, que en ciertas ocasiones el HIPNÓLOGO o HIPNOTISTA ESPECIALISTA EN REGRESIONES si puede llevarnos a través de una sesión de hipnosis; atrás en el tiempo, para así encontrar algún detalle de interés en nuestro pasado, y traerlo al presente. Es decir; al

AQUÍ y al AHORA. Y esto sucede, mayormente porque el HIPNOTERAPEUTA ha sido capaz de llegar a los fragmentos resguardados o capas más profundas de nuestra mente subconsciente donde reside la memoria. Que es el banco donde se encuentra los pensamientos y los recuerdos almacenados que nosotros ya hemos olvidado. Y lo que hace específicamente el hipnotizador, es volver esas memorias, pensamientos o recuerdos del pasado al presente; permitiendo revivirlos, recordarlos, acceder a ellos y experimentarlos nuevamente en forma de memorias, pensamientos o recuerdos más presentes. Y así trabajar, en favor de ello, para lograr un propósito u objetivo previamente establecido entre las partes.

En este sentido, la HIPNOSIS si puede ayudarnos a recordar ciertas experiencias del pasado cuando estamos hipnotizados y traerlas al presente con un propósito específico. PERO LO QUE NO PUEDE HACER LA HIPNOSIS es llevarnos a revivir una vida pasada o recordar acontecimientos, hechos y situaciones que en realidad no hayan ocurrido.

A MODO DE RECAPITULACIÓN: Aprendices; el estado hipnótico no entraña ningún riesgo, puesto que la HIPNOSIS es un estado natural de todo ser humano. Si existiera alguna posibilidad de peligro en algún momento; esto sólo podría ser casado, sin querer, por medio de la práctica desautorizada, negligente e incompetente por parte de un Hipnotista, Hipnotizador, Hipnólogo e Hipnoterapeuta; que ejerza la profesión sin los conocimientos previos necesarios de lo que hace, o sin la titulación universitaria superior requerida, si así fuera el caso.

*** ~~~*** ~~~*** ~~~

Recomendaciones para tener en cuenta en cada Sesión de HIPNOSIS:

- **MANTENER**: Todas las técnicas y metodologías que has realizado bien, y seguir aplicándolas en las subsiguientes oportunidades que se te presenten. Recuerda que la práctica y la repetición constante es la madre de la enseñanza. Una de las maneras que tenemos para ir perfeccionando nuestras técnicas y metodologías es la evaluación periódica de nuestras acciones en cada práctica, sesión de hipnosis o evento de show de espectáculo. Ya que cada vez que nos evaluamos, nos permite interiorizar el MODELO que hemos utilizado para poder repetir los mismos resultados con mayor excelencia la próxima vez que realicemos la misma técnica.

- **ACTIVAR**: Todo aquello que podrías a ver echo, y que no realizaste en la sesión o evento anterior. Es importante que cada vez que realices una sesión de hipnosis clínica o un show hipnótico de espectáculo, evalúes posteriormente lo que hiciste bien, y lo que probablemente pudiste haber hecho mejor. Ya que esto te permitirá interiorizar y profundizar en tu mente subconsciente la técnica que hayas utilizado; permitiéndote de esta forma, ir agregando a tu repertorio aquello que tal vez hayas omitido, pero que, si lo hubieras realizado o lo hubieras intentado, te fuera ayudado efectuar la técnica con mayor efectividad y eficacia posible.

- **DESACTIVAR**: Todo aquello que hiciste en el ejercicio, la práctica, en la sesión de hipnosis clínicas o show de hipnosis de espectáculo que no debías haber hecho. Como en los pasos anteriores, este punto te ayudara a evaluar lo que hiciste en una determinada sesión terapéutica o evento de hipnosis, que no deberías haber realizado, o que pudiste haber omitido. El propósito de este parte del ejercicio es que una vez te hayas evaluado equitativamente, y hayas identificado aquellos puntos que no debiste haber introducido en tus sesiones o show; te permita posteriormente ir eliminando todo aquello que sea innecesario o excedente en la práctica real en la aplicación futura de los ejercicios de hipnosis con una persona.

Este ejercicio o proceso de tres pasos [MANTENER - ACTIVAR y DESACTIVAR] te servirá para ir perfeccionando poco a poco tus HABILIDADES HIPNÓTICAS y persuasivas. Al mismo tiempo que te permitirá observar cómo responden las diferentes personas bien seas estos (pacientes o participantes), ante las sugestiones verbales persuasivas o inducciones orales hipnóticas que les trasmites y les comunicas para generar el estado de trance hipnótico deseado en cada contexto o situación en el que realizas la hipnosis.

*** ~~~*** ~~~*** ~~~

Principios para tener en cuenta antes de comenzar una SESIÓN DE HIPNOSIS CLÍNICA o un SHOW DE HIPNOSIS DE ESPECTÁCULO.

Antes de comenzar a HIPNOTIZAR a una persona, debemos primero comenzar a realizar una serie de protocolos pre * hipnóticos que nos permitirán aumentar considerablemente nuestro porcentaje efectivo de acierto:

ESTABLECER SINTONÍA, RAPPORT Y ACOMPASAMIENTO: Para lograrlo, lo primero que debemos hacer, es explicarle claramente a nuestro sujeto en cuestión (paciente o participante) que es y que no es la hipnosis. Así como también explicarle que va a sentir o experimentar antes, durante y después de la sesión o el show de hipnosis; y establecer previamente una relación estrecha entre ustedes más allá de la confianza, para que el sujeto (paciente o participante) nos permita acceder a esa parte de su MENTE INCONSCIENTE que es la que les faculta ser más respectivo a las sugestiones e inducciones que les sugerimos. De esta manera, el sujeto (paciente o participante) participa activamente en la sesión o el show de hipnosis, sin poner ninguna resistencia psicológica a los comandos u órdenes hipnóticas que les estamos sugiriendo.

DESCONEXIÓN O DISOCIACIÓN: El siguiente paso es desconectar al sujeto (paciente o participante) de la parte CONSCIENTE de su cerebro (a saber, la parte lógica o racional de su mente) de la parte INCONSCIENTE (es decir, la parte sugestionable de su mente). Para ello, debemos comenzar nuestras sesiones terapéuticas o eventos de hipnosis callejeras (SEGÚN SEA EL CASO) con pequeños ejercicios de comprobación, para evidenciar su reacción, respuesta, disposición y sugestionabilidad ante las órdenes que les impartimos. Entre los ejercicios básicos más comunes que se recomiendan podríamos mencionar los Dedos Magnéticos, Manos Magnéticas, Manos Direccionales Arriba - Abajo, Elevación o Levitación del Brazos, Caída Hacia Atrás, Catalepsia De Ojos, Brazos y Piernas entre muchos otros, que nos puedan ayudar a conseguir esa disociación, y lograr finalmente nuestro objetivo. Que es hacer entrar en trance hipnótico a la persona, y permitirle desarrollar su "hiper sugestionabilidad" es decir, su amplificador de respuesta o profundizador de las experiencias sugestivas, para crear finalmente el ESTADO HIPNÓTICO que deseamos.

INTRODUCCIÓN DE LAS INDUCCIONES: Una vez realizado la comprobación previa de sugestionabilidad, podemos ir avanzando poco a poco en nuestro proceso de trance hipnótico, comenzando a utilizar una diversidad variada de diferentes inducciones verbales, acompañadas de comandos hipnóticos, sugestiones y patrones persuasivos que nos permitan finalmente ir dirigiendo al sujeto (paciente o participante) a entrar en el estado de trance hipnótico deseado y al estado mental de DISPOSICIÓN PRE y POS HIPNÓTICA que deseamos alcanzar con la persona en cuestión.

La Inducción Hipnótica es el proceso verbal, por medio el cual el HIPNOTIZADOR establece, estimula, dirige y sugestiona a la persona a través del poder de la palabra hablada, para hacer entrar al sujeto (paciente o participante) al estado de trance hipnótico deseado. En otras palabras, la Inducción Hipnótica es el medio más efectivo por medio del cual el hipnotizador declara verbalmente y prepara las condiciones mentales requeridas en el proceso del trance para que ocurra la HIPNOSIS. Es decir, los (Fenómenos Hipnóticos).

En otro orden de idea, podemos decir entonces que la Inducción Hipnótica puede definirse como los procesos psicológicos o procedimientos mentales de la HIPNOSIS necesarias para llevar a una persona al estado de trance hipnótico deseado a través del poder de la palabra hablada declaradas a través de las sugestiones verbales y las inducciones orales que les comunicamos al sujeto (paciente o participante). El Estado de Trance Hipnótico es el estado de mayor sugestión o sugestionabilidad, durante el cual las facultades de la mente críticas o el factor crítico de la mente se reducen, y los sujetos (pacientes o participantes) son más propensos y receptivos a aceptar los comandos, patrones, sugestiones, inducciones, órdenes directas y sugerencias declaradas por el hipnotizador.

*** ~~~*** ~~~*** ~~~

A continuación, voy a explicar algunos de los elementos básicos más importantes para tener en cuenta a la hora de comenzar a inducir estados hipnóticos. Hay decenas de principios en el transcurso de este libro, pero solo voy a resaltar los más esenciales y necesarios para multiplicar nuestro porcentaje de éxito:

Elementos Básicos más Importantes para tener en cuenta a la hora de Comenzar a Inducir Estados de Trance Hipnótico.

AUTORIDAD: Cualquier tipo de sugestión, comando subliminal, inducción hipnótica, petición u oren directa e indirecta; es incluso mucho mejor y funciona más efectivamente aun estando despierto si la realiza una persona con autoridad. POR EJEMPLO: Si una persona desconocida te ve sentado en una banca del parque, y te pide que te levantes para sentarse él o ella - ¿Lo harías? Indudablemente que no verdad... Pero ahora IMAGINA la misma situación anterior, y trata de imaginarte esta vez, que la persona que te pide que te levantes del banco para sentarse es alguien de autoridad, reconocido, famoso, importante y relevante para ti. En esta nueva situación, probablemente le sederías el banco cierto si verdad... ¿Por qué? Porque representa una autoridad o personaje importante para ti. [Pues en el campo de la HIPNOSIS sucede exactamente lo mismo]. Es decir, que debemos presentarnos ante las personas como una AUTORIDAD en el campo de la HIPNOSIS; en otras palabras, debemos presentarnos como expertos HIPNOTIZADORES ante nuestro público, espectadores, clientes o pacientes, para que nuestras sugestiones o inducciones tengan mayor fuerza para el sujeto en cuestión.

REPETICIÓN: Debemos repetir varias veces, en varias ocasiones, de diferentes modos y de distintas formas los estados mentales que queremos INDUCIR y GENERAR en la mente de las personas (pacientes o participantes) a quien le realizamos la sesión o show hipnótico. POR EJEMPLO: Si queremos que el sujeto (paciente o participante) entre en un estado de trance profundo de relajación, no bastará con que solo le digamos SUEÑO, DUERME, RELÁJATE o DEJATE LLEVAR para producir el fenómeno hipnótico esperado... Para que esto realmente suceda, debemos continuamente bombardear su mente subconsciente repetidamente con sugestiones verbales, comandos subliminales, inducciones hipnóticas y órdenes directas e indirectas que les permitan inducir y generar el estado hipnótico deseado; a saber, el estado de trance profundo. Y para lograr ese objetivo, utilizamos repetidamente las palabras SUEÑO, DUÉRMETE o RELÁJATE, organizadas en pequeñas oraciones subliminales creadas para tal propósito; a fin, de dirigir al sujeto a entrar en el estado de trance hipnótico deseado. Y la mejor forma de hacerlo sería de la siguiente manera: A la cuenta de 3, te ordenare que cierres tus ojos, y al cerrar tus ojos deseo que te RELAJES PROFUNDAMENTE hasta que comiences a tener esa sensación de SUEÑO PROFUNDO, quiero que a medida que escuches mi voz, y te diga DUÉRMETE sientas una sensación de paz y tranquilidad que te hace entrar en un estado más y más profundo de relajación, a medida que te RELAJAS más y más PROFUNDAMENTE sientes como caes en un SUEÑO PROFUNDO que te produce cada vez más y más deseos de DORMIRTE, correcto, así es lo estás haciendo muy bien. Perfecto, ahora que has entrado en un estado de RELAJACIÓN PROFUNDA entre más escuchas mi voz, más y más te adentras en ese SUEÑO PROFUNDO que te da serenidad y te produce esa paz interior que te estimula que DUERMAS PROFUNDAMENTE más y más. Muy bien, así es, lo estás haciendo correctamente. Ahora voy a comenzar a contar del 1 al 3 y a medida que voy contando vas profundizando cada vez más y más en este estado de RELAJACIÓN PROFUNDA, y quiero que percibas como con cada respiración te relajas más y más. Correcto así es, muy bien; 1 inhala profundamente y siente como con cada inhalación te llenas de tranquilidad y una paz interior que te produce serenidad, 2 con cada exhalación deseo que sueltes todo estrés, y sientas como al exhalar el aire de tus pulmones sientes que liberas todas las tenciones de tu cuerpo, 3 siente como cada vez profundizas más y más en este estado de RELAJACIÓN PROFUNDA, correcto, así es lo estás haciendo muy bien. Perfecto, ahora DUÉRMETE PROFUNDAMENTE. Listo; hasta aquí si hicimos la inducción correctamente, hemos generado en la persona el estado de trance deseado, ahora solo tenemos que pasar a la siguiente parte de la inducción.

ACIERTOS: Conviene comenzar aplicando sugestiones sencillas e inducciones directas. La combinación acertada de estas sugestiones e inducciones, nos permitirán conseguir, que nos sea mucho más sencillo llevar al sujeto (paciente o participante) a un Estado de Tracen Hipnótico Deseado. Si consigamos lograr esa DISOCIACIÓN entre su mente consciente y su mente inconsciente la sesión hipnótica o el show de espectáculo habremos tenido éxito. Y para lograr esto, debemos seguir los pasos anteriormente nombrados, ya que esto permite crear una secuencia o continuidad en el proceso hipnótico, y entre mayor cantidad de aciertos tengamos mayores son las probabilidades de éxito que obtendremos.

TÉCNICA DE YES-SET: Debemos conseguir poner al sujeto (paciente o participante) de nuestra parte. Y para lograr ese objetivo debemos conseguir que la persona coincida afirmativamente y este de acuerdo con nosotros en al menos 3 "SI" seguidos. POR EJEMPLO: Puedes sentarte "Si", Puedes juntar las piernas "Si", puedes tomar una respiración profunda "Si". A partir de ese momento, será mucho más sencillo que su mente subconsciente ACCEDA a nuestras sugestiones e inducciones más libremente, lo que permitirá llevar a cabo la sesión hipnótica o el show de espectáculo al siguiente nivel, activando los fenómenos hipnóticos deseados.

REFUERZO POSITIVO: ¿Cómo sabe el sujeto (paciente o participante) si lo que está realizando en un momento determinado, lo está haciendo correctamente? Está es una pregunta que a menudo suele pasar por la mente de la persona, bien sea consciente o inconscientemente. Por tal razón, es de vital importancia que la persona que está recibiendo las sugestiones e inducciones, sepa que lo que está pasando, ocurriendo o realizando en el proceso del trance hipnótico, es precisamente lo que tiene que ocurrir. Para ello, reforzaremos continuamente las acciones del sujeto (paciente o participante) con palabras y afirmaciones positivas tales como: "Eso es, muy bien", "excelente, lo estás haciendo genial", "correcto, así es lo estás haciendo muy bien". POR EJEMPLO: Si vemos que de repente realiza un movimiento brusco, reforzaremos esa acción, como si eso fuera algo normal, "Eso es, muy bien", siente como ese movimiento hace que entres más y más en un estado de trance profundo, "Correcto lo estás haciendo muy bien".

ASOCIACIÓN: Debemos asociar nuestras sugestiones e inducciones a las experiencias internas y externas del sujeto (paciente o participante). SI POR EJEMPLO Hay algún ruido en el exterior que esta fuera de nuestro control, entonces podemos usar ese sonido a nuestro favor; sugiriéndole que si "Escucha" cualquier ruido del exterior, hace que se centre más y más en su paz interior Si al contrario el sujeto (paciente o participante) realiza cualquier movimiento brusco o involuntario como por ejemplo un ligero parpadeo o movimiento del brazo Puedes sugerirle que, "Sienta" como con cada parpadeo que realiza o con cada movimiento del brazo le permite entrar más y más en el estado de trance hipnótico deseado. Y así de esta manera, utilizamos las situaciones internas y externas de la persona, y las asociamos positivamente al contexto de nuestra sesión hipnótica, permitiendo que cada circunstancia que sucede a nuestro alrededor se convierta en nuestro aliado.

UTILIZACIÓN DE METÁFORAS: Las metáforas, son un lenguaje figurado y alegórico que funciona muy bien como un excelente recursos persuasivo en la comunicación hipnótica, que nos permite asociar subconscientemente un estado mental deseado o estado de consciencia alterado a un hecho cotidiano, que permite al sujeto (paciente o participante) estimular potencialmente su REALIDAD ALTERNA SUBJETIVA ayudándole de esta manera, a conseguir estimular y desarrollar respuestas ideo motoras, ideo sensoriales, e ideo-emocionales a un nivel inconsciente y provocar activar su REALIDAD ALTERNA SUBJETIVA; y de esa forma, es mucho más sencillo que el sujeto (paciente o participante) reciba la [guía, instrucción, sugerencias, sugestiones hipnóticas e inducciones directas o indirectas] que le estamos ordenando. POR EJEMPLO: "IMAGÍNATE que tus (dedos) o (manos) son dos fuertes imanes magnéticos que se atraen uno del otro, y que entre más se acercan, más las gravedad magnética los atrae entre sí", eso es correcto, lo estás haciendo bien "IMAGÍNATE que tus (dedos) o (manos) están completamente pegadas, que se fusionan fuertemente y se unen o pegan como si estuvieras usando un poderoso pegamento que los mantiene completamente unidos" así es, correcto lo estás haciendo muy bien.

REPRESENTACIÓN DE LOS SISTEMAS SENSORIALES: Debemos adaptarnos al sistema sensorial o submodalidades representacionales del sujeto (paciente o participante), bien sea que este sea "Visual, se representa con lo que VE; Auditivo se representa con lo que OYE; o Kinestésico se representas con sus emociones, sentimientos y sensaciones que SIENTE". Cuando la HIPNOSIS se realiza en grupo entonces tendremos que hacer referencia MULTI-SENSORIAL a los tres estados principales que son (Vista, Oído y Sensaciones). Algunos ejemplos de los apartados que podemos utilizar en nuestras sesiones hipnóticas o show de espectáculos serían las siguientes.

Observa como todo lo que pasa a tu alrededor te hace estar más y más relajado.

Escucha como todo lo que pasa a tu alrededor te hace estar más y más relajado

Siente como todo lo que pasa a tu alrededor te hace estar más y más relajado.

REPRESENTACIÓN VERBAL o COMUNICACIÓN ORAL: El poder de la PALABRA HABLADA es nuestro mayor aliado; por tal razón, nuestra voz, el ritmo, la cadencia, el timbre, el volumen y la entonación deben representar armoniosamente lo que nuestra palabra hablada dice. POR EJEMPLO: Si queremos inducir o sugestionar al sujeto (paciente o participante) a un estado de SUEÑO HIPNÓTICO, tendremos que decir frases como las siguientes: Entra más y más en un "SUEÑO, SUEÑO, SUEÑO PROFUNDO" "Eso es, muy bien", "excelente, lo estás haciendo genial" AHORA DEJATE LLEVAR y "DUERME PROFUNDAMENTE"

La primera inducción o sugestión la hacemos con un tono o volumen de voz baja, suave, susurrante y cálida; la segunda, que es la orden hipnótica directa que queremos provocar, la pronunciamos después del refuerzo que utilizamos para entrelazar una oren de la otra; pero esta vez, con un tono o volumen de voz más alta y con autoridad.

Sin embargo, si lo que queremos es inducirle o sugestionarle al sujeto (paciente o participante) a entrar en un estado de RELAJACIÓN PROFUNDA, tendríamos que pronunciar frases y oraciones compuestas como las siguientes: A partir de ahora, quiero que sientas cómo te RELAJAS PROFUNDAMENTE, y te sientes más y más RELAJADO hasta el grado que experimentas una PAZ y un RELAX INTERIOR; así es, correcto lo estás haciendo muy bien.

Estas frases debemos pronunciarlas con un tono, ritmo, cadencia y entonación de voz que expresar sutilmente el estado de relax y paz interior que deseamos provocar en el interior de su mente consciente y subconsciente.

VOZ HIPNÓTICA: Como HIPNOTIZADORES PROFESIONALES, bien sea que seamos (hipnotistas callejeros, hipnotizadores en show de espectáculos, hipnólogos clínicos o hipnoterapeutas especialistas) siempre tenemos que hacer uso de dos (2) tipos de voz, nuestra VOZ HABITUAL (que es la que utilizamos en nuestras interacciones diarias) y nuestra VOZ HIPNÓTICA (que es la VOZ PERSUASIVA que utilizamos en nuestra sesiones o show para inducir el trance). De esa manera, cada vez que el sujeto (paciente o participante) escuche nuestro TONO DE VOZ HIPNÓTICO, le será mucho más fácil reconocerlo y acceder subconscientemente al estado de trance deseado.

Aumenta tú CÍRCULO DE POTENCIA y tú Nivel de Fuerza o Nivel de Autoridad a un NIVEL SUPERIOR (FP): Aumentar tú CÍRCULO DE POTENCIA y tú Nivel de Fuerza o Nivel de Autoridad a un NIVEL SUPERIOR (FP) te permite desarrollar tus habilidades hipnóticas al siguiente nivel, (a otro nivel amigo mío).

Esto les permite crear órdenes directas e indirectas, inducciones y sugestiones de manera más óptima y efectiva, subiendo paulatinamente en los GRADOS DE HIPNOSIS. Es decir, que logran ascender desde el CÍRCULO DE POTENCIA y su Nivel de Fuerza o Nivel de Autoridad a un NIVEL SUPERIOR FP0 y FP1, hasta FP5 y superiores, lo que les faculta producir ciertos FENÓMENOS HIPNÓTICOS que de otra manera fuera imposible.

Este principio es uno de los ELEMENTOS AVANZADOS MÁS IMPORTANTES Para TENER EN CUENTA A LA HORA DE PROFUNDIZAR E INDUCIR ESTADOS HIPNÓTICOS EN LOS GRADOS MÁS ELEVADOS DE LA HIPNOSIS.

Por tal razón, he escrito todo un capítulo completo sobre este punto en particular. La HIPNOSIS es todo un arte magistral y deseo compartirte las técnicas avanzadas que en su mayoría son reservadas en otros libros y omitidas en muchos de los cursos presenciales. Así que más adelante, compartiré lo que nunca ningún (hipnotista callejero, hipnotizador en show de espectáculos, hipnólogo clínicos o hipnoterapeuta especialista) comparte publica y abiertamente... ¿Te gusta la idea de aprender estas técnicas avanzadas verdad? Si. Ok entonces, sin más preámbulos continuemos.

ENCUENTRA TU PROPIO ESTILO Y DESARRÓLLALO: Este elemento, es el más importante para tener en cuenta a la hora de comenzar a inducir y crear estados hipnóticos. Mi experiencia personal en el maravilloso mundo de la HIPNOSIS me ha enseñado que para ser un buen HIPNOTIZADOR o HIPNOTERAPEUTA primero debes convertirte en EL HIPNOTISTA; es decir, sentir, pensar y actuar como EL HIPNÓLOGO que QUIERES LLEGAR A SER. O, en otras palabras, verte a ti mismo como el Hipnotista, Hipnotizador, Hipnólogo o Hipnoterapeuta que PUEDES LLEGAR A SER. Ten siempre presente que tu actitud, carisma, confianza y seguridad en ti mismo tienen mayor peso que cualquier guion terapéutico, charla pre hipnótica, truco lingüístico, técnica de inducción, sugestión, patrones o comandos hipnóticos. Ya que estos, solo son elementos que utilizaras como profesional para reforzar tu presentación; bien sea en tus sesiones de hipnosis clínica terapéuticas, o en tus show de hipnosis callejera y de espectáculo, pero recuerda que será siempre tu actitud, carisma, confianza y seguridad personal la que te consolidara y posicionara finalmente como el HIPNOTISTA, el HIPNOTIZADOR, el HIPNÓLOGO o el HIPNOTERAPEUTA tanto frente a tu audiencia y público en general, así como en tus respectivas sesiones de hipnosis.

Para comenzar a crear tú propio estilo, lo primero que debes hacer es identificar cuál de las diferentes especialidades hipnóticas vas a elegir para iniciar tu camino. Y estas opciones pueden ser: Darte a conocer como hipnotista en eventos de hipnosis callejera, o convertirte en un hipnotizador de hipnosis de teatro o show de espectáculos; o si así lo prefieres puedes optar por titularte universitariamente y ejercer profesionalmente como hipnólogo clínico o hipnoterapeuta especialista. Pero sea cual sea, la decisión que tomes, siempre debes prepararte, tomar acción y hacer que las cosas sucedan, para que así puedas SER el mejor en el área que elijas.

Otra de las cosas que debes hacer para ENCUENTRA TU PROPIO ESTILO Y DESARRÓLLALO es elegir el tipo de hipnosis que vas a usar para iniciar tu camino como HIPNOTISTA, HIPNOTIZADOR, HIPNÓLOGO o HIPNOTERAPEUTA. Entre las diferentes y múltiples opciones que existen puedes especializarte en: Hipnosis Clásica, Hipnosis Freudiana, Hipnosis de Espectáculo, Hipnosis Clínica, Hipnosis Terapéutica, Hipnosis de inducción Indirecta, Hipnosis Ericksoniana, Hipnosis Psicolingüística, Hipnosis con Programación Neurolingüística, Hipnosis Conversacional o la combinación de ellas según tus gustos, preferencias, estilo y forma de ser. Y hasta combinarlas también según la situación y la ocasión lo requiera. Recuerda la HIPNOSIS te ofrece un sin fin de opciones y de probabilidades ilimitadas, así que aprovéchalas a tu favor en tu camino hacia la excelencia personal.

Estos solo son algunos de los principios básicos más elementales e importantes al tener presente en una sesión de hipnosis clínica o hipnoterapéuticas, así como también en los shows de hipnosis callejero o de espectáculo. Como he dicho anteriormente este libro es solo una pequeña guía de referencia teórica-práctica, para introducirte en este maravilloso mundo de la HIPNOSIS. Es por esta razón, que he visto oportuno, compartir contigo solo los más significativos e importantes primeros pasos y elementos básicos de la hipnosis.

*** ~~~*** ~~~*** ~~~

INTRODUCCIÓN A LOS PATRONES HIPNÓTICOS DE PERSUASIÓN EN LA HIPNOSIS CONVERSACIONAL Y LA HIPNOSIS PSICOLINGÜÍSTICA

Para continuar con nuestro siguiente capítulo; que son los Patrones Hipnóticos o Patrones de Persuasión en la HIPNOSIS CONVERSACIONAL. Es importante tener presente que, para comunicarnos efectivamente con las personas, bien sea en nuestras secciones de hipnosis, en nuestros shows de hipnosis de espectáculo, o aún inclusive; en nuestras relaciones diarias. Es importante saber utilizar adecuadamente los patrones hipnóticos de persuasión, para que sea posible ingresar las órdenes correctamente al inconsciente. Y para que ésta órdenes nos permitan programar adecuadamente la MENTE SUBCONSCIENTE de los sujetos (pacientes o participantes), es necesario que EL FACTOR CRITICO DE LA MENTE de la otra persona, abra el paso a las órdenes que le estamos sugiriendo.

Como me he referido anteriormente en varias ocasiones, las personas tienen que confiar plenamente en nosotros. Es decir; en lo que decimos, para así aceptar voluntariamente las órdenes inducidas o patrones hipnóticos que les estamos sugiriendo a través de la sugestión directa por medio del poder de la palabra hablada; y así hacerlas parte tanto de su mente consciente, como de su mente subconsciente.

Es por esta razón, que el primer paso para lograr una excelente sección de hipnosis con un paciente, o establecer una comunicación efectiva con los participantes en los shows de hipnosis de espectáculos; lo primero que debemos hacer es entrar en confianza y generar empatía. En la Hipnosis Psicolingüística o Hipnosis con PNL o

Programación Neurolingüística existe un término para definir cuándo se entra en ese estado de confianza y de empatía con alguien más. La palabra es RAPPORT como ya la estudiaremos más adelante.

*** ~~~*** ~~~*** ~~~

Ventajas de los Patrones Hipnóticos o Patrones de Persuasión

Una de las ventajas que tienen los PATRONES HIPNÓTICOS DE PERSUASIÓN que comprende el META MODELO creado por John Grinder y Richard Bandler, es que pueden ser usados en muchos campos de aplicación, como pueden ser: En la enseñanza, la seducción, la hipnosis terapéutica o la hipnosis de espectáculo, la negociación, las ventas; así como también, puede ser utilizada como herramientas de coaching, o en nuestras relaciones diarias; y por supuesto, en muchas otras diversas situaciones.

Los **PATRONES HIPNÓTICOS** también son de gran utilidad en el momento de exponer, convencer, seducir, vender, negociar, ganar un debate, influenciar positivamente en las personas, persuadir a pequeños o grandes grupos de gente y lograr una gran conexión con ellos. Por medio de estos patrones hipnóticos de persuasión también podemos lograr que las personas participen más abiertamente en nuestras sesiones de hipnosis; o se diviertan más plenamente en los shows de hipnosis de espectáculos.

Estos **PATRONES HIPNÓTICOS DE PERSUASIÓN** si son utilizados correctamente, siempre en función de unos valores ecológicos, bajo los más estrictos principios éticos y morales; nos permiten siempre ayudar e influir positivamente en las personas. Y así general confianza, empatía y rapport con ellos. Por eso es de vital importancia, aplicar siempre los patrones hipnóticos de forma ética y profesional en cualquiera de los campos ya antes mencionados.

Te daré un **EJEMPLO ALEGÓRICO**: *El cuchillo es una herramienta o cubierto de mesa esencial, bien sea para trabajos de carpintería o en la cocina para untar el pan. El cuchillo por sí solo es inofensivo y hasta útil para miles de funcionalidades de trabajo o múltiples usos culinarios. Este mismo cuchillo en manos equivocadas o en personas poco profesionales o éticas, puede convertirse en un arma mortal.*

El caso aquí es que el cuchillo puede ser utilizado para un beneficio positivo en común tanto para el carpintero, que presta sus servicios a sus clientes, como al chef de cocina que brinda sus servicios culinarios a los comensales. De la misma manera, este mismo cuchillo puede ser utilizado inapropiadamente para hacer daño a otra persona. La diferencia con el CUCHILLO está en cómo sea utilizado… AQUÍ RADICA LA DIFERENCIA QUE MARCA LA DIFERENCIA.

Con el ejemplo anterior pudimos darnos cuenta de que una herramienta siempre debe ser utilizada correctamente para fines positivos y ecológicos, donde todas las personas que se encuentran involucradas salgan beneficiadas. Y que la acción que produjo la utilización de dicha herramienta produzca resultados favorables de GANAR * GANAR para ambas partes.

Y es la invitación que te hago; que aprendas a utilizar estos PATRONES DE PERSUASIÓN junto a la Hipnosis Conversacional, La Hipnosis Psicolingüística y la Hipnosis Con PNL o Programación Neurolingüística para FINES NOBLES y POSITIVOS, en pro del beneficio para todos los involucrados. Y, sobre todo, siempre centrado en LOS PRINCIPIOS Y LOS VALORES MORALES, con los más ALTOS ESTÁNDARES DE LA ÉTICA y LA PROFESIONALIDAD.

En tus manos comparto, una de las herramientas hipnóticas más poderosas y útiles para incrementar nuestro poder de influencia y persuasión. Por tal razón, te invito a ponerla en práctica en tu vida diaria, y en todas tus relaciones sociales.

Y te prometo; que, si utilizas estas herramientas de manera apropiada, siempre con integridad, se te abrirán muchas puertas, se te presentarán oportunidades y comenzaras a producir cambios radicalmente positivos y favorables tanto en tu propia vida como en la vida de las personas que entre en contacto contigo a través de estos principios que has venido aprendiendo en el transcurso de todo el libro.

Ten siempre presente que: "La integridad, la honradez y las buenas costumbres son la diferencia entre el éxito y el fracaso" -. YLICH TARAZONA.

*** ~~*** ~~*** ~~

Aplicaciones de la Hipnosis, la Sugestión y los Patrones Persuasivos

En teoría es bastante amplio definir las múltiples aplicaciones que derivan de la utilización de la hipnosis conversacional, la sugestión hipnótica y los patrones persuasivos, porque cada una de estas herramientas y sus diferentes aplicaciones va determinada, según donde y con quien serán utilizadas en un momento dado. Y el fin, o el propósito que quiere lograrse con dichos procedimientos.

Para ejemplificar esta idea; podremos comparar alegóricamente estos principios y sus múltiples aplicabilidades con el hecho de estudiar algún idioma extranjero. Pues si preguntáramos al profesor para qué nos sirve estudiar idiomas. Entonces, posiblemente la respuesta más viable sería: "Porque podríamos utilizar nuestros conocimientos del dominio de algún idioma específico o dialecto, para lograr muchas cosas. COMO, POR EJEMPLO: Dar clases, ser traductores, viajar a otros países y comprender tanto la cultura como el dialecto del idioma de cada nación que visitáramos. En fin, el profesor nos diría que los beneficios serian múltiples según el contexto, la situación o la circunstancia donde lo utilizáramos".

En la HIPNOSIS, la Sugestión Hipnótica, así como con los Patrones Persuasivos, pasa exactamente lo mismo. Estas herramientas son tan útiles en diferentes contextos, situaciones o circunstancias que nos "Sirven para simplificar, amplificar, crear y mejorar las cosas que hacemos cotidianamente". COMO, POR EJEMPLO: Si trabajamos en ventas, negociación, consultoría o coaching podríamos generar un estado hipnótico deseado bien sea de relajación, confianza o rapport con una persona con la cual negociamos o les ofrecemos algún bien o servicio.

La HIPNOSIS, la Sugestión Hipnótica y los Patrones Persuasivos son tan útiles en tan diferentes contextos que podríamos utilizarlos casi ilimitadamente para crear múltiples situaciones favorables GANAR * GANAR para ambas partes. COMO, POR

EJEMPLO: Si quisiéramos generar un estado deseado de aprendizaje para la formación y la enseñanza, o un estado deseado aplicado a la seducción o a la influencia personal en la comunicación efectiva en nuestros círculos sociales, pudiéramos utilizar ciertos patrones hipnóticos persuasivos para llegar a la mente consciente y subconsciente de nuestro interlocutor. Y así poder quedar facultados para poder influir positivamente en nuestras interrelaciones personales; que nos permitirá finalmente comunicarnos más efectivamente en nuestro entorno tanto personal, social, familiar, así como profesional según sea el caso.

También podríamos utilizar la AUTOSUGESTIÓN o la AUTOHIPNOSIS, para fines personales como desarrollar una actitud mental más positiva ante alguna situación. O utilizar la autosugestión o autohipnosis para sanar o mejorar alguna dolencia, e incluso podemos utilizar la sugestión hipnótica para estimular en otros el deseo de incorporar en su estructura mental y psicológica nuevas programaciones mentales más empoderadoras, que les permita desarrollar el máximo de su potencial humano... Cómo podemos apreciar en estos ejemplos la utilización de la hipnosis, la sugestión y los patrones persuasivos tienen muchos campos de utilidad en diferentes contextos y con diversas aplicabilidades en distintos momentos o circunstancias.

*** ~~~*** ~~~*** ~~~

PATRONES HIPNÓTICOS DE PERSUASIÓN, Uso y Aplicabilidad en Diferentes Contextos, Situaciones y Circunstancias.

Patrón - 1: UNA PERSONA PUEDE...

SEDUCCIÓN: Una persona puede sentirse completamente atraída hacia otra en un momento como este ¿no te parece?

TRABAJO: Una persona puede desempeñarse de mejor manera al realizar una labor con la cual se sienta altamente motivada ¿verdad?

TERAPIA: Una persona puede lograr todo lo que se proponga si cuenta con las herramientas correctas y la adecuada asesoría ¿estás de acuerdo?

HIPNOSIS: Una persona puede relajarse más y más profundamente para entrar mejor aún estado de trance hipnótico ¿estás de acuerdo verdad?

Patrón - 2: ¿NO ES ASÍ? (¿NO ES CIERTO?) ...

SEDUCCIÓN: Es lindo lo que estamos sintiendo ahora mismo ¿no es cierto?

TRABAJO: Es increíble saber que pertenecemos a un gran equipo ¿no es así?

TERAPIA: Es interesante saber que posees todos los recursos internos para realizar los cambios que quieras ¿no es así?

HIPNOSIS: A medida que escuchas mi voz, más y más sientes un estado de placer, paz y tranquilidad ¿no es cierto?

Patrón - 3: PORQUE...

SEDUCCIÓN: La estamos pasando muy bien, porque estamos bailando.

TRABAJO: *Podemos sentirnos unidos como equipo porque somos parte de una gran familia.*

TERAPIA: *Tú puedes empezar a cambiar ahora mismo si te lo propones porque tu mente está preparada.*

HIPNOSIS: *A medida que te vas concentrando en tu respiración, más y más profundamente te sientes completamente relajado porque tu cuerpo y tu mente están en plena armonía entre sí.*

Patrón - 4: …DIJO…

SEDUCCIÓN: *Recuerdo una oportunidad en que una amiga me dijo "Imagínate ahora mismo saliendo conmigo" que pregunta tan inusual ¿no es cierto?*

TRABAJO: *El gerente me dijo "Tu podrás ascender si te esfuerzas para ello"*

TERAPIA: *El maestro le dijo a su discípulo "Empieza a reconocer tus bendiciones" Porque eso te va a permitir apreciar más lo que tienes"*

HIPNOSIS: *Recuerdo una oportunidad en que un amigo, después de una sesión de hipnosis me dijo "Que maravillosa sensación de bienestar sentí durante toda la sesión de hipnosis" volvería a entrar en un estado de trance hipnótico ahora mismo.*

Patrón - 5: UNA PERSONA QUIZÁS NO SEPA…

SEDUCCIÓN: *Una persona quizás no sepa lo bien que se siente el estar acompañada de una persona que realmente te gusta.*

VENTAS: *Una persona quizás no sepa los beneficios que este producto le va a brindar, una vez que lo utiliza los resultados son sorprendentes.*

TERAPIA: *Una persona quizás no sepa los increíbles cambios que puede realizar en su vida si solo aplicara estas técnicas apropiadamente.*

HIPNOSIS: *Una persona quizás no sepa los increíbles FENÓMENOS HIPNÓTICOS que puede llegar a experimentar, hasta que se da la oportunidad de participar voluntariamente en un show de hipnosis como este.*

Patrón - 6: UNA PERSONA ES CAPAZ DE…

SEDUCCIÓN: *Una persona es capaz de sentirse fuertemente atraída por alguien inmediatamente, con tan solo haber compartido unos pocos minutos a su lado.*

VENTAS: *Una persona es capaz de tener resultados increíbles con este producto, si solo lo usa diariamente.*

TERAPIA: *Una persona es capaz de empezar a generar cambios transcendentales cuando participa en una sesión de coaching como estas.*

HIPNOSIS: *Una persona es capaz de empezar a generar fenómenos hipnóticos cuando entra voluntariamente en un estado inducido de trance hipnótico profundo.*

Patrón - 7: UNA PERSONA NO TIENE QUE, (situación) y (NOMBRE)…

SEDUCCIÓN: *Una persona no tiene que, sentirse enamorada, MARÍA para saber que esa persona es la pareja correcta.*

VENTAS: Una persona no tiene que, comprar el producto, GUSTAVO para darse cuenta de lo bueno que es.

TERAPIA: Una persona no tiene que, cambiar LUIS, a menos que así lo desee ahora mismo.

HIPNOSIS: Una persona no tiene que, dormirse profundamente, CRISTINA para darse cuenta de lo bueno y confortable que son las sesiones hipnóticas.

Patrón - 8: UNA PERSONA PODRÍA...

SEDUCCIÓN: Una persona podría dejarse besar en un momento como este.

VENTAS: Una persona podría comenzar a tener resultados con un producto como este.

TERAPIA: Una persona podría abrirse a experimentar nuevas experiencias en cada sección de coaching si así se lo propone.

HIPNOSIS: Una persona podría entrar en un estado profundo de hipnosis con tan solo concentrarse en su respiración.

Patrón - 9: EVENTUALMENTE

SEDUCCIÓN: Eventualmente sabrás lo que tengo para decirte (genera misterio), por ahora solo te diré que es algo interesante (genera curiosidad).

TRABAJO: Eventualmente sabrás que nuestra compañía es la mejor de todas, cuando empieces a ver los resultados con nosotros

TERAPIA: Eventualmente sabrás que has tomado una sabia decisión y con el tiempo veras como tu vida habrá mejorado considerablemente

HIPNOSIS: Eventualmente entraras cada vez más y más profundo en los estados de hipnosis con tan solo concentrarte en escuchar mi voz y seguir mis instrucciones.

Patrón - 10: ¿PUEDES IMAGINAR?

SEDUCCIÓN: ¿Puedes imaginar lo que se sentiría estar juntos?

TRABAJO: ¿Puedes imaginar los resultados que lograras al hacer lo que te digo?

TERAPIA: ¿Puedes imaginar las buenas impresiones que se llevaran tus amigos cuando vean que el gran cambio que estas teniendo?

HIPNOSIS: ¿Te Puedes imaginar los fenómenos hipnóticos que podremos experimentar si logras acceder a los poderes ilimitados de tu mente subconsciente?

Patrón - 11: CUANDO COMIENCES A DARTE CUENTA DE (verbo en futuro)

SEDUCCIÓN: Cuando comiences a darte cuenta de la conexión que está sucediendo en este momento entre nosotros, tú te vas a enamorar de mí

VENTAS: Cuando comiences a darte cuenta del impacto que va a tener este producto en tu vida, vas a comenzar a sentirte muy feliz por haberlo comprado.

TERAPIA: Cuando comiences a darte cuenta de todos los cambios que realizaste en esta sesión de coaching vas a incrementar tu confianza y tu seguridad.

HIPNOSIS: Cuando comiences a darte cuenta de todas las cosas que podremos lograr en nuestras sesiones de hipnosis vas a querer poder experimentar todas y cada una de las órdenes, instrucciones y sugerencias que te doy.

Patrón - 12: TÚ SABES, QUE UNA PERSONA PODRÍA (Situación)

SEDUCCIÓN: Tú sabes, que una persona podría, CONOCER a una persona muy especial en un momento como este.

TRABAJO: Tú sabes, que una persona podría, SENTIR una gran motivación por trabajar en esta empresa.

TERAPIA: Tú sabes, que una persona podría, PERCIBIR los cambios positivos que se producirán en su vida si aprendiera a manejar su voz interna.

HIPNOSIS: Tú sabes, que una persona podría, EXPERIMENTAR grandes cambios transformacionales en su vida si aprendiera a profundizar los estados hipnóticos a voluntad.

Patrón - 13: ¿VAS A (Situación) O (comando)?

SEDUCCIÓN: ¿Vas a besarme ahora o dentro de 5 minutos?

VENTAS: ¿Vas a llevarte este producto ahora o dentro de una semana?

TERAPIA: ¿Vas a comenzar tu terapia ahora o luego de relajarte un poco?

HIPNOSIS: ¿Vas a entrar en un estado de trance hipnótico ahora mismo o luego de relajarte profundamente?

Patrón - 14: CUANDO REALMENTE COMIENCES A (situación)

SEDUCCIÓN: Cuando realmente comiences a bailar bien luego podrás besarme.

TRABAJO: Cuando realmente comiences a trabajar en equipo junto a tus compañeros, podrás subir de cargo.

TERAPIA: Cuando realmente comiences a darte cuenta del poder de tu mente, luego podrás instalar y/o eliminar los hábitos que quieras.

HIPNOSIS: Cuando realmente comiences a relajarte profundamente, podrás entrar más fácilmente en los estados de transe hipnótico.

Patrón - 15: CUANDO TÚ, "ENTONCES"

SEDUCCIÓN: Cuando tú te sorprendas hablando a tus amigas de mí, entonces te darás cuentas de cuan enamorada estás mí.

VENTAS: Cuando tú te des cuenta de la calidad de este producto, entonces, te darás cuentas de la buena inversión que realizaste.

TERAPIA: Cuando tú disfrutes de los cambios que vas teniendo, entonces, obtendrás mejores resultados.

HIPNOSIS: Cuando tú te relajes profundamente, entonces, podrás entrar en los estados de hipnosis al seguir mis instrucciones.

Patrón - 16: ¿QUÉ PASARÁ CUANDO TÚ?

SEDUCCIÓN: *¿Qué pasará cuando tú disfrutes de bailar conmigo?*

TRABAJO: *¿Qué pasará cuando tú apliques estas técnicas en tu negocio?*

TERAPIA: *¿Qué pasará cuando tú comienzas a sentir esa confianza que tanto deseas?*

HIPNOSIS: *¿Qué pasará cuando tú desarrolles tus habilidades hipnóticas al siguiente nivel?*

Patrón - 17: QUIZÁS EMPEZASTE A DARTE CUENTA DE

SEDUCCIÓN: *Quizás empezaste a darte cuenta de lo bien que te sientes estando a mi lado*

VENTAS: *Quizás empezaste a darte cuenta de lo bueno de nuestro producto ¿no es cierto?*

TERAPIA: *Quizás empezaste a darte cuenta de los resultados positivos que has tenido mientras has estado en sesiones de coaching conmigo*

HIPNOSIS: *Quizás empezaste a darte cuenta de lo relajado que te sientes mientras estas en trance hipnótico conmigo.*

Patrón - 18: TÚ PODRÍAS

SEDUCCIÓN: *Tú podrias sentirte enamorada de mí mientras conversas conmigo*

TRABAJO: *Tú podrías notar lo bien que te tratan tus compañeros, si te das la oportunidad de compartir más a su lado*

TERAPIA: *Tú podrías notar la manera en que aprendes tan rápido al aplicar estos principios a tu propia vida*

HIPNOSIS: *Tú podrías sentirte completamente relajado, si te concentraras profundamente en tu respiración*

Patrón - 19: CONSCIENTEMENTE, PERO - INCONSCIENTEMENTE,

SEDUCCIÓN: Conscientemente tú puedes estar mirándome a los ojos, PERO **inconscientemente** sé que estás pensando en besarme.

TRABAJO: *Conscientemente tú puedes decir que no quieres este puesto, PERO inconscientemente podrías estar imaginando lo beneficios que te traería.*

TERAPIA: *Conscientemente quizás no te has dado cuenta de los cambios que has tenido hasta ahora, PERO inconscientemente tú si sabes que estas realizando estos cambios internos.*

HIPNOSIS: *Conscientemente quizás no te des cuenta de lo profundo y relajado que te encuentras, PERO inconscientemente tu cuerpo y tu mente si perciben este estado de relajación profunda.*

Patrón - 20: TÚ PUEDES, - ¿O NO PUEDES?

SEDUCCIÓN: *Tú puedes sentirte feliz de enamorarte nuevamente de una nueva persona, ¿o no puedes? pero te aseguro que tu corazón si anhela enamorarse.*

TRABAJO: *Tú puedes aportar nuevas ideas a esta empresa, ¿o no puedes?*

TERAPIA: Tú puedes encontrar nuevas maneras de experimentar estos cambios en tu vida, ¿o no puedes? recuerda el potencial ya reside dentro de ti

HIPNOSIS: Tú puedes concentrarte en este estado de relajación profunda, ¿o no puedes? por ahora.

Patrón - 21: TÚ PODRÍAS NOTAR, (Situación) MIENTRAS TÚ (Comando)

SEDUCCIÓN: Tú podrías notar lo placentero que es dejarse llevar por la música y relajarte mientras compartimos juntos esta velada romántica.

VENTAS: Tú podrías notar el excelente uso que te brinda este producto mientras tú te sentís bien al utilizarlo.

TERAPIA: Tu podrías notar lo sencillo que es crear cambios internos, mientras tú sonreís y mantienes una buena actitud al practicar los ejercicios.

HIPNOSIS: Tu podrías relajarte profundamente y concentrarte en tu respiración, mientras tú mente y tu cuerpo se adentran más y más en un estado hipnótico profundo.

Patrón - 22: TÚ PODRÍAS SER CONSCIENTE DE, - MIENTRAS TÚ

SEDUCCIÓN: Tú podrías ser consciente de las cosas divertidas que estamos viviendo ahora mismo mientras al mismo tiempo estas imaginándote que estamos juntos de vacaciones relajados.

VENTAS: Tú podrías ser consciente de lo bueno que es este auto mientras imaginas usándolo placenteramente.

TERAPIA: Tú podrías ser consciente de las técnicas que estamos utilizando mientras aprendes a dominar tus emociones positivas.

HIPNOSIS: Tú podrías ser consciente de tu respiración mientras inconscientemente tu cuerpo y tu mente se adentran más y más en un estado profundo de trance hipnótico.

Patrón - 23: ANTES / MIENTRAS

SEDUCCIÓN: Antes de que me quieras besar y mientras piensas en hacerlo me gustaría decirte que tengo un club de fans, así que no se te será tan fácil hacerlo.

VENTAS: Antes de que empieces a entender los beneficios de este producto y mientras escuchas atentamente mis palabras, me gustaría que empieces a relajarte para poder realmente disfrutarlo.

TERAPIA: Antes de que empieces a producir los cambios que deseas y mientras te preparas para generar esas transformaciones duraderas en tu vida me gustaría que pensaras en todas las cosas que podrás lograr cuando logres este objetivo.

HIPNOSIS: Antes de que empieces a cambiar todas las cosas que no te sirven y mientras entras en un estado de trance hipnótico profundo me gustaría que accedas a ese lugar en tu mente subconsciente donde todo es posible.

Patrón - 24: ¿QUÉ TAN RÁPIDAMENTE PUEDES? (Situación) O (Contexto)

SEDUCCIÓN: ¿Qué tan rápidamente puedes disfrutar de este momento junto a mí?

VENTAS: ¿Qué tan rápidamente puedes darte cuenta de lo útil que es este producto para ti y tu familia?

TERAPIA: ¿Qué tan rápidamente puedes disfrutar de estos cambios favorables en tu propia vida?

HIPNOSIS: ¿Qué tan rápidamente puedes entrar en un estado de trance hipnótico profundo? Y seguir todas las órdenes que te sugiero en la sesión

Fin del capítulo

*** ~~~*** ~~~*** ~~~

Bueno campeones y campeonas, si quieres aprender más sobre el tema de la hipnosis, la sugestión y los patrones persuasivos, te invito a que puedas leer mi próximo libro titulado EL PODER DE LA PNL APLICADA A LA COMUNICACIÓN. Patrones de Persuasión e Hipnosis Conversacional. El Arte de Persuadir, Cautivar, Influir y Seducir Positivamente en los Demás. Donde comparto técnicas avanzadas de hipnosis, y te enseño paso a paso como realizar una sección de hipnosis y de autohipnosis, así como aprenderás realizar adecuadamente la técnica de sugestión y autosugestión, junto con la incorporación de los patrones persuasivos para que puedas aplicar estas herramientas a tu propia vida.

Así como también aprenderás una gran variedad de herramientas, técnicas, metodologías y estrategias de persuasión comunicacional, oratoria hipnótica y secretos de seducción subliminal entre otras poderosas tácticas persuasivas y patrones hipnóticos que AUMENTARAN CONSIDERABLEMENTE TU PODER COMUNICACIONAL.

De igual manera en este completo libro, que será la secuencia de una serie, te enseñare a dominar las Preguntas Mágicas o PREGUNTAS INTELIGENTES del METAMODELO que fue desarrollado por los creadores de la PNL los doctores JOHN GRINDER y RICHARD BANDLER, así con también te enseñare las utilizar sus múltiples aplicaciones en diferentes contextos y situaciones.

Pero ¿QUÉ ES EL METAMODELO? META deriva del griego y significa DENTRO DE. Un METAMODELO entonces es la representación de una representación o un modelo de los modelos. Por lo tanto, un "METAMODELO" sería un conjunto de formulario ideal de "PREGUNTAS CLAVES" o PREGUNTAS INTELIGENTES para mejorar nuestros procesos comunicativos. Por tal razón, el MODELO DE PREGUNTAS MÁGICAS que propone la PNL se conoce con el término METAMODELO DEL LENGUAJE.

El METAMODELO DEL LENGUAJE entonces es un modelo de la PNL o PROGRAMACIÓN NEUROLINGÜÍSTICA creado por GRINDER y BANDLER que se basa en el estudio del lenguaje. Y como este, afecta considerablemente el poder comunicacional y persuasivo de cada persona. Todo el METAMODELO está basado en PREGUNTAS CLAVES, PATRONES DE PERSUASIÓN o PREGUNTAS HIPNÓTICAS centradas desde el punto de vista de la PNL y el Coaching.

Y próximamente tú tendrás el privilegio de contar con estas poderosas herramientas, para tu crecimiento personal. Así que campeones y campeonas, nos vemos en mi próximo libro… Con cariño tu gran amigo el Coach YLICH TARAZONA.

*** ~~~*** ~~~*** ~~~

CAPÍTULO VIII: BASES NEUROLÓGICAS, CEREBRO TRIUNO, CORRELACIÓN ENTRE LOS HEMISFERIOS E INTELIGENCIAS MÚLTIPLES

PRIMERA PARTE: EL CEREBRO TRIUNO

Paul D. MacLean (1913-2007) médico norteamericano y neuro-científico quien hizo contribuciones significativas en los campos de la psicología y la psiquiatría. Su teoría evolutiva del cerebro triúnico (triuno) propone que el cerebro humano en realidad está compuesto por tres cerebros en uno. En (1978, 1990) presenta otra visión del funcionamiento del cerebro humano, creando el modelo del CEREBRO TRIUNO, que describe como tres estructuras o sistemas cerebrales: Por orden de aparición en la historia evolutiva, esos tres cerebros son: Primero el cerebro REPTILIANO (reptiles). Segundo cerebro LÍMBICO (mamíferos primitivos). Tercero cerebro NEOCÓRTEX. (Mamíferos evolucionados o superiores).

MacLean plantea que estos tres sistemas que conforman un todo holístico están interconectados entre sí, pero que al mismo tiempo son capaces de operar independientemente, ya que cada uno es distinto en su estructura tanto física como química, y tienen una inteligencia especial que les permite procesar la información que reciben según su propia modalidad, su propia subjetividad y sentido de tiempo y espacio, así como muchas otras funciones.

*** ~~~*** ~~~*** ~~~

CEREBRO REPTILIANO

Esta parte del cerebro está formada por:

•Ganglios basales.

•Tallo cerebral.

•Sistema reticular.

Es responsable de la conducta automática o programada, como:

•Preservación de la especie, aparearse, comer, beber, etc.

•Cambios fisiológicos necesarios para la sobrevivencia.

•Control de la vida instintiva.

•Se encarga de autorregular el organismo.

Es la parte más antigua del cerebro, y se desarrolló hace unos 500 millones de años.

•Los reptiles son las especies animales con el menor desarrollo del cerebro.

•Está diseñado para manejar la supervivencia desde un sistema binario: Huir o Pelear, Admitir o Repeler.

•Este cerebro REPTILIANO no está en capacidad de pensar, ni de sentir; su función única es la de actuar.

El CEREBRO REPTILIANO - Sistema primario o Básico controla: La respiración, el ritmo cardíaco, la presión sanguínea y colabora en la continua expansión-contracción de nuestros músculos.

CEREBRO REPTIL: Es el cerebro primario. En él se ubica la inteligencia básica, recibe mensaje del cerebro límbico y del neocórtex. Se hace cargo de la conducta cuando se ve amenazado, generando un comportamiento reactivo y agresivo. Las personas actúan desde esta estructura en atención a sus necesidades vitales, permitiendo con rapidez la adaptación o la resistente al cambio. El uso de este cerebro proporciona la formación de hábitos y patrones mediante una acción repetida, hasta que se organiza y se estructura en "rutinas" creando lo que llamamos Surcos Neuronales.

*** ~~~*** ~~~*** ~~~

CEREBRO LÍMBICO

Está constituido por seis estructuras:

•El tálamo (placer-dolor)

•La amígdala (nutrición, emociones, oralidad, protección y hostilidad)

•El hipotálamo (cuidado de los otros)

•Los bulbos olfatorios

• La región septal (sexualidad)

•El hipocampo (memoria de largo plazo)

En estas zonas están las glándulas endocrinas más importantes para el ser humano tales como: Pineal y Pituitaria

•En este sistema se dan procesos emocionales y estados asociado a la capacidad de desear, así como sentimientos de amor, gozo, paz, depresión, odio, etc., y procesos que tienen que ver con nuestras motivaciones básicas.

•Es capaz de poner el (presente + pasado) y Facilita la calidad de vida que da la calidez en las relaciones humanas y muestra una capacidad de trascender el imperativo del presente dando respeto al pasado

El CEREBRO LÍMBICO: Procesa las emociones y los sentimientos. Constituye las manifestaciones de las emociones humanas. Promueve la productividad, la satisfacción en el trabajo y el aprendizaje. En él se registra la sexualidad como fenómeno mental. El mesoencéfalo o cerebro mamífero, dotado de un sistema límbico, físicamente ubicado por encima del reptiliano permite el desarrollo afectivo y es lo que le facilita relacionarse con mayor facilidad. Toda información sensorial es filtrada por este sistema, antes de pasar al neocórtex.

*** ~~~*** ~~~*** ~~~

CEREBRO NEOCÓRTEX:

Este cerebro construye el pasado, el presente y el futuro de manera secuencial, la capacidad de poner el futuro en el presente (presente + pasado + futuro), de formas muy elaboradas resulta específicamente humana. La neocorteza representa la adquisición de conciencia y se desarrolló a través de la práctica del lenguaje, esta posibilidad hace viable la aparición de la creatividad, la imaginación y lo que se ha llamado locura. Es un proceso que ocurre internamente y que permite fomentar y consolidar las capacidades de síntesis y análisis.

El Sistema Neocortical es el lugar donde se llevan a efecto los procesos intelectuales superiores. Está estructurado por el hemisferio izquierdo y el hemisferio derecho. Estas dos (2) áreas representados por los hemisferios cerebrales constituyen la "capa" neuronal que recubre los lóbulos prefrontales y, en especial el lóbulo frontal.

•El hemisferio izquierdo es lineal y secuencial. Pasa de un punto a otro de manera gradual, paso a paso. Procesa información verbal, codifica y decodifica el lenguaje hablado. Es como una computadora, que tiene su propio lenguaje asociado a los procesos de razonamiento lógico, funciones de análisis, síntesis y descomposición de un todo en sus partes.

•El hemisferio derecho, combina partes para crear un todo. Busca y construye relaciones entre partes separadas. Procesa simultáneamente en paralelo, es especialmente eficiente en el proceso visual y espacial (imágenes). Se especializa en relaciones no lineales, pareciera que es la fuente de la percepción intuitiva. Las palabras o figuras por sí solas no dicen nada, y si se juntan, obtiene una comunicación más clara donde se dan los procesos asociativos, imaginativos y creativos, con la posibilidad de ver globalidades y establecer relaciones espaciales.

*** ~~*** ~~*** ~~

SEGUNDO PARTE: FUNCIONES DE LOS HEMISFERIOS

Para comenzar este punto; campeones y campeonas voy hacerlo con una interesante interrogante… ¿Cómo procesa la información el cerebro y cómo maneja los multiplex contextos ambiguos del lenguaje?

El CEREBRO HUMANO está dividido en dos (2) HEMISFERIOS, Cada hemisferio de la parte frontal del cerebro por separado desarrolla diferentes funciones y así se complementan holística y armoniosamente entre sí, ampliando nuestras oportunidades y posibilidades de comprensión, actuando con mayores probabilidades de éxito en este mundo. El secreto reside en aprender a equilibrar ambos hemisferios a nuestro favor.

Estudios científicos recientes han demostrado que el HEMISFERIO IZQUIERDO rige el lado derecho del cuerpo. Y el HEMISFERIO DERECHO rige el lado izquierdo del cuerpo. Pero que ambos convergen entre sí. Al igual que las aves necesitan las dos alas para volar; o los seres humanos las dos manos y las dos piernas para tener más funcionalidades motoras y motrices. Para tener ÉXITO en la vida; lo manera más eficaz, seria desarrollar las capacidades de desarrollar las funciones de ambos hemisferios cerebrales de forma sinérgica e igualada.

El Lado Izquierdo del Cerebro es conocido como el "hemisferio dominante" está relacionado con el con el consciente y es quien procesa la lógica gramatical y la estructura semántica del lenguaje; a la vez que procesa la información de manera analítica y racional.

A su vez; el Lado Derecho del Cerebro, conocido como el "hemisferio no Dominante", trata la información de forma más holística e intuitiva; y está estrechamente relacionado con el inconsciente, el lenguaje gestual, el no verbal y el metafórico, a su vez que se relaciona con las tareas que impliquen comparaciones o cambios graduales.

Es importante resaltar en este punto que esta distinción de los hemisferios del cerebro es verdadera para el 90% por ciento de la población promedio. Ya que solo para una pequeña minoría (normalmente zurdos) esta relación se invierte en la mayoría de los casos.

*** ~~~*** ~~~*** ~~~

TERCERA PARTE: ENTENDIENDO EL FUNCIONAMIENTO DE LA MAQUINA MÁS PODEROSA "LLAMADA CEREBRO"

Hola que tal; campeones y campeonas, hasta el momento en que va de este capítulo hemos hablado del CEREBRO TRIUNO y de los HEMISFERIOS CEREBRALES. Ahora vamos a analizar un tema fascinante para comprender la extraordinaria y compleja maquina más sofisticada del mundo y del planeta tierra a saber nuestro CEREBRO.

Es de vital importancia que entendamos y aprendamos a utilizar apropiadamente nuestro increíble CEREBRO. El comprender como funciona esta poderosísima maquina nos permitirá sacarle un mayor y mejor provecho posible en diferentes aplicaciones relacionadas a las funciones de la MENTE CONSCIENTE y SUBCONSCIENTE.

El cerebro mide aproximadamente 15 centímetros y con un peso alrededor de un kilo y medio; compuesto por materia gris que contiene unos cien billones de neuronas, capaces de almacenar más de diez trillones de bites de información. TE IMAGINAS ESA CANTIDAD, diez trillones de bites de información en una computadora personal, Wuao sería un gran avance en la tecnología. Pero hasta ahora nada ha podido superar, ni siquiera igualar los poderes que subyacen en nuestro cerebro y en lo más profundo de la mente humana.

Estos diez trillones de bites de información, pueden ser o tu mejor aliado o tu peor rival en el CAMPO DE BATALLA MENTAL, que se libera en lo más recóndito de nuestra mente a cada segundo. Nuestro cerebro, es poseedor y el creador de lo que llamamos la mente humana, que es el origen de un potencial ilimitado de posibilidades, aptitudes y competencias por desarrollar. En la MENTE CONSCIENTE y SUBCONSCIENTE es donde programamos nuestros más anhelados sueños, metas, objetivos, propósito de vida, es donde residen nuestros mapas mentales, paradigmas, nuestras creencias y nuestros valores en fin todo aquello que rige y gobierna nuestra vida, bien sea en nuestro camino a la excelencia personal o al rotundo fracaso.

Para apreciar la complejidad de esta maravillosa posesión con que DIOS nos ha dotado a todos los seres humanos, es fundamental tener algunas ideas básicas y fundamentales de su funcionamiento.

Nuestro CEREBRO está compuesto por cientos y miles de millones de células cerebrales, que sería un aproximado de 20 veces la población de nuestro planeta tierra. IMAGÍNATE que, si uniéramos esas conexiones neuronales a través de todos los axones y dendritas de las células del cerebro, el resultado sería como viajar, ir a la estratosfera lunar y volver, es decir ir a la luna y regresar a la tierra. Y aun quedaría distancia por recorrer.

Se ha comprobado que existen más conexiones neuronales en nuestro cerebro; que las conexiones que existen en todos los sistemas de telecomunicaciones del mundo. Y como si eso ya no fuera demasiado sorprendente, todavía podemos destacar que los estímulos nerviosos, que se transmiten a través de esas conexiones neuronales, viajan a una velocidad superior a los 400 kilómetros por hora. Wuao te IMAGINAS serian como viajar en una de esas naves espaciales de ciencia fisión que vemos en las películas como Star Trek o Viaje a las Estrellas.

La unidad compuesta integral del cerebro triuno y los hemisferios cerebrales en un todo, constituyen el disco duro (hardware) donde se extienden esa red neuronal de cien trillones de interconexiones en serie que proporcionan la base física que permite el funcionamiento del cerebro. Gracias a estos extraordinarios circuitos neuronales; somos capaces de procesar información sensorial procedente del mundo que nos rodea. Estas sinapsis como también se le conoce, son el origen de nuestras respuestas emocionales entre muchas otras funciones tales como el aprendizaje, la memoria y la imaginación.

*** ~~*** ~~*** ~~

CUARTA PARTE: LA MENTE CONSCIENTE Y LA MENTE SUBCONSCIENTE

Bueno campeones y campeonas una vez estudiado parcialmente algunas de las actividades realizadas por nuestro cerebro y la magnitud de sus múltiples funcionalidades. Vamos a concentrarnos ahora en lo que en PROGRAMACIÓN NEUROLINGÜÍSTICA o PNL denominamos MENTE CONSCIENTE y MENTE SUBCONSCIENTE, ya que son términos que utilizaremos y hemos venido utilizando en el transcurso del todo el libro.

Aunque son muchos los estudios realizados sobre el tema, hasta ahora nunca se ha podido identificar en el CEREBRO, cual es el origen real donde reside la MENTE humana. Aunque es cierto; que, en la mayoría de las ocasiones, se utiliza el término de MENTE como referencia a un objeto. Lo más indicado, y apropiado para referirnos a la MENTE seria como una función o proceso cerebral.

En cierto sentido; la expresión MENTE, se refiere a las acciones e interacciones entre las células, las neuronas, la sinapsis y los procesos electroquímicos que ocurren en nuestro cerebro. En otro orden de ideas; la terminología MENTE, es utilizada para describir todas las actividades cognoscitivas del cerebro, los procesos del pensamiento, el procesamiento de información y los diversos estímulos sensoriales provenientes del mundo exterior percibidos por nuestros 5 sentidos (V-A- K- "O y G") Visual, Auditivo, kinestésico o Sensorial. Es por esta razón, que en la PROGRAMACIÓN NEUROLINGÜÍSTICA el estudio de las funciones del cerebro y los hemisferios cerebrales, así como la mente y sus dos componentes consciente e inconsciente, son esenciales para entender el maravilloso mundo de la PNL.

Entre los procesos más destacados en los cuales vamos a concentrar nuestra atención en esta parte del libro; son los procesos cerebrales que ocurren en el interior de nuestra "{(MENTE CONSCIENTE)}" y nuestra "{(MENTE SUBCONSCIENTE)}".

*** ~~*** ~~*** ~~

LA MENTE CONSCIENTE:

Conocida también como mente lógica, mente pensante o racional. Es la que programa, analiza, codifica y simplifica la información que recibimos. Por tal razón; la mente consciente juega el papel de juez en los funcionamientos del cerebro. La mente consciente es la que nos permite evaluar la importancia de la información que llega a nosotros a través de los estímulos sensoriales (vista, oído, tacto, olfato y gusto). La mente consciente es la que nos permite aceptar o rechazar lo que debería ser o no ser codificado o descodificado en nuestra estructura mental y psicológica, a la vez que se encarga razonar, formar juicios y tomar decisiones.

Se calcula que la MENTE CONSCIENTE, alegóricamente representada, es como la punta o parte superior de un gran ICEBERG, que solo constituye entre un 5% a 10% por ciento del total de nuestras capacidades cerebrales, es decir de nuestra mente. Es allí donde toman forma nuestros pensamientos e ideas racionales y lógicas.

Una de las actividades más importante de la MENTE CONSCIENTE es la de programar nuestra MENTE SUBCONSCIENTE. Y esta programación mental ocurre; cuando centramos y enfocamos nuestros pensamientos en cualquier idea y la aceptamos o interiorizamos como si fuera una verdad incuestionable, creando así nuestros MAPAS MENTALES con que empezamos a percibir el mundo exterior. A través de este mismo proceso; fijamos nuestros más anhelados sueños, metas y objetivos, al mismo tiempo que establecemos nuestras creencias y valores acerca del mundo y nosotros mismos.

Es importante destacar que la mente consciente es la que acepta dichas programaciones mentales, y es la que accede a establecer esas creencias, valores, establecimiento y fijación de metas. Y de igual manera; es la que registra tanto las programaciones como los pensamientos limitantes auto saboteadores. Por tal razón, tenemos que tener mucho cuidado con lo que introducimos en nuestro software mental.

Ya que todas esas programaciones sean positivas o negativas; van a parar en el disco duro de nuestra mente subconsciente. Y va a depender de la calidad de los programas que introduzcamos en nuestra mente, lo que va a determinar la calidad de respuesta en determinadas situaciones, hechos y acontecimientos de nuestro diario vivir. Haciendo una analogía con el computador que representaría el hardware o el CEREBRO y las programaciones mentales serian el software con que prográmanos dicho procesador mental, que sería representado en este caso tanto por la MENTE CONSIENTE como la MENTE SUBCONSCIENTE. Lo que elijamos configurar en nuestro procesador, los programas que decidamos instalar y registrar en nuestro disco duro va a determinar la calidad de vida que finalmente se verá reflejada en el exterior a través de nuestros pensamientos, sentimientos y acciones.

*** ~~~*** ~~~*** ~~~

LA MENTE SUBCONSCIENTE:

Conocida mayormente como mente intuitiva o mente instintiva o irracional. Continuando con la analogía del computador la mente subconsciente sería el disco duro o centro de la memoria interna donde instalamos nuestras programaciones mentales, siendo por ende la parte programable de nuestro cerebro. También comparada en cierta medida con el software o programas internos o sistemas operativo que rige el funcionamiento interno del PC.

Se calcula que la MENTE SUBCONSCIENTE, alegóricamente representada, es como masa interna o profunda o parte interior de un gran ICEBERG, que constituye el 90% a 95% por ciento del total de nuestras capacidades cerebrales, es decir de nuestra mente. Es allí donde toman residen nuestras creencias, valores y mapas mentales.

La mente subconsciente es la encargada de controlar una gran variedad de la mayoría de los procesos automáticos que rigen el funcionamiento de nuestro organismo. Tales como los latidos del corazón, la circulación, las funciones del sistema digestivo, nuestra respiración, el crecimiento entre otras muchas funciones que son vitales para la vida humana. Por tal motivo, es de esperar que la mente subconsciente se mantenga siempre despierta y permanezca alerta para controlar todos y cada uno de esos procesos automáticos e inconscientes del organismo, que siguen funcionando aun cuando dormimos y entramos en estados de relajación o meditación profunda.

Como ya nos hemos referido anteriormente; la mente subconsciente es el centro emocional del organismo, donde se regulan los niveles hormonales del cuerpo y se generan tus instintos de supervivencia y tu intuitivo sentido bien sea de lucha o huida frente a una situación de peligro. Frente a una situación de riesgo nuestra mente subconsciente da instrucciones inmediatamente a nuestro organismo para segregar la hormona adrenalina en el torrente sanguíneo, que permite activar los latidos del corazón, aumentar la presión sanguínea y acelerar la respiración con el fin de preparar a nuestro cuerpo para hacer frente al peligro bien sea para luchar o huir rápidamente frente a la situación.

Y todo esto sucede de manera inconsciente e instintiva sin que te pongas a pensar conscientemente en el acontecimiento inesperado que se presentó de manera improvista. Todos estos cambios ocurren de manera inmediata automáticamente, sin que ni siquiera nos demos de cuenta de ellos. Ese es uno de los grandes poderes que rigen la mente subconsciente.

Otras de las grandes tareas de nuestra mente subconsciente es la de grabar, guardar, registrar, codificar y recordar las informaciones que llegan a nuestro cerebro a través de nuestros sentidos. Nuestro subconsciente podemos compararlo con un gran huerto que acepta todo lo que sembramos en él; sin descartar o cuestionar, si la semilla que estamos utilizando es buena o no. La mente subconsciente por sí misma no tiene el poder de rechazar nada, puesto que no posee la habilidad de razonar si la información que estamos suministrando a nuestro cerebro bien sea positiva o negativa, verdadera o falsa, buena o mala, benéfica o al contrario contraproducente.

Otras de las cosas, deberíamos tener siempre presente que la MENTE SUBCONSCIENTE, jamás cuestiona las creencias o valores programados por nuestra MENTE CONSCIENTE.

Por tal motivo; es incapaz de determinar si nuestros planes, proyectos de vida y plan de acción son buenos o no para lograr conquistar consolidar los objetivos que nos proponemos en la vida (esas funciones son exclusivamente de la mente consciente, por eso es vital saber que programamos en ella).

$$*** \sim\sim *** \sim\sim *** \sim\sim$$

Como recapitulación: Las funciones normales de la mente subconsciente...

El lado físico: Tiene que ver con los procesos regulares y esenciales, para la conservación de la vida y la restauración del bienestar que incluye un deseo instintivo de supervivencia general.

El lado mental, Es el almacén de la memoria; abriga los maravillosos mensajes del pensamiento, que trabajan libres del tiempo y el espacio; es la fuente de la iniciativa práctica y las fuerzas constructoras de nuestros hábitos, programaciones mentales, mapas, creencia y valores.

El lado espiritual, Es la fuente de los ideales, de las aspiraciones, de los deseos, de la imaginación, y es el medio a través de la cual reconocemos nuestra conexión con la Fuente Divina que llamamos DIOS. Y en la proporción en que reconocemos este vínculo llegamos a un mayor entendimiento de nuestra naturaleza divina.

$$*** \sim\sim *** \sim\sim *** \sim\sim$$

QUINTA PARTE: TEORÍA DE LAS INTELIGENCIAS MÚLTIPLES

Howard Gardner (1943) psicólogo, investigador estadounidense y profesor de la Universidad de Harvard, conocido en el ámbito científico por sus múltiples investigaciones en el análisis de las capacidades cognitivas y por haber formulado la teoría de las inteligencias múltiples, la que lo hizo acreedor al Premio Príncipe de Asturias de Ciencias Sociales en 2011.

Según Howard Gardner de la Universidad de Harvard, define la INTELIGENCIA como LA CAPACIDAD DE RESOLVER PROBLEMAS y ELABORAR OPERACIONES QUE SEAN VALIOSAS EN UNA o MAS CULTURAS. La importancia de la definición de Gardner es significativa.

Primero: Amplía el campo de lo que es la INTELIGENCIA. La teoría presupone que la inteligencia consiste en un conjunto de habilidades mentales manifestada de manera independiente y localizada en diferentes zonas del cerebro.

Segundo: Gardner define la inteligencia como una capacidad. Al definir la inteligencia como una capacidad Gardner la convierte en una destreza que puede ser desarrollada.

Gardner no niega el componente genético; reconoce que todos nacemos con unas potencialidades marcadas por la genética y que esas potencialidades se van a desarrollar de una manera o de otra dependiendo del medio ambiente, de nuestras experiencias y de la educación recibida, etc. Gardner añade también que; al igual que existen diferentes tipos de problemas que resolver, de igual forma hay diversos tipos de inteligencia. Hasta la fecha Howard Gardner y su equipo de la Universidad de Harvard, así como otros expertos y especialistas que se han venido incorporando a través del tiempo, han identificado nueve (9) tipos de inteligencias distintas. Ahora a través de los aportes principalmente de Gardner y las técnicas de la PNL podemos desarrollar esas múltiples inteligencias.

La mayoría de los individuos tenemos la totalidad de estas nueve (9) Inteligencias interconectadas entre sí. Cada una desarrollada de modo y a un nivel particular, producto de la dotación biológica de cada individuo, de su interacción con el ambiente y de la cultura que recibimos. Y las combinamos holísticamente y las usamos integralmente en diferentes grados de manera muy personal y única.

Todos de alguna u otra manera campeones y campeonas; tenemos desarrolladas estas nueve (9) Inteligencias, aunque cada persona según su entorno o medio ambiente tiende a potencializar y consolidar unas inteligencias más que otras. *Pero lo ideal; seria aprender a dominar las múltiples inteligencias de manera holística, sinérgica e integral y complementarlas entre sí. Y esta es la intención por la que escribí este capítulo para ti...*

Continuando con la idea anterior; este es el principal propósito que me inspiro a escribir sobre el tema y por lo cual decidí incorporar este capítulo en esta parte del libro. Ya que si es cierto; que las Inteligencias Múltiples, Los hemisferios cerebrales y el Cerebro Triuno no son necesariamente parte directa de la "{(PNL)}" o PROGRAMACIÓN NEUROLINGÜÍSTICA. Si son temas suplementarios que nos permiten comprender mejor muchas de las herramientas, técnicas y metodologías empleadas por la PNL o programación neurolingüística en la actualidad.

Al mismo tiempo que el dominio de estos conocimientos de las Inteligencias Múltiples nos permiten comprender y trabajar de manera armónica y complementaria los apartados de los hemisferios cerebrales y la relación que existen entre la Mente Consciente y Subconscientes, comprendiendo mejor el funcionamiento de la MENTE y el Cerebro Triuno entre otros modelos de la enseñanza - aprendizaje utilizadas apropiadamente por la PNL.

Retomando tema Hoy en día conocemos estos nueve (9) tipos de INTELIGENCIAS como la son: Lingüística o Verbal, Kinestésica o Corporal, Lógica o Matemática, Científica o Visual-Espacial, Musical o Artística, Interpersonal, Intrapersonal y las más recientes "Naturalista (agregada posteriormente por Gardner en 1995)" y finalmente la Inteligencia "Emocional (Introducida por John D. Mayer y Peter Salovey 1990 y Popularizada por Daniel Goleman, 1995)"

*** ~~~*** ~~~*** ~~~

Historia y Desarrollo del Estudio de la Inteligencia Emocional

Los conceptos de la INTELIGENCIA se han estudiado y desarrollado durante los últimos cien últimos años...

Howard Gardner: "Estructuras Mentales" (1983)

Historia de la INTELIGENCIA EMOCIONAL

¿Inteligencia Emocional? Según la versión original de Salovey y Mayer (1990) La inteligencia emocional consiste en la habilidad para manejar los sentimientos y emociones, discriminar entre ellos y utilizar estos conocimientos para dirigir los propios pensamientos y acciones personales.

Según Mayer y Salovey (1997), "la inteligencia emocional incluye la habilidad para percibir con precisión, valorar y expresar emoción; la habilidad de acceder y/o generar sentimientos cuando facilitan pensamientos; la habilidad de comprender la emoción y el conocimiento emocional; y la habilidad para regular las emociones para promover crecimiento emocional e intelectual"

¿Inteligencia Emocional? Según la versión posterior de Daniel Goleman. Daniel Goleman (1946) Psicólogo estadounidense, nacido en Stockton, California. Adquirió fama mundial a partir de la publicación de su libro Emotional Intelligence en español (Inteligencia emocional) en 1995. En la cual nos comparte ciertos postulados que brevemente resumiré a continuación.

1) Conocer Las Propias Emociones: El principio de Sócrates "conócete a ti mismo" se refiere a esta pieza clave de la inteligencia emocional, tener conciencia de las propias emociones; reconocer un sentimiento en el momento en que ocurre. Una incapacidad en este sentido nos dejaría a merced de las emociones limitantes y auto saboteadoras.

2) Manejar Las Emociones: La habilidad para manejar los propios sentimientos a fin de que se expresen de forma apropiada, se fundamenta en la toma de conciencia de las propias emociones. La habilidad para suavizar expresiones de ira, furia o irritabilidad es fundamental en las relaciones interpersonales.

3) Motivarse a Sí Mismo: Una emoción tiende a estimular hacia una acción. Por eso, emoción y motivación están íntimamente interconectadas entre sí. Dirigir las emociones, y la motivación consecuente, hacia el logro de objetivos es esencial para prestar auto motivarse y realizar actividades creativas. Las personas que poseen estas habilidades tienden a ser más productivas y efectivas en las actividades que emprenden.

4) Reconocer las Emociones de los Demás: Un don esencial que genera empatía, la cual se basa en el conocimiento de las propias emociones y la de los demás. Las personas empáticas sintonizan mejor con las sutiles señales que indican lo que los demás necesitan o desean.

5) Establecer Relaciones: El arte magistral de establecer buenas relaciones interpersonales con los demás es, en gran medida, la habilidad de manejar las emociones. Las personas que dominan estas habilidades sociales son capaces de interactuar, persuadir, seducir e influir positivamente en otros.

"Todos somos responsables por los pensamientos y emociones que albergamos en nuestra mente en cualquier momento. Y por tal razón, tenemos la capacidad de pensar y sentir lo que elijamos. Bien sean que decidamos pensamientos o emociones positivas o limitantes. Así que, a manera de conclusión, todas nuestras actitudes y aptitudes auto afirmativas o autodestructivas que hemos desarrollado en nuestra personalidad se han originado consciente o inconscientemente por la manera en que hemos decidido y elegido pensar y sentir" -. WAYNE DYER-

INTELIGENCIA LINGÜÍSTICA-VERBAL

•Es la habilidad para utilizar apropiadamente el lenguaje oral y el lenguaje escrito bien sea para informar, comunicar, entretener, influir, seducir, persuadir y adquirir nuevos conocimientos.

•Es la capacidad de emplear de manera eficaz las palabras, transformando la estructura o sintaxis del lenguaje, la fonética, la semántica, y sus dimensiones prácticas.

•Se encuentra desarrollada en las personas a los que les encanta redactar y narrar historias, poesías, les encanta la lectura, jugar con rimas y sonidos del lenguaje, trabalenguas, aprenden con facilidad, cuentan con la capacidad para memorizar y recordar, dominar otros idiomas, la oratoria y el arte de la comunicación y tienden a desarrollan ambos hemisferios cerebrales

•La poseen generalmente los escritores, oradores, periodistas, poetas, abogados, políticos entre muchos otros.

•La Inteligencia Lingüística Verbal se encuentra localizada en el Lóbulo temporal y frontal izquierdo

•Se relaciona principalmente con las Inteligencia Científica Espacial, Inteligencias Lógica matemática y la Inteligencia Interpersonal.

*** ~~~*** ~~~*** ~~~

INTELIGENCIA LÓGICA-MATEMÁTICA

•Se refiere a la capacidad de trabajar bien con los números, cálculos matemáticos, estadísticos, patrones lógicos de manera eficaz, así como también la habilidad de resorber presupuestos, abstracciones, cuantificaciones y proposiciones basadas en la lógica y el raciocinio.

•Permite pensar críticamente, establecer relaciones entre diversos aspectos y operar con imágenes mentales

•Las personas que la han desarrollado analizan con facilidad planteamientos, problemas y desarrollan la habilidad para hacer operaciones aritméticas complejas.

•Esta es la inteligencia que utilizan los científicos cuando generan una hipótesis y la ponen rigurosamente a prueba según datos experimentales y utiliza el pensamiento lógico para entender causa y efecto, conexiones e ideas.

•Les encanta dedicar tiempo a resorber laberintos, crucigramas, buscar palabras, usar estadísticas y análisis interpretar gráficas o esquemas.

•La poseen y requieren matemáticos, científicos, estadistas, economistas, etc.

•Se encuentra localizada en los lóbulos parietales Izquierdos y áreas de asociación temporal y occipital

•Se relaciona principalmente con la Inteligencia científica espacial y la Inteligencia lingüística Verbal.

*** ~~~*** ~~~*** ~~~

INTELIGENCIA CIENTÍFICA ESPACIAL - VISUAL

•Es la habilidad de visualizar y apreciar con certeza imágenes mentales, formas bio-tridimensional y espaciales, les gusta hacer mapas conceptuales, entienden muy bien planos y croquis.

•Es la capacidad que permite percibir y realizar transformaciones con el espacio concreto y abstracto, así como reconocer objetos en diferentes circunstancias, anticipar consecuencias, comparar objetos y relacionar colores, líneas, formas y figuras.

•Está desarrollada en las personas que estudian mejores esquemas, cuadros y representarse gráficamente las ideas.

•El artista o escultor posee esta inteligencia en gran medida, así como el inventor que es capaz de visualizar los inventos antes de plasmarlos en el papel. Estas personas piensan en imágenes y dibujos, son los que encuentran lo perdido y traspapelado. A menudo les encanta dibujar, diseñar, construir con bloques o simplemente sumergirse en el ensueño.

•Las personas de inteligencia espacial altamente desarrollada tienen ocasionalmente problemas en la escuela, sobre todo si allí no se hace énfasis en las artes o en métodos visuales de presentar la información. A algunos niños quizás se les clasifique como "disléxicos" o con "dificultades de aprendizaje" debido a sus dificultades para decodificar las palabras.

•La poseen y requieren los ingenieros, arquitectos, diseñadores, artistas gráficos, pilotos, inventores, escultores, etc.

•Se encuentra localizada en las regiones posteriores del hemisferio derecho y está estrechamente relacionadas con la visión

•Se relaciona sobre todo con las inteligencias, lingüística - verbal, Kinestésica – corporal.

*** ~~~*** ~~~*** ~~~

INTELIGENCIA MUSICAL

•La inteligencia musical se relaciona con la capacidad de cantar una tonada, recordar melodías, tener buen sentido del ritmo o simplemente disfrutar de la música.

•Las personas con inteligencia musical también son sensibles a los sonidos no verbales del ambiente, como el canto de los grillos y el repique de las campanas, así mismo oyen cosas que los demás pasan por alto. La mente musical prácticamente no se tiene en cuenta en la educación, salvo en lo relacionado con la interpretación y lectura de partituras junto a la habilidad para el canto y el dominio de algún instrumento musical.

•Esta inteligencia tiene la capacidad de percibir, distinguir, transformar y expresar el ritmo, timbre y tono de los sonidos musicales. Las personas que la evidencian se sienten atraídos por los sonidos de la naturaleza y por todo tipo de melodías.

•Disfrutan siguiendo el compás con el pie, golpeando o sacudiendo algún objeto rítmicamente, reconoce, crea o reproduce esquemas melodiosos, Usar patrones rítmicos, ejecución instrumental, canto y tarareo, juegos rítmicos, música a coros etc.

•Está relacionada con la Inteligencia Lógico-matemática, Inteligencia científica espacial, lingüística - verbal y corporal.

•Se encuentra localizada en el hemisferio derecho, lóbulo frontal y temporal.

•La poseen y requieren músicos, compositores, poetas, cantantes, directores de orquesta.

*** ~~~*** ~~~*** ~~~

INTELIGENCIA ARTÍSTICA-CORPORAL - KINESTÉSICA

•Es la habilidad para usar el propio cuerpo para expresar ideas y sentimientos, y sus particularidades de coordinación, equilibrio, destreza, fuerza, flexibilidad y velocidad, así como propioceptivas y táctiles.

•Las personas de inteligencia corporal-cinética procesan el conocimiento a través de las sensaciones corporales. Suelen comunicarse muy bien a través de gestos y otras formas de lenguaje corporal. Los niños de alta inteligencia corporal-cinética corren el riesgo de ser diagnosticados con nuestra más reciente enfermedad de aprendizaje: Déficit de atención e hiperactividad (DDAH). Ya que estos niños necesitan moverse, tocar y construir para poder aprender.

•La poseen y requieren los artesanos, escultores, deportistas, bailarines y se la aprecia en las personas que se destacan en actividades deportivas, danza, expresión corporal y/o en trabajos de construcciones utilizando diversos materiales concretos. También en aquellos que son hábiles en la ejecución de instrumentos. También se refiere a la inteligencia de todo el cuerpo como (atletas, bailarines, actores), así como a la inteligencia de las manos (carpintería, artesanía, sastrería, operación de máquinas). Localizada en ganglios basales cerebelo, corteza motriz

•Se relaciona con la inteligencia lingüística, inteligencia espacial y la inteligencia emocional.

*** ~~~*** ~~~*** ~~~

INTELIGENCIA NATURALISTA

•Es la capacidad de distinguir y utilizar elementos del medio ambiente, objetos o animales y la habilidad para identificar las formas naturales a nuestro alrededor, reconoce y clasifica plantas y toda la variedad de flora, fauna, rocas y minerales.

•Tanto del ambiente urbano como suburbano o rural. Incluye las habilidades de observación, experimentación, reflexión y cuestionamiento de nuestro entorno. Implica planteamiento y comprobación de hipótesis relacionadas a la naturaleza.

•Se desarrolla en las personas que aman los animales, las plantas; que reconocen y les gusta investigar características del mundo natural o hecho por el hombre. Tienden a ser veterinarios, y manifiestan conciencia ambiental.

•La poseen y requieren los botánicos, biólogos, arqueólogos, paleontólogos, veterinarios, guardabosques, ecologistas etc.

•Se encuentra localizada en el hemisferio derecho y en los lóbulos frontales.

*** ~~~*** ~~~*** ~~~

INTELIGENCIA INTERPERSONAL

•Es la posibilidad de distinguir y percibir los estados emocionales y signos interpersonales de los demás, y responder de manera efectiva a dichas acciones de forma práctica.

•La practican las personas que disfrutan trabajando en grupo, que son convincentes en sus negociaciones y que desarrollan liderazgo y conducción de equipos, así como la capacidad de entender a otras personas y trabajar con ellas.

•Al igual que las otras inteligencias, ser aficionado a relacionarse con los demás abarca una gran variedad de talentos, desde la capacidad de sentir empatía por otros seres humanos hasta la habilidad para persuadir, seducir e influir en pequeñas masas y grandes grupos para alcanzar un fin común.

•La inteligencia interpersonal incluye la capacidad de "entender a las personas", así como la capacidad de hacer nuevos amigos. Puesto que gran parte de la vida tiene que ver con la interacción con los demás, la inteligencia interpersonal puede, y, de hecho, ser más importante para el éxito, que la capacidad de leer un libro o resolver un problema matemático.

•Entre las actividades más resaltantes esta la creación de Proyectos, solución de conflictos, discusión en grupo, trabajo en pares y la destreza para la comunicación verbal y no verbal.

•Está relacionada con la Inteligencia lingüística - verbal, naturalista, kinestésica intrapersonal y emocional.

•Se encuentra ubicada en Localizada en los lóbulos frontales

•La poseen en gran medida los religiosos, filántropos, místicos, psiquiatras, terapeutas entre otros.

*** ~~~*** ~~~*** ~~~

INTELIGENCIA INTRAPERSONAL

•Es la habilidad de la auto introspección, y de actuar consecuentemente sobre la base de este conocimiento, de tener una autoimagen acertada, y capacidad de autodisciplina, comprensión y amor propio hacia sí mismo y hacia sus semejantes.

•La evidencian las personas que son reflexivas, de razonamiento acertado y suelen ser consejeros y muy buenos amigos.

•Las personas de este tipo de inteligencia saben quiénes son y qué son capaces de lograr grandes cambios y transformaciones en este mundo, mayormente dejan un gran LEGADO.

•Casi siempre son buenos para fijarse metas propias. En ocasiones se les puede observar que tienen la necesidad de buscar la soledad para reflexionar y meditar.

•En la mayoría de los casos exhiben una especie de visión interior o intuición que los acompaña durante toda la vida, sienten empatía por los demás y comprender los diversos estados de ánimos, deseos, y motivaciones.

•Habilidad para tomar conciencia de sí mismo y conocer las aspiraciones, emociones, pensamientos, ideas, preferencias, convicciones, fortalezas y debilidades tanto propias como ajenas propias.

•Son excelente Autoevaluándose, para concentrarse, para idear historias personales, diarios reflexivos, análisis subjetivos y proyecciones personales.

•Está relacionada con las inteligencias: lingüística, naturalista, kinestésica, Interpersonal y Emocional.

•Se encuentra localizada en los lóbulos frontales.

•La poseen en gran medida los filósofos, maestros espirituales, líderes mundiales, pensadores, ideólogos, sabios, entre otros.

*** ～～*** ～～*** ～～

INTELIGENCIA EMOCIONAL

•Inteligencia Emocional: Es un término acuñado por dos psicólogos de la Universidad de Yale (Peter Salovey y John Mayer) y difundida mundialmente por el psicólogo, filósofo y periodista Daniel Goleman, es la capacidad de: 1) Sentir 2) Entender 3) Controlar y 4) Modificar estados anímicos: Propios y Ajenos.

•Quienes acuñaran esta expresión, Peter Salovey y John Mayer la describían como "una forma de inteligencia social que implica la habilidad para dirigir los propios sentimientos y emociones y las de los demás, saber discriminar entre ellos y usar esta información para guiar el pensamiento y la propia acción"

• "La Inteligencia Emocional es el conjunto de actitudes, competencias, destrezas y habilidades que determinan la conducta de un individuo, sus reacciones, estados mentales y su estilo de comunicar" Daniel Goleman. (Daniel Goleman, 1995)

•La Inteligencia Emocional es la capacidad de reconocer nuestras propias emociones y las emociones de otros, la de motivarnos a nosotros mismos y de controlar tanto nuestras emociones como las de los demás" (Daniel Goleman, 1998)

•Las personas que las desarrollan adquieren habilidades de comunicación, adaptabilidad y respuestas creativas frente a dificultades, manejo de personal de forma eficiente, confianza, motivación hacia las metas y objetivos, trabajo en equipo de alta productividad, negociación de desacuerdos, asertividad, capacidad de liderazgo y destrezas interpersonales.

•Se encuentra localizada en los lóbulos frontales y trabaja en conjunto con el sistema límbico, también llamado cerebro medio, o cerebro emocional, que es la porción del cerebro situada inmediatamente debajo de la corteza cerebral, y que comprende centros importantes como el tálamo, hipotálamo, el hipocampo, la amígdala cerebral.

•La poseen en gran medida los excelentes políticos, consejeros, líderes, empresarios, emprendedores, visionarios entre otros.

*** ᷼᷼᷼*** ᷼᷼᷼*** ᷼᷼᷼

CAPÍTULO IX: EPATAS DEL APRENDIZAJE

PRIMERA PARTE: INTRODUCCIÓN AL CAPITULO

Hola que tal; campeones y campeonas, ahora vamos a analizar otro tema de especial interés, y es la aplicación de las Metodologías y Herramientas de la PROGRAMACIÓN NEUROLINGÜÍSTICA para activar el aprendizaje acelerado de COMPETENCIAS. En términos específicos; podemos entender el vocablo competencias como el conjunto de conocimientos, habilidades, destrezas y aptitudes adquiridas en la práctica que permiten a una persona realizar determinadas actividades. Es decir; desempeñar un trabajo con éxito y de acuerdo con las normas de eficiencia y calidad, tal y como lo demanda el mundo actual envuelto en tendencias de alta competitividad, productividad y capacitación continua para la vida.

De acuerdo con el modelo de competencias profesionales integrales, se establecen tres niveles: las competencias básicas, las genéricas y las específicas. Ahora vamos a estudiar cada una de ellas, como un tema complementario a la enseñanza principal de éste CAPITULO.

COMPETENCIAS BÁSICAS: Son las capacidades intelectuales indispensables para el aprendizaje (competencias cognitivas, técnicas y metodológicas) que se adquieren en los niveles educativos previos. Como, por ejemplo: La competencia o habilidad de hablar y de escribir.

COMPETENCIAS GENÉRICAS: Son los cimientos típicos de la carrera. O sea; se refieren a las situaciones concretas de la práctica académica. Las competencias específicas son la base particular del ejercicio profesional, y están vinculadas a condiciones específicas de ejecución. Por ejemplo: La buena expresión oral y escrita y las buenas relaciones interpersonales.

COMPETENCIAS ESPECÍFICAS: Es un proceso que permite determinar en una actividad laboral específica. Las competencias se emplean para desempeñar eficientemente una labor y se caracterizan por identificar las habilidades reales de un trabajo determinado que puede abarcar desde un procedimiento básico hasta un concepto más amplio y específico del área ocupacional o ámbito a desarrollar. Por ejemplo: En el caso de la carrera del Coaching Ocupacional o Coachsulting.

*** ~~~*** ~~~*** ~~~

SEGUNDA PARTE: ETAPAS Y FASES DEL APRENDIZAJE

El APRENDIZAJE POR COMPETENCIAS, por tanto, es una tecnología orientada al desempeño de habilidades, que contempla la formación integral. Pues aborda tanto los conocimientos teóricos - prácticos como las actitudes o compromisos personales, que van del "Saber SER" al "Saber HACER" y del "Saber APRENDER" al "Saber APRENDER a APRENDER". Que es la diferencia que marca la gran diferencia.

IMPORTANTE: Les ha ocurrido; campeones o campeonas alguna vez, que mientras están aprendiendo una nueva competencia o estudiando una nueva información, te sientes confundido, sientes que no comprendes del todo lo que estas tratando de asimilar... Y hasta en ocasiones sientes el deseo de abandonar; por pensar que tal vez nos has podido avanzar o aprender como debieres.

Tranquilos; relajados, tómenlo con calma. La confusión puede ser, y es por cierto una buena señal. Significa que están preparados y preparadas para aprender cosas nuevas. Antes de obtener cualquier nuevo conocimiento, primero debemos pasar por el proceso de la confusión. Lo que sucede, mis amigos y amigas, es que la gran mayoría de las personas no está al tanto de que la confusión es una etapa importante de las fases en el proceso del aprendizaje.

Cuando nos sentimos confusos ante un nuevo conocimiento; es porque ya hemos pasado por dos (2) de las primeras etapas del aprendizaje, la ignorancia es una de ellas. Todos los seres humanos; si como lo lees, TODAS LAS PERSONAS hemos sido ignorantes en cierto grado o de alguna u otra manera, en diferentes temas o asuntos y esto parte de la vida. Ya que es imposible SABERLO TODO.

Reconocer que somos ignorantes con respecto a un tema o asunto nuevo que queremos aprender, ya es un avance importantísimo. Porque se convierte en un conocimiento vital y esencial, que abre la puerta al nuevo aprendizaje.

Mis queridos y apreciados amigos y amigas, les voy a compartir un gran secreto... Hay gente que cree que todo lo sabe; y por ello, nunca se permite aprender cosas nuevas. Eso es presunción; una forma de ceguera, porque impide a las personas ver el nuevo conocimiento que hay frente a él. Y no hay nada más insensato en este mundo, campeones y campeonas, que el orgullo de andar por la vida creyéndose de sabelotodo. ¿Qué pedante seria verdad?...

*** ~~~*** ~~~*** ~~~

ETAPAS y Fases del Aprendizaje

Desde la perspectiva de la PROGRAMACIÓN NEUROLINGÜÍSTICA el Aprendizaje de una nueva competencia o habilidad tiende a seguir cuatro (4) ETAPAS y Fases generales:

ETAPAS Fases del Aprendizaje

IGNORANCIA: Inconscientemente Incompetente

INFORMACIÓN: Conscientemente Incompetente

CONOCIMIENTO: Conscientemente Competente

SABIDURÍA: Inconscientemente Competente

*** ~~~*** ~~~*** ~~~

Incompetencia Inconsciente: No sé cuánto no sé; en esta Fase lo que estás haciendo no está funcionando y no lo sabes conscientemente, no sólo ignoras lo que ha de hacer, sino que tampoco tiene ninguna experiencia de ello. Esta es la ETAPA de la IGNORANCIA. Por ejemplo: Cuando realizamos o comenzamos una nueva actividad por primera vez, sea esta "aprender a caminar", montar bicicleta o conducir un vehículo, así como también aplica a aprender a leer, escribir o "aprender una nueva materia".

Cuando llegamos a saber que no sabemos algo o de algo, es que ya estamos aprendiendo, y entramos en la segunda etapa y fase del aprendizaje…

Incompetencia Consciente: Sé cuánto no sé; en esta Fase lo que estás haciendo todavía no está funcionando, sin embargo, tú ya estás consciente de ello. Has empezado a hacerlo y no tardan en surgir los problemas. Esta fase es la más importante y exige toda tú atención consciente, ya que es donde comienzas a procesar la nueva información. Es la más incómoda; es verdad, pero también es la etapa en la que más se aprende, en la que decidimos elegir aprende a aprender. Esta es la ETAPA de la INFORMACIÓN. Por ejemplo: Para continuar con la idea anterior, "aprender a caminar". Cuando solo eras un bebe y comienzas a dar los primeros pasos, te das cuenta de que no sabes caminar, tomas conciencia de ello y comienza tu proceso de aprendizaje. Te levanta, tratas y te caes, comienzas la frustración, pero lo intentas nuevamente una y otra vez, hasta que logras dar tus primeros pasos y caminar. Y luego sin darte cuenta, al pasar el tiempo, caminar se hace ya parte de ti y lo haces ahora sin pensarlo.

Competencia Inconsciente: Sé cuánto sé; en esta Fase deliberadamente has escogido hacerlo de manera diferente para obtener los resultados deseados. En esta etapa del conocimiento; empezamos a saber cuánto sabemos y dominamos de algún tema o asunto. Es en esta fase, en la que somos capaces de hacerlo, pero aplicando una mayor atención, dedicación y concentración. Esta es la ETAPA del CONOCIMIENTO. Por ejemplo: Para continuar con la idea anterior, ahora tomando como punto el "aprender una nueva materia". Tomas conciencia de lo que sabes al respecto de dicha materia, para este ejemplo tomaremos la PNL como referencia. Una vez que eres consciente de lo que sabes y cuantos ya dominas el tema, comienzas a prestar mayor atención a las nuevas ideas, no es fácil al principio asimilar toda esa nueva información. Te sientes confundido, pero continúas estudiando y aprendiendo, luego comienzas a practicar los distintos conocimientos, al principio a través de ensayo y error, pero luego finalmente empiezas a asimilar y a vivir los nuevos principios aprendidos en tu vida diaria. Aún hay mucho por aprender y dominar, pero ya eres consciente de ellos y continúas tu aprendizaje y formación día tras día.

*** ~~~*** ~~~*** ~~~

La interrogante que deberíamos prestarle atención en este punto es: ¿De qué manera empieza la etapa del conocimiento? con la CONFUSIÓN.

Campeones y campeonas, tengamos presente que al pasar de la segunda etapa de la información (Sé cuánto no sé); a la tercera ETAPA LA DEL CONOCIMIENTO (Sé cuánto sé). Hay que superar el territorio hostil de la confusión. Cuando estamos transitando por esta fase, nuestro cerebro neocórtex entra en contacto con información nueva y comienza a procesarla. Es el proceso por medio del cual; nuestro Sistema Neocortical inicia un procedimiento complejo de rebuscar entre nuestros archivos mentales los antiguos conocimientos adquiridos y reemplazarlos por las informaciones nuevas. En este punto se inicia una reingeniería de procesos mentales por medio del cual cambiamos o actualizamos las ideas arraigadas en nuestros surcos neuronales y comenzamos a crear nuevas conexiones neuronales a partir de la información reciente que estamos recibiendo y aprendiendo, y eso crea la CONFUSIÓN. Pero tranquilo campeones y campeonas, este complicado proceso forma parte del APRENDIZAJE de aprender a aprender.

La buena noticia es; campeones y campeonas, que al superar estas dificultades iniciales y asimilar los nuevos conocimientos. ESTOS YA QUEDAN GRABADOS EN NUESTRO CEREBRO; y de ahí en adelante, formaran parte de nuestra estructura mental y psicológica. En lo que conocemos como la plenitud del conocimiento; que no significa saberlo todo, sino SABER bien lo que se sabe. Y es lo que finalmente nos permitirá pasar a la siguiente etapa y fase del aprendizaje.

*** ∼∼∼*** ∼∼∼*** ∼∼∼

Competencia Consciente: No sé cuánto no sé; ya en esta cuarta etapa y fase del aprendizaje, no es necesario realizar un esfuerzo tan deliberado o una decisión o elección consciente. Ya que lo que has aprendido, es ahora una parte tan natural de ti, que se encuentra registrada, programada y anclada en nuestra neocorteza e integrada holísticamente en nuestra estructura mental y psicológica. De tal manera, que simplemente sucede de modo natural, de forma eficiente y más fácilmente que en la etapa o fase anterior, cuando necesitas ejecutar la acción determinada esta responderá positivamente. En otras palabras; la habilidad se convierte en competencia y esta a su vez, en una serie de hábitos automáticos que permite que tú mente consciente quede en libertad para realizar otras múltiples tareas. Esta es la ETAPA de la SABIDURÍA. Por ejemplo: Para continuar con las dos (2) ideas anteriores, una vez que "aprender a caminar" tu mente queda liberada y lo haces de forma tan natural que te permite concentrarte en aprender o dominar nuevas cosas, esta vez podría ser montar bicicleta o conducir un vehículo. En el segundo ejemplo "aprender una nueva materia" una vez aprendida, asimilada, anclada y programada en nuestra estructura mental y psicológica, las técnicas, herramientas, presuposiciones y metodologías de la PNL pasan a ser parte de ti, lo que te permite aplicarlas efectivamente a tu propia vida de forma tan natural como el caminar. Esto te permite liberar tu mente para enseñar estos principios, ahora a otras personas y comenzar el ciclo de aprendizaje nuevamente.

Recuerden mis queridos y apreciados amigos y amigas lectores, en nuestra vida; muchas veces habrá momentos en los que tendremos que resguardarnos por algún tiempo y comenzar nuestro proceso de renovación interior para emprender una segunda etapa en nuestra vida. Una fase decisiva; en la cual tenemos que empezar a desprendernos de los viejos patrones mentales limitantes, liberándonos del autosabotaje interno y soltarnos de una vez y para siempre de las ligaduras del pasado. Porque solamente así; podremos "renacer como el fénix", "renovarnos como el águila" y "crear una nueva y mejor versión de nosotros mismos"

"Yo nunca he dicho que sea fácil, campeones y campeonas, pero les prometo que tampoco será imposible… Solo tienen que estar dispuesto a pagar el precio del éxito y luego disfrutar de los resultados el resto de toda su vida"

*** ∼∼∼*** ∼∼∼*** ∼∼∼

CAPÍTULO X: EL PODER DE LA PALABRA HABLADA Y LA MAGIA DE LA COMUNICACIÓN EFECTIVA

PRIMERA PARTE: INTRODUCCIÓN AL CAPITULO

Hola que tal; campeones y campeonas, hemos comenzado a adentrarnos en un tema que me apasiona y es La Magia de la Comunicación Efectiva. Que, en esencia, es la capacidad de influir, seducir y persuadir positivamente en las personas, en el entorno y medio ambiente que nos rodea, tanto a pequeñas como a grandes masas de personas.

Permitiendo en el proceso comunicativo, la oportunidad de generar, crear, organizar, transformar, promover, ofrecer y construir oportunidades (Ganar Ganar) para ambas partes, así como también, Transmitir Un Legado, Marcar una Diferencia y Dejar una Huella de nuestra presencia en el mundo a través del PPH, que es el Poder de la Palabra Hablada.

Las personas que desarrollamos el ARTE DE HABLAR EN PÚBLICO o COMUNICARNOS EFECTIVAMENTE tenemos el potencial ilimitado prácticamente para lograr conquistar grandes cosas en la vida. Pero te preguntaras ¿Es así de importante el aprender a expresar nuestras ideas efectivamente? ¿Es la comunicación un medio tan poderoso para establecer relaciones solidad? ¿Puede ayudarme el comunicarme correctamente evitar malentendidos y permitirme posicionarme como un líder? ¿Me ayudaría el hablar en público con poder entusiasmo y seguridad a través de la PNL, abrir un sinfín de posibilidades a mí alrededor? ¿Puede ayudarme el comunicarme asertivamente mejorar mi relación de pareja actual y mis relaciones tanto personales como profesionales?

La respuesta es definitivamente SI; si lo es campeones y campeonas. Y es por esa razón, que la PNL o PROGRAMACIÓN NEUROLINGÜÍSTICA es una de las metodologías modernas más poderosas y eficaz en el campo de la comunicación efectiva. Y es esta la razón, por la que, en este LIBRO, E-Book en su EDICIÓN ESPECIAL he hecho tanto hincapié en el tema de la comunicación en varios de los capítulos anteriores.

Para comenzar a exponer el tema de forma sistemática y gradual, es importante tener en cuenta que La COMUNICACIÓN es un proceso continuo de aprendizaje y formación, así como un sistema de comportamiento integrado que CALIBRA, regulariza, mantiene y hace posible las relaciones efectivas entre las personas. Y este Proceso Comunicativo o SISTEMA COMUNICACIONAL dentro de la PNL está compuesto por dos elementos.

DIGITAL y

ANALÓGICO.

*** ~~~*** ~~~*** ~~~

SEGUNDA PARTE: EL PODER DE LA PALABRA HABLADA Y LA COMUNICACIÓN EFECTIVA A TRAVÉS DE LA HISTORIA.

Hola que tal, Campeones y campeonas, antes de entrar en materia con el tema de la comunicación efectiva aplicando las herramientas de la PNL. Voy a compartir con todos ustedes, como el proceso comunicativo y el poder de la palabra hablada han sido parte importante de nuestra historia a través de los años.

Mis queridos y apreciados amigos y amigas, la comunicación efectiva, y el poder de la palabra hablada no significan ser un erudito en el idioma y saber con exactitud todas las normas que rigen la oratoria moderna. Tampoco es, hablar con claridad o tener la capacidad natural para dirigirte antes pequeños o grandes grupos de personas. Aunque esto es importante, claro está, no es del todo lo más significativo al momento de influir, seducir y persuadir positivamente en las personas.

La verdadera magia de la comunicación efectiva está en el poder de transmitir abierta y positivamente nuestras ideas, pensamientos y emociones de forma clara y precisa. De manera tal, que las personas que nos escuchen o entren en contacto con nosotros desde el principio puedan sentir un cierto grado de empatía y rapport, que nos permita entrar en una atmosfera de confianza con ellos. Ya que esto, nos permitirá comunicarnos más efectivamente a su mente consciente y subconsciente, trayendo como resultado la posibilidad de generar, crear, organizar, transformar, promover, ofrecer y construir oportunidades (Ganar * Ganar) para ambas partes.

Cuando pienso en aquellos personajes que nos han Transmitido Un Legado, han Marcado una Diferencia y han Dejado una Huella en la historia de la humanidad, ya sea influyendo positivamente en la forma de pensar, sentir y actuar de las personas con quienes compartieron sus ideales, lograron el respaldo de otros en la creación de un gran sueño, o simplemente alcanzaron transmitir una visión extraordinaria que transformo literalmente la vida de cientos y millones de personas alrededor del mundo, no puedo más que asombrarme al ver que lo que permitió conquistar tan grandes hazañas, fue el Poder de la Palabra Hablada.

Uno de los más grandes y reconocidos maestros de la historia de todos los tiempos, que, con el poder de la palabra hablada, nos comunicó su mensaje, fue Jesús de Nazaret el hijo de Dios. Que, con su amor, su ejemplo, su humildad y su capacidad de comunicar efectivamente sus enseñanzas, permitió literalmente llegar a miles y millones de personas alrededor de todo el mundo. Y hoy en día, más de 2000 años después de compartir su doctrina, aun su mensaje sigue teniendo vigencia, sigue siendo vivido, enseñado y predicado por sus seguidores.

Y este mismo poder de influencia en la palabra hablada y en la capacidad para comunicarse efectivamente ante pequeñas y grandes masas de personas, podemos encontrarlas en líderes, políticos, religiosos, militares, gobernantes, pacificadores, maestros espirituales y filósofos, entre los cuales podemos destacar a *Winston Churchill que con sus legendarios discursos motivaron la moral de toda una nación. Abraham Lincoln que a través de su discurso de Gettysburg se convirtió en una icónica defensa de los principios de nacionalismo, igualdad de derechos, libertad y democracia. El Libertador Simón Bolívar que fue una de las figuras más destacadas de la emancipación americana frente a España y que contribuyó con su valor y coraje a inspirar la independencia de 7 países. La Madre Teresa de Calcuta que con su mensaje de amor, entrega y servicio conmovieron el corazón de miles de personas que se unieron a su causa. Martin Luther King que a través de su expresivo discurso "Yo tengo un sueño" o (I Have a Dream) en defensa de los derechos civiles habló poderosa y elocuentemente de su deseo de un futuro en el cual la gente de tez negra y blanca pudiesen coexistir armoniosamente y como iguales. Nelson Mandela, Gandhi,*

Mahoma, Buda quienes movilizaron a ciento de seguidores por sus ideales. Y finalmente podemos hacer mención de los grandes filósofos como Sócrates, Platón y Aristóteles solo para nombrar algunos pocos que con su elocuencia y oratoria atrajeron tras de sí también a muchos seguidores.

Quienes los conocieron, escucharon y entraron en contacto con estos grandes personajes de la historia, cuentan que su forma de transmitir sus ideales, sus pensamientos, creencias, valores, convicciones y sueños, despertaron en muchos de sus seguidores el deseo de transformar sus enseñanzas en un legado para las futuras generaciones. Legado que ha perdurado a través del tiempo.

Si se dan cuenta campeones y campeonas, los grandes líderes, políticos, religiosos, militares, gobernantes, pacificadores, maestros espirituales y filósofos, más notables de todos los tiempos, han transmitido su mensaje gracias al PODER DE LA PALABRA HABLADA y LA MAGIA DE LA COMUNICACIÓN EFECTIVA, que les ha permitido influir positivamente a sus seguidores.

Pero de igual manera, este mismo DON que ha sido utilizado apropiadamente para el beneficio de la humanidad. También ha sido usado egoísta y negativamente para la destrucción del hombre, como ha sido en el caso de Adolf Hitler quien a través del poder de sus palabras influyo en todo un país y en sus tropas para llevar a cabo los más atroces crímenes raciales contra la nación judía. Y así como él, muchos otros grandes tiranos de la historia, que han influenciado negativamente a través de sus palabras. Y con este último punto, lo que quiero llegar a dar entender claramente campeones y campeonas, es que el poder de influir, seducir, persuadir y en los casos extremos hasta manipular está en la decisión de cada persona, y en la elección que cada ser humano hace de este poderoso arte de la comunicación.

En otras palabras, mis queridos y apreciados amigos y amigas, la decisión y elección de aplicar estas técnicas apropiadamente, y usar estas herramientas adecuadamente está en sus manos. De ustedes dependerá usar estos conocimientos de la manera más correctamente posible para el beneficio mutuo entre todos con quienes se relacionen. Y ésta es mi invitación, que aprendas lo bueno y lo utilices siempre a favor de causas honorables, ecológicas que permita siempre generar, crear, organizar, transformar, promover, ofrecer y construir oportunidades (Ganar * Ganar) para ambas partes.

Recuerden que el verdadero poder de la palabra hablada y la auténtica magia de comunicación efectiva están en su aplicación. Estas herramientas que aprenderán a continuación tienen una valiosísima función de ayudarte a mejorar tus relaciones interpersonales. Estoy completamente seguro de que los principios que aprenderás a lo largo de este capítulo te ayudaran a desarrollar el máximo de tu potencial comunicacional.

*** ~~~*** ~~~*** ~~~

TERCERA PARTE: ELEMENTOS DE LA COMUNICACIÓN

Como ya nos referimos, la comunicación está compuesta por dos componentes:

DIGITAL

•El Mensaje Verbal, La PALABRA "Lo que Decimos"

7% de nuestra capacidad para Influir

ANALÓGICO

•El Mensaje Vocal, El Tono de VOZ "El cómo lo Decimos"

38% de nuestra capacidad para Influir,

Ritmo, Timbre, Intensidad, Volumen, Velocidad y Compás.

•El Mensaje Visual, El Lenguaje CORPORAL "Lo que Transmitimos"

55% de nuestra capacidad para Influir,

Respiración, Movimiento Ocular, Postura Corporal, Coloración de la Piel, Movimientos de Manos y Cabeza, Micro expresiones, Ademanes, Gestos, Anclaje, Rapport, Calibración, Recuadre y Submodalidades.

El componente DIGITAL de la comunicación es el significado del lenguaje de las palabras y frases. Los DÍGITOS es lo que decimos.

El componente ANALÓGICO es el cómo lo decimos. Es la calidad de las palabras, el tono de voz, y la postura corporal. etc.

*** ~~~*** ~~~*** ~~~

Según la investigación llevada a cabo por Albert Morabian de la Universidad de California, la estructura de la comunicación está conformada en realidad por tres (3) mensajes individuales.

El Mensaje Verbal 7%

El Mensaje Vocal 38%

El Mensaje Visual 55%

Representados a su vez en

Los tres (3) Componentes de Nuestra Capacidad para Influir en los Demás

LA PALABRA 7%

EL TONO DE VOZ 38%

LENGUAJE CORPORAL 55%

*** ~~~*** ~~~*** ~~~

Como podemos apreciar en los ejemplos anteriores la comunicación efectiva es mucho más que expresarnos con la palabra hablada. Es comunicar eficazmente nuestras ideas, pensamientos y emociones con carisma, entusiasmo, pasión y emotividad teniendo una completa armonía entre lo que decimos y en el cómo lo decimos.

Si analizamos con detalle el estudio elaborado por el Dr. Albert Morabian junto con los aportes realizados por la PNL o Programación Neurolingüística. Podremos percibir la relación holística integral que existe entre estos tres componentes de la comunicación El Mensaje Verbal, El Mensaje Vocal y El Mensaje Visual. Y podremos concluir que la consistencia o incoherencia entre estos tres elementos comunicativos determinaran el grado de credibilidad y aceptación de nuestro mensaje en la mente consciente y subconsciente de nuestro interlocutor.

El propósito de hacer referencia a este estudio es la de evaluar el EFECTO PERSUASIVO, SEDUCTOR e INFLUYENTE que tiene cada uno de estos tres componentes en nuestro arte de comunicarnos efectivamente con las demás personas, a fin de mejorar nuestra capacidad comunicativa.

Para aportar mayor idea vamos a ir desglosando cada Componente Persuasivo y Seductivos de la Comunicación en Nuestra Capacidad para Influir en los Demás.

*** ~~*** ~~*** ~~

El MENSAJE VERBAL o las PALABRAS "LAS FRASES o EXPRESIONES QUE UTILIZAMOS EN NUESTRO LENGUAJE COMUNICACIONAL

Son tan solo el 7% de nuestra capacidad persuasiva para influir en los demás, y está representada por las frases y palabras que utilizamos en nuestro lenguaje hablado, que nos permite expresar nuestras ideas, pensamientos y emociones; pero que solo influye en un siete por ciento en nuestras comunicaciones diarias.

Esto no quiere decir que el mensaje verbal y las palabras (LO QUE DECIMOS) no sean relevantes, porque claro que lo son. A SU JUSTA MEDIDA. Déjame darte un EJEMPLO: Es como la sal o la pimienta en comparación a los demás ingredientes de la comida. Solo utilizamos una pizca de sal y de pimienta menos todavía, pero si añadiéramos o redujéramos la cantidad utilizada de sal o de pimienta al sazonar nuestros alimentos, eso produciría una gran diferencia en el sabor. Hasta el extremo que, si agregáramos o disminuyéramos más o menos sal o pimienta de la cuenta, esto terminaría afectando el sabor total de los alimentos.

Así pues; sucede con nuestro mensaje verbal, si excediéramos con nuestras palabras eso podría producir una respuesta contraria o contraproducente a lo que en realidad queríamos comunicar.

Lo que eres y lo que haces habla tan fuerte, que no me permite oír ni escuchar lo que me dices.

Cuando tu comportamiento habla a gritos, no logro escuchar lo que me dices

Lo Que Haces Habla Tan Alto De Ti, Que Nadie Escucha Lo Que Dices

Adaptado de las palabras de -. Ralph Waldo Emerson. -

Por tal razón, para que el MENSAJE VERBAL y las PALABRAS tengan un mayor impacto en nuestro proceso comunicativo, tenemos que aprender a ESTRUCTURAR de manera Sinérgica, Holística, Integral y Complementaria los otros dos (2) elementos que componen la comunicación, que son el mensaje vocal o tono de voz y el mensaje visual o lenguaje corporal de lo que hablaremos a continuación.

*** ~~*** ~~*** ~~

El MENSAJE VOCAL o el TONO DE VOZ "ENTONACIÓN y MODULACIÓN"

Equivale al 38% de nuestra capacidad persuasiva para influir en los demás, y está representada en la forma audible en como pronunciamos nuestras palabras. Es decir, el énfasis, el ritmo y los matices de expresión que hacemos con nuestra VOZ, el volumen, la fuerza, la entonación y la proyección que le damos a ciertas frases claves que utilizamos en nuestro lenguaje hablado que nos permite expresar nuestras ideas más efectiva y eficazmente. Así como lo son los sentimientos, la emoción, la pasión, el entusiasmo, el optimismo y la seguridad que transmitimos al hablar. En resumen, el mensaje vocal o el tono de voz corresponden a todos los efectos bio-moduladores que utilizamos al hablar y que influye, en un treinta y ocho por ciento en nuestra capacidad seductora para comunicarnos.

Te compartiré un EJEMPLO: He tenido la oportunidad de escuchar a muchos ORADORES con unos mensajes impresionantes, pero que han desatinado su discurso y no han provocado en su audiencia el efecto esperado, ¿Y a qué se debe esto? ¡Te preguntaras! En realidad, tal vez hubo varios aspectos que influyeron negativamente:

1) La pronunciación no era la más adecuada y no se entendió el mensaje que el orador quiso transmitir.

2) El orador leyó todo su discurso al mismo ritmo y tono voz, y a pesar de que el contenido del tema era muy bueno, después de cierto tiempo leyendo, produjo un efecto contraproducente.

3) No sincronizo adecuadamente su MENSAJE VOCAL, su TONO y RITMO de la VOZ su "ENTONACIÓN y MODULACIÓN" o MATICES DE EXPRESIÓN, creando en la audiencia un efecto contrario al que esperaba.

¿PERO DÓNDE ESTÁ LA FALLA?

En la comunicación del mensaje… En su MENSAJE VOCAL, en su TONO DE VOZ y en su ENTONACIÓN y matices de expresión que están relacionadas con su modulación, pronunciación, volumen, énfasis, ritmo, fuerza y la proyección que uso para entregar su mensaje.

*** ∿∿∿*** ∿∿∿*** ∿∿∿

El MENSAJE VISUAL o el LEGUAJE CORPORAL "KINESTÉSICA CINÉTICA"

Constituyen el 55 % de nuestra capacidad persuasiva para influir en los demás y está representada por todos aquellos elementos tangibles, corporales, visuales y kinestésico cinético que nuestros interlocutores pueden ver y percibir a través de nuestra postura, simetría, orientación, dimensión y espacio, micro expresiones corporales, así como también de nuestros estados emocionales, gestos, ademanes, desplazamientos de manos, inclinación de la cabeza, respiración, tono muscular, micro expresiones faciales, movimientos oculares entre otros. Es decir, todos aquellos elementos que expresamos visualmente y que representa el LENGUAJE DEL CUERPO que influye en un cincuenta y cinco por ciento de nuestra comunicación.

*** ∿∿∿*** ∿∿∿*** ∿∿∿

Habilidades "Kinestésica Cinética" de la Comunicación

APARIENCIA (La Imagen Corporal y Visual que Proyectamos), que puede ser: Seguridad, confianza, credibilidad, optimismo, dinamismo o liderazgo, o la contraparte tales como desconfianza, desanimo o pesimismo).

CONTACTO VISUAL (La Capacidad de Mirar a los Ojos a nuestra Audiencia o Interlocutor), dominio y conocimiento de los accesos oculares.

POSTURA CORPORAL (La forma en como Proyectamos nuestro Cuerpo). Espacio, dimensión, simetría, orientación, postura y desplazamientos.

MICRO-EXPRESIONES (Movimientos involuntarios en nuestra expresión facial presentada en el rostro y en cuerpo de las personas), tales como: Ademanes, gestos, articulaciones, tic, muecas, expresiones de alegría, felicidad, paz, emoción o sentimientos contrarios tales como ira, miedo, enojo.

DIMENSIÓN Y ESPACIO (Espacio Físico que representa nuestro Estado Emocional). Capacidad para adoptarnos a todo nuestro entorno y medio ambiente según el contexto, situación o acontecimiento que estamos viviendo.

Como hemos aprendido hasta ahora, campeones y campeonas, EL ARTE MAGISTRAL DE LA COMUNICACIÓN EFECTIVA y el PODER DE LA PALABRA HABLADA es un "Compuesto Holístico" de un conjunto de elementos que trabajan de forma integral, armoniosa y sinérgicamente entre sí. La aplicación equilibrada de estos tres (3) componentes de la comunicación siempre ha formado parte de nuestro lenguaje comunicativo. Aunque nos hayamos dado cuenta de ello o no.

El secreto de los buenos comunicadores está en su capacidad de equilibrar el nivel de consistencia y coherencia entre estos tres elementos de la comunicación. Que, al fin y al cabo; determinan nuestro grado de empatía, credibilidad, confianza y seguridad con que definitivamente comuniquemos nuestro mensaje.

Haciendo referencia al EJEMPLO anterior al inicio del estudio de los elementos de la comunicación en el primer apartado El MENSAJE VERBAL las PALABRAS "LAS FRASES o EXPRESIONES QUE UTILIZAMOS EN NUESTRO LENGUAJE COMUNICACIONAL utilizamos la alegoría de la SAL y la PIMIENTA en la preparación de una exquisita comida. *A modo de recapitulación podemos afirmar que: Cada ingrediente (La Palabra, el Tono de Voz y el Lenguaje Corporal) es importante y fundamental en la MEDIDA y en la PROPORCIÓN CORRECTA; y anuqué utilizaremos siempre más de uno del elemento (Visual, Auditivo y Kinestésico) y menos de los otros componentes de la receta (Componentes de la Comunicación), al final el SECRETO de una exquisita comida está en la armonía de cada ingrediente en su punto ideal.* O, en otras palabras, el SECRETO de una excelente comunicación está en la armonía de cada componente y elemento comunicacional en su punto ideal.

*** ~~*** ~~*** ~~

Bueno campeones y campeonas, hemos llegado al final de este maravilloso capítulo, espero te haya gustado leerlo como a mi escribirlo. Si quieres aprender más del PODER DE LA PALABRA HABLADA y la MAGIA DE LA COMUNICACIÓN EFECTIVA, te invito a leer mi próximo libro, titulado EL PODER DE LA PNL APLICADA A LA COMUNICACIÓN. Patrones de Persuasión e Hipnosis Conversacional. El Arte de Persuadir, Cautivar, Influir y Seducir Positivamente en los

Demás. Donde te enseñare una gran variedad de herramientas, técnicas, metodologías y estrategias de persuasión comunicacional, oratoria hipnótica y secretos de seducción subliminal entre otras poderosas tácticas persuasivas y patrones hipnóticos que AUMENTARAN CONSIDERABLEMENTE TU PODER COMUNICACIONAL.

Así como también te compartiré técnicas avanzadas de hipnosis, y te enseñare paso a paso como realizar una sección de hipnosis y de autohipnosis, así como aprenderás realizar adecuadamente la técnica de sugestión y autosugestión, junto con la incorporación de los patrones persuasivos para que puedas aplicar estas herramientas a tu propia vida.

Si estás dispuesto a desarrollar el arte de persuadir, influir y seducir positivamente en las demás personas, y estas decidido a aprender el poder de la palabra hablada, la magia de la comunicación efectiva y el arte de hablar en público con carisma, poder, entusiasmo y seguridad entonces este extraordinario libro mi querida amiga y apreciado amigo, es para ustedes… Si para Ti.

"Compromiso es lo que transforma una PROMESA y un SUEÑO en realidad. Es la palabra que habla con coraje de nuestras intenciones. Y las acciones que hablan más alto que las palabras. Es hacerse del tiempo cuando no lo hay. Es salir airoso una y otra vez; año tras año, tras la adversidad. Compromiso es el factor clave que forja el carácter; es el poder de cambiar y transformar las cosas. Es el triunfo diario de la integridad sobre el escepticismo" -. YLICH TARAZONA. -

*** ~~~*** ~~~*** ~~~

CAPÍTULO XI: TÉCNICA "{(S.M.A.R.T)}" PARA EL ESTABLECIMIENTO DE OBJETIVOS

PRIMERA PARTE: Introducción al Capítulo

Existe un acrónimo en inglés "{S.M.A.R.T}" que significa "LISTO" "ASTUTO" o "INTELIGENTE" que expone apropiadamente una técnica eficaz para definir un objetivo útil para el cambio conductual.

El acrónimo "{**S.M.A.R.T**}" es utilizado en la PNL para definir un conjunto de objetivos bien planificados establecidos en 5 PASOS.

I. Specific, Específicos

II. Measurable, Medibles

III. Achievable, Realizables

IV. Realistic, Realistas

V. Time Bound, con Tiempo Limite

*** ~~~*** ~~~*** ~~~

El propósito de dicha técnica adaptada en la PNL es con el fin de obtener:

Expresar los objetivos en forma positiva

Iniciados y mantenidos por la persona

Demostrables sensorialmente

Contextualizados apropiadamente

Divididos en unidades de logro

Ecológicos y respondan a la intención positiva

*** ~~~*** ~~~*** ~~~

Una vez definido el objetivo, con la ayuda de PNL, concretamos los siguientes principios:

1.ESTADO ACTUAL: Cómo me encuentro en este momento, razón por la cual he definido un objetivo de cambio, es un estado interno que deseo modificar.

2.ESTADO DESEADO: Cómo quiero estar, definido en términos sensoriales, como si lo estuviera viviendo en este momento.

3.RECURSOS: Definición por parte del individuo del recurso interno que necesita aplicar para pasar de un estado a otro.

4.AJUSTE A FUTURO: Instalar el cambio en el imaginario, en los escenarios futuros, para que lo aprendido se dispare de manera automática en los contextos.

*** ~~~*** ~~~*** ~~~

¿Qué es un OBJETIVO o META?

Los OBJETIVOS no son el fin, sino un VEHÍCULO que nos llevan directo a un FIN SUPERIOR que llamamos "VALORES".

Los OBJETIVOS o Meta Destino son:

a) Nuestros sueños que se movilizan y permiten articular Meta-Destinos, darles dinamismo a las mismas poniéndolas en ACCIÓN y avanzar junto a ellas hacia delante, en camino hacia nuestros OBJETIVOS.

b) Solución a un problema, carencia, insatisfacción, o deficiencia, que la persona pueda tener; siendo los OBJETIVOS o Meta-Destino el VEHÍCULOS de expresión de nuestros VALORES en términos concretos.

Las Meta-Destino conducen a la realización de los sueños en la vida de una persona. Los VALORES son la energía o "{(COMBUSTIBLE MOTIVACIONAL)}" que pone en marcha cada uno de estos VEHÍCULOS. Por lo tanto, los OBJETIVOS deben ser "dignos" ajustarse plenamente a este concepto de meta-valor. Al plantearnos objetivos debemos tener como base los valores (combustible) que nos harán movernos en esa dirección y usarla como nuestra PRINCIPAL MOTIVACIÓN.

Teniendo presente esta definición, formúlate la siguiente pregunta: ¿PARA QUE TE LEVANTAS CADA MAÑANA? Existe un abismo de diferencia, entre una persona que se levanta sólo para trabajar y otra que se levanta para LOGRAR SUS METAS y OBJETIVOS. Y sus RESULTADOS son muy diferentes, mientras unos vivimos el ÉXITO, muchos otros luchan cada día para sobrevivir.

Para repasar esta información y aprender más sobre el tema, puedes leer mi LIBRO "eBook's en su EDICIÓN ESPECIAL" titulado EL PODER DE LAS METAS Y EL ESTABLECIMIENTO DE OBJETIVOS: Principios de Planificación Estratégica para Alcanzar y Consolidar tus Sueños paso a paso, a la cual le dediqué una gran parte al tema en cuestión de manera mucho más profunda, amplia, específica. Y claro está, mucho más completa y detallada.

Buenos campeones y campeonas, sin más, prosigamos con el tema.

*** ～～～*** ～～～*** ～～～

S (**Specific**) Que representa **Específica**: Es decir que nos concentramos en escribir un solo objetivo por cada planificación de nuestra META en cada área específica de nuestra vida.

Ésta ha de ser, en primer lugar; AFIRMATIVA, declarándola en el AQUÍ y en el AHORA, expresándola en resultados positivos y favorables.

En segundo lugar, ha de estar escrito en 1ª Persona del singular, en tiempo presente y ha de ser lo más específica y concreta posible.

Para establecer OBJETIVOS específicos, es recomendable tener presente las siguientes preguntas y recomendaciones:

•Qué: ¿Qué quiero lograr? Tener un OBJETIVO y un PROPÓSITO claro bien establecido de lo que deseas alcanzar en todos los aspectos de tú vida.

•Quién: ¿Quién puede ayudarme? Definir quiénes pueden ser tus posibles mentores, líderes, coachsulting, o personas interesadas en tú proyecto.

•Como: ¿Cómo pienso lograrlo? Concretar un PLAN DE ACCIÓN pasó a paso, y un PROYECTO DE VIDA con la dirección establecida a tu objetivo.

•Cuando: - Establecer un marco de tiempo específico para la realización de dicha meta A saber, una línea de tiempo para su cumplimiento.

•Dónde: Identificar el lugar Tener establecido tu punto de partida; saber dóndes te encuentras y hacia dónde quieres llegar. Del A al punto B.

•Porqué y Para qué: El valor   intrínseco detrás de la meta u objetivo.

Las razones específicas y   beneficios del porqué y el para qué anhelas conseguir esa meta u objetivo.

*** ~~~*** ~~~*** ~~~

M (**Measurable**) Que representa **Mensurable** o Medible: Es necesario que pienses en las evidencias que te demuestren que estas alcanzado tú PROPÓSITO y establezcas resultados medibles; ya que, con ellas, sabrás si estás logrando tú OBJETIVO.

Es decir, establecer los criterios concretos para medir el progreso hacia el logro de cada OBJETIVO establecido. Al medir tú progreso continuamente vas a ir experimentando la emoción de los resultados parciales que estas obteniendo; permitiéndote mantenerte enfocado y motivado a impulsarte a proseguir con los esfuerzos que sean necesarios hasta alcanzar completamente tú META y disfrutar de los objetivos ya antes propuesto.

Para determinar si tú OBJETIVO es medible, puedes hacerte las siguientes preguntas de progreso:

• ¿Cuánto tiempo me llevara lograr este objetivo específico?

• ¿Con qué frecuencia, debo evaluar los resultados que voy obteniendo?

• ¿Cómo voy a saber cuándo se está realizando y cumpliéndose mí objetivo?

• ¿Cómo sabré que ya he conseguido lograr CONSOLIDAR MI PROPÓSITO?

*** ~~~*** ~~~*** ~~~

A (**Achievable** Action-Oriented) Que representa Realizable o **Acción Orientada**: Realizable tiene que ver con lo real que sea tú meta. Es decir, un OBJETIVO que sea alcanzable para ti.

Acción. Orientada: Quiere decir los RECURSOS que necesitarás para conseguirla. De igual manera; para lograr tus OBJETIVOS necesitarás desarrollar una serie de tácticas y estrategias que la hagan realizable, tales como ciertos recursos internos o externos.

No necesitarás saber todos los detalles solo deberás definir y establecer las estrategias, que te permitirán determinar que necesitarás desarrollar para poder lograr tus objetivos efectivamente, entre ellas podríamos mencionar "" {(Tus ACTITUDES "cualidades, conductas, hábitos e intenciones" APTITUDES "competencias, habilidades, destrezas y capacidades"}) Estos son solo algunos elementos específicos; que tal vez, deberás adquirir para alcanzar tú propósito.

*** ~~~*** ~~~*** ~~~

R (Reason - **Realistic**) Que representa Razones - **Realista**: Un OBJETIVO necesita ser relevante para ti, debe tener un gran significado y marcar una diferencia en tú vida, debes tener bien en claro el PORQUÉ y el PARA QUÉ es importante alcanzarla.

Para que un OBJETIVO sea razonable y realista para ti. Debes ser tú quien decida QUÉ es lo que quieres lograr conquistar en tu vida. Tú debes ser el que ACTÚE y el que haga que las cosas sucedan. Deber ser tú quien TOME ACCIÓN para conseguir alcanzar tus objetivos y el que se haga 100% responsable del resultado obtenido.

PUNTOS PARA CONSIDERAR: Ser REALISTA implica que tú CREAS que puedes lograr tú OBJETIVO; ser RAZONABLE significa asegúrate que crees que puedes alcanzar tú objetivo en el lapso establecido y con los recursos que has establecido previamente. Éstos tres factores son elementos indispensables para poder mantenerte enfocado y motivado.

*** ∼∼*** ∼∼*** ∼∼

T (**Time** - Bound) Que representa **Tiempo** Límite: En este principio lo fundamental es comprender que es de suma importancia establecer una LÍNEA DE TIEMPO en tus OBJETIVOS; es decir, tener un marco de referencia específico para el cumplimiento de tus METAS y determinar una FECHA LÍMITE, saber cuándo iniciar y fijar cuando terminar. Ya que la línea de tiempo o marco de referencia es un LLAMADO A LA ACCIÓN.

Todo objetivo necesita un Time - Bound o Tiempo Límite, al igual que cada una de las tareas establecías dentro del PLAN DE ACCIÓN. Si no se fija una fecha límite en cada META u OBJETIVO, lo más seguro es que no se alcance el propósito a tiempo, debido a las postergaciones. "Bueno… ya lo comenzare, algún día lo haré, pronto lo terminare" (estas son solo las excusas más comunes de procrastinación).

Se ha demostrado que cuando no se ESTABLECE ni se FIJA una LÍNEA DE TIEMPO en el cumplimiento de un OBJETIVO se corre el riesgo de quedarse estancado por un tiempo muy largo que produce (aplazamientos innecesarios o interrupciones inesperadas). Por tal razón, para optimizar el cumplimiento de las metas y objetivos, se recomienda determinar con anticipación una FECHA LÍMITE de inicio y de culminación, esto permitirá ser mucho más efectivos y eficaces a la hora de consolidar resultados óptimos.

*** ∼∼*** ∼∼*** ∼∼

MODELO DE EJEMPLO PARA LLENAR EL FORMULARIO

Para fines prácticos y didácticos el siguiente ejemplo que les compartiré es un EJEMPLO MIXTO de cómo sería el MODELO para completar correctamente la TABLA DE PLANIFICACIÓN Y PLAN DE ACCIÓN de la FORMULA "{S.M.A.R.T}" Para el Establecimiento y Fijación de METAS.

Yo rellene el MODELO DEL FORMULARIO de manera MIXTA a manera de ilustración y a modo de ejemplo tomo como referencia las ÁREAS Financiera, Profesional y Personal como modo de ejemplo práctico para darte ideas.

Pero la manera correcta seria UTILIZAR UN FORMULARIO DE LA TABLA por cada área de tú vida, bien sea esta Profesional, Financiera, Académica, Bienestar y Salud, Espiritual, Familiar y Personal, etc. Podrías ayudarte de los ejercicios de mi LIBRO "eBook's en su EDICIÓN ESPECIAL" titulado EL PODER DE LAS METAS Y EL ESTABLECIMIENTO DE OBJETIVOS: Principios de Planificación Estratégica para Alcanzar y Consolidar tus Sueños paso a paso, que como te comenté anteriormente le dediqué una gran parte al tema en cuestión de manera mucho más profunda, amplia, específica. Y claro está, mucho más completa y detallada.

MODELO DE EJEMPLO PARA LLENAR EL FORMULARIO

MODELO DE PLANIFICACIÓN Y PLAN DE ACCIÓN

FORMULA "{(E - S.M.A.R.T - E.R)}"

Para el Establecimiento y Fijación de METAS

Fecha de Inicio: lunes 04 de Ene del 2018

ÁREA DE MI VIDA: Financiera Profesional y Personal

Mi gran OBJETIVO en esta área de mi vida es: Libertad Financiera y Estilo de Vida

Mi Objetivo para esta área de mi vida financiera es General un Ingresos Pasivos Residual de 10.000 $$$ Dólares al Mes por Concepto de Regalías y Ganancias Residuales de mis LIBROS, Tele seminarios, videoconferencias, webinars, podcasts entre otros. En mi área profesional mi META es crear una Estructura Organizacional en Redes de Mercadeo Multinivel. Que me permita Disfrutar de un Maravilloso Estilo y Calidad de Vida junto a FAMILIA "Mi Esposa y 3 queridos Hijos" Ayudar y Servir a Millones de Personal alrededor de todo el mundo.

Ecologic. - Mi Propósito Ecológico con mis principios y valores será:

En mi área personal brindarle un mejor estilo y calidad de vida a mi familia. Esposa e Hijos. Pasar más tiempo de calidad junto con ellos y proveerles todas las cosas que necesitan para su progreso y bienestar personal académico espiritual y profesional. Y contribuir a la humanidad y hacer un cambio en la mente y corazones de las personas que participen en mis sesiones online y offline abriendo nuevos caminos de esperanza éxito abundancia y prosperidad a muchos

Specific. - Mi Objetivo de Específico de esta META será:

Mi objetivo específico para esta meta es que a partir del 01 de enero del año 2020 tenga un Ingresos Pasivos Residual de 10.000 oo $$$ Dólares Libres al Mes.

Measurable. - Mi META para establecer resultados Medibles será:

Para medir el resultado de mi META FINANCIERA lo voy a evaluar de la siguiente manera generar ingresos de 1200 a 2500 $$$ dólares mensuales a partir del año en curso 2018 con un incremento sostenido en los 2 años subsiguientes entre 3500 a 8000 $$$ dólares al mes y para el 01 de enero del año 2020 GENERAR un Ingresos Pasivos Residual de 10.000 oo $$$ Dólares Libres al Mes.

Action Oriented. - Las Acciones Orientadas para realizar Mi META será:

Nº 1 Crear una serie de 7 eBook's Digitales y 7 Libros Best Seller en Amazon.com

Time Bound. - Línea de Tiempo para cada acción necesaria para lograr mi meta

Iniciada 04/01/18 = Completada 15/06/19

Nº 2 Crear una cadena de Ventas de Productos y Servicios por Internet.

Iniciada 01/06/19 = Completada 01/06/20

Nº 3 Crear una secuencia de 21 Podcasts y 21 Webinars en mis plataformas Online

Iniciada 01/06/19 = Completada 01/06/20

Nº 4 Crear Estructura Organizacional Sólida Estable y Productiva con una Mentalidad Empresarial y un Liderazgo Centrado en Principios en la Base de las Relaciones el Trabajo en Equipo y fundamentada en la Duplicación y la Multiplicación.

Iniciada 01/01/20 = Completada 01/09/22

Nº 5 Crear un ciclo de Conferencias, Talleres y Seminarios de Alta Envergadura

Iniciada 01/01/16 = Completada 31/12/16

Nº 6 Diseñar un Sistema de Coaching Integral en el Establecimiento de METAS.

Iniciada 01/06/19 = Completada 31/12/19

Nº 7 Comenzar una Gira Internacional por Colombia, Brasil, Ecuador, México, Cuba Bolivia, Chile, Perú, Panamá y Venezuela

Iniciada 01/01/19 = Completada 31/12/20

Realistic. - PORQUÉ y el PARA QUÉ es importante para mí alcanzar esta META Realista:

Esta META FAMILIAR es importante para mí PORQUE me permite Brindarle un mejor estilo y calidad de vida a mi familia. Esposa e Hijos permitiéndome transmitirles un LEGADO Dejándoles una Huella a seguir y Marcar una Diferencia en sus vidas. PARA QUÉ Pasar más tiempo de calidad junto con ellos y proveerles todas las cosas que necesitan para su progreso y bienestar personal académico espiritual y profesional y todas las demás áreas fundamentales e importantes de su vida.

Esta META PROFESIONAL es importante para mí PORQUE me permite ayudar y servir a otros permitiéndome transmitir un LEGADO Dejar una Huella y Marcar una Diferencia en sus vidas. PARA QUÉ para contribuir a la humanidad y hacer un cambio en la mente y corazones de miles y millones de personas alrededor de todo el mundo abriendo nuevos caminos de esperanza éxito abundancia y prosperidad a muchos

Enjoyable = Exciting and Ethical

Es mi META agradable Emocionante y Ética

Es mi META * Agradable, Es mi META * Emocionante, Es mi META * Ética.

Resources. - Cuales son los RECURSOS necesarios que necesito para lograr mis METAS

Recurso Nº 1 Certificación Internacional

Recurso Nº 2 Crear una Empresa Virtual

Recurso Nº 3 Buscar Aliados y Socios interesados en expandir y consolidar la VISIÓN del proyecto financiero.

Recurso Nº 4 Prestar Servicios en colegios universidades, comunidades, empresas en crecimiento para darnos a conocer y agregar valor a la sociedad

Recurso Nº 5 Hacer una Maestría

Recurso Nº 6 Posicionar mi Marca Personal

Recurso Nº 7 Hacer nuevas relaciones de negocios personales y profesionales

Recurso Nº 8 Aumentar mi Circulo de Influencia Personal y Profesional

MI COMPROMISO CON LA EXCELENCIA - LLAMADO A LA ACCIÓN

Me Comprometo a lograr esta META para él:

Fecha Límite de Logro: 01 de enero 2020 - MÍ FIRMA: Ylich Tarazona

*** ~~~*** ~~~*** ~~~

TABLA DE PLANIFICACIÓN y PLAN DE ACCIÓN FORMULA "{(S.M.A.R.T)}" Para el Establecimiento y Fijación de OBJETIVOS

Fecha de Inicio: ÁREA DE MI VIDA:

Mi gran OBJETIVO en esta área de mi vida es:

Mi Propósito centrado en mis principios y VALORES será:

Specific. - Mi Objetivo de Específico de esta META será:

Measurable. - Mi META para establecer resultados Medibles será:

Action Oriented. - Las Acciones Orientadas para realizar Mi META-DESTINO será:
Time Bound. - Línea de Tiempo para cada acción necesaria para lograr mi Objetivo…

Nº 1IniciadaCompletada

Nº 2IniciadaCompletada

Nº 3IniciadaCompletada

Nº 4IniciadaCompletada

Nº 5IniciadaCompletada

Nº 6IniciadaCompletada

Nº 7IniciadaCompletada

PORQUÉ y el PARA QUÉ es importante para mí alcanzar esta Meta-Destino

Son mis OBJETIVOS

Motivantes, Dinámicos y Éticos Es mi

Objetivo Motivantes Es mi

Objetivo Dinámicos Es mi

Objetivo

Éticos

Cuáles son los RECURSOS necesarios que necesito para lograr mis OBJETIVOS

Recurso Nº 1Recurso Nº 2

Recurso Nº 3Recurso Nº 4

Recurso Nº 5Recurso Nº 6

Recurso Nº 7Recurso Nº 8

MI COMPROMISO CON LA EXCELENCIA

Me Comprometo a lograr esta META para él:

LLAMADO A LA ACCIÓN:

Fecha Limite de Logro:

MÍ FIRMA:

*** ~~*** ~~*** ~~

CAPÍTULO XII: ESTRATEGIA CREATIVA DISNEY

PRIMERA PARTE: Introducción y Reseña Histórica

Hola que tal; campeones y campeonas, en éste XI - CAPÍTULO voy a compartir una ESTRATEGIA CREATIVA que es una de las herramientas más utilizadas y adaptadas en la PROGRAMACIÓN NEUROLINGÜÍSTICA, que en lo particular me ha ayudado de gran manera en mucho de mis emprendimientos, así como al igual que en mi trabajo como escritor y conferenciante donde la CREATIVIDAD es fundamental; y más cuando ese espíritu de inspiración está acompañado de esos SUEÑOS al que Napoleón Hill llama deseo ardiente, junto con un toque de REALISMO y equilibrio CRITICO.

En mis años como coach, líder y mentor de cientos de personas y por mi propia experiencia personal; he podido darme cuenta de que TODOS de alguna u otra manera, somos personas creativas.

La **CREATIVIDAD** no es un don único o exclusivo de algunos pocos, es una característica o cualidad humana que se encuentra en todos nosotros. Claro está; que van a ver días en que nos sintamos más inspirados que en otros, así como también habrá oportunidades en que sintamos que la musa de la creatividad se ha retirado, es algo normal. Por tal razón habrá ocasiones en los que tendremos momentos de mucha creatividad o de poca inspiración. Porque la CREATIVIDAD es una ESTRATEGIA. Y como tal; tiene un proceso que debe suceder, y que debemos activar, para poder disfrutar de sus amplios beneficios.

Voy a darte un Ejemplo: **IMAGÍNATE** que debes realizar algo realmente creativo; pero no tomas acción inmediata, ni hace que las cosas sucedan, ni te pones manos a la obra. Por más creativo que puede ser nuestro cerebro y nuestra mente, si no comenzamos hacer algo, tal vez esa musa de la inspiración nunca llegue. Pero si, al contrario; tomas acción prontamente, comienzas hacer que las cosas sucedan con pequeñas ideas que se te ocurran, y te pones manos a la obra. Por más que al principio no sepamos ni por donde comenzar, ni que hacer, cuando nos ponemos en actividad, nuestro cerebro y mente se estimulan, y pufs sin darte cuenta, la musa de la inspiración llega y terminas haciendo aquello que te propusiste de una manera tan, pero tan CREATIVA que hasta nos quedamos sorprendido…

Muchas veces este Proceso Creativo es inconsciente. En ocasiones tenemos alguna noción de que algo hicimos y terminamos teniendo excelentes resultados, aunque en realidad no sepamos exactamente qué fue lo que hicimos. Pero cuando somos conscientes de que la Creatividad es una Estrategia es mucho más sencillo poder volver a aplicarla las acciones correspondientes del Proceso Creativo conscientemente, paso a paso, para poder en lo futuro Volver a Recrear su secuencia nuevamente y por ende obtener los mismos resultados anteriores. Y a medida que nos hacemos más y más consciente de este proceso, nos iremos haciendo cada vez más y más creativos, atrayendo como efecto positivo, mejores y mayores resultados cada vez.

La CREATIVIDAD es el acto de crear, innovar, ingeniar, inventar transformar o reinventar cualquier nueva idea, cosa o circunstancia a través de encontrar soluciones, opciones o alternativas creativas originales que produzcan cambios favorables en aquello que estamos emprendiendo, trayendo como resultados nuevas formas de hacer las cosas mucho más intuitivamente.

La PROGRAMACIÓN NEUROLINGÜÍSTICA tiene como herramienta principal la técnica del MODELADO (El arte de MODELAR; es decir, identificar los patrones operativos conductuales de PERSONAS EXITOSAS y copiarlas, enseñarlas, aprenderlas o transferir esos mismos modelos tanto a nosotros mismo como a otras personas).

La PNL o PROGRAMACIÓN NEUROLINGÜÍSTICA propone estudiar los PARONES DE EXCELENCIAS de las personas que son o han sido altamente exitosas realizando alguna actividad específica; para así obtener la estrategia empleada por el Modelo y "Modelarla" copiarla o duplicarla para poder reproducirla conscientemente a voluntad esos mismos resultados, tanto en uno mismo como en otras personas.

*** ~~*** ~~*** ~~

Robert Dilts uno de los máximos exponentes de la Programación Neurolingüística más reconocidos en la actualidad. Y que fue uno de los seguidores y PIONEROS junto con los creadores de la PNL los Doctores. JOHN GRINDER y RICHARD BANDLER en los inicios de las primeras fases de proyección en ésta extraordinaria metodología. Realizo un extenso estudio de investigación, para descubrir cuál era la ESTRATEGIA CREATIVA utilizada por Walt Disney. Y concluyó que su ESTRATEGIA era un PROCESO CREATIVO de tres (3) etapas que tenían una secuencia CÍCLICA determinada; y que cualquier persona que aplicara esos mismos PASOS, podría lograr excelentes resultados en la realización de múltiples proyectos creativos.

Robert Dilts en sus estudios de MODELADO pudo detectar cual era la ESTRATEGIA CREATIVA y personal utilizada por Walt Disney al crear e imaginar sus dibujos animados; y concluyó, que era en realidad un Estado Mental. Cuenta la historia que en una oportunidad uno de los compañeros de trabajo de WALT DISNEY comento que "realmente había tres (3) diferentes WALT DISNEY en momentos determinados al trabajar en sus proyectos creativos, y que en ocasiones uno de ellos era el que se hacía presente en la reunión al momento de planificar y crear sus ideas".

Robert Dilts a partir de sus estudios de investigación y MODELADO concluyó que Walt Disney en realidad se movía en tres (3) Estados Mentales Diferentes de ANCLAJE cuando producía su trabajo a los cuales llamó (El Soñador, El Realista y EL Crítico) y determino que cada una de estas tres (3) etapas o pasos del PROCESO CREATIVO, tienen patrones distintos de pensamiento y que pueden ser MODELADOS copiados, aplicados y utilizados a voluntad de manera consiente por cualquier personas que desee mejorar su propia capacidad creativa.

¿QUE DISTINGUE A LOS GANADORES DE LOS PERDEDORES? "Que los GANADORES se concentran en todo momento en lo que ellos saben que pueden hacer bien, sus talentos, fortalezas, competencias, habilidades y destrezas. Aunque reconocen que tienen debilidades; nunca se enfocan en ellas, sino trabajan sobre ellas... Mientras que los perdedores se dispersan pensando en todo momento en aquellas cosas que no quieren hacer mal; enfocándose en sus debilidades, limitaciones y falta de talento, aunque saben que tienen fortalezas, parece que jamás se percatan de ellas... Si eres bueno persuadiendo vendiendo o comunicándote, entonces enfócate en esas potencialidades, y tus debilidades se harán fuertes a medida que trabajas en ellas poco a poco, sin dejar a un lado aquellas cosas en la que sabes que eres realmente bueno... Aquí radica la gran diferencia que marca la diferencia entre los GANADORES y perdedores, la forma de actuar antes las adversidades" -. YLICH TARAZONA. -

*** ~~*** ~~*** ~~

En la PNL o PROGRAMACIÓN NEUROLINGÜÍSTICA en la actualidad se le conoce a este PROCESO CREATIVO de tres (3) etapas o pasos como ESTRATEGIA CREATIVA DISNEY que tiene la siguiente secuencia:

(El Soñador, El Realista y EL Crítico) …

WALT DISNEY se refería a ellos de la siguiente manera: El soñador es quien fabrica la historia primero en sus pensamientos y ve claramente en su propia mente cómo cada pieza del engranaje estará colocada. El Realista es el que debe experimentar y sentir cada expresión y cada reacción, tal y como es o como debe de ser. El Crítico que finalmente es el que debe tomar distancia suficiente en la historia como para poder echarle una segunda mirada al proyecto más equilibrada y ecuánime.

Desde entonces esta ESTRATEGIA DISNEY o proceso creativo de tres (3) pasos El soñador, el Realista y el Crítico se ha convertido en una técnica muy popular incluida en la Programación Neurolingüística. Y que a partir desde entonces se ha estado Modelando, Enseñando y Aplicando efectivamente en los distintos y diversos programas de seminarios, cursos, talleres y conferencias de PNL alrededor de todo el mundo. Y es parte; de lo que les estoy compartiendo, en éste XI Capítulo. Así que sin más preámbulos continuemos

EL SOÑADOR:

En este ESTADO DE ANCLAJE se trabaja con todas las ideas que vengan a la Mente Consciente, no importando cuán excéntricas, extravagantes o imposibles puedan o parezcan ser. En este Estado de Anclaje se evita utilizar mientras se está en Él; la lógica, el análisis exhaustivo, las formalidades rígidas o los puntos de vista.

En este ESTADO DE ANCLAJE todo es válido. "EL SOÑADOR" debe tener una visión global, amplia, holística e integral y una perspectiva de futuro abundante del trabajo o proyecto a realizar, con una multiplicidad de pantallas con opciones y alternativas abiertas y sinérgicas al mismo tiempo.

Aquí en este ESTADO DE ANCLAJE las Ideas son Ilimitadas con Infinitas Posibilidades. Es decir, sin límites, "EL SOÑADOR" es un ESTADO MENTAL del Proceso Creativo donde todo posible.

En este estado del proceso creativo llamado "EL SOÑADOR" pensamos ampliamente; con mira a diferentes enfoques de ideas e interrogantes, que estimulan nuestra IMAGINACIÓN y CREATIVIDAD activando la Inspiración a través de preguntas abiertas: ¿Cómo podríamos lograr hacer o realizar esto de forma más efectiva y creativa? - ¿De qué otras maneras, excéntricas, extravagantes o exageradas podría realizar esto que me permita tener resultados extraordinarios y obtener mejoras espectaculares? Y seguimos hasta amasar un enorme caudal de opciones y alternativas que finalmente serán puestas en práctica y aplicadas a nuestro proyecto creativo.

EL REALISTA:

Este ESTADO DE ANCLAJE es el lugar desde donde pensar en perspectiva es importante, es el lugar del análisis o pensamiento realista. Aquí se plantean las ideas de la etapa anterior de manera más conscientes, y se descartan las que no sirva al proyecto y se incorporan nuevas ideas que se consideren apropiadas.

Aquí en este ESTADO DE ANCLAJE evaluamos, comparamos, descartamos, seleccionamos, y hacemos bosquejos de todo el material que nos entregó el Soñador.

En este ESTADO DE ANCLAJE vemos el proyecto como si estuviera ocurriendo, asociándonos a esa experiencia de manera tan real, que recreamos en nuestra mente la tarea, actividad, o proyecto de manera surrealista. Y detectamos que nos pasa, que pensamientos nos vienen, que sentimientos, de que nos damos cuenta.

Este ESTADO DE ANCLAJE de REALISMO es el lugar de la síntesis operativa, es el descenso desde el sueño a la realidad, es decir, el ascenso desde nuestros sueños a la realidad, a través de la comprobación de opciones, alternativas y otras nuevas probabilidades más realistas, que nos permita de manera más eficiente y eficaz realizar nuestra tarea, labor, actividad o proyecto.

EL CRÍTICO:

En este ESTADO DE ANCLAJE es donde se evalúa más estrictamente lo que el realista ya filtró; va a mirar qué es lo que hace falta en nuestro proyecto o actividad, y cuáles son los puntos de vista que tal vez no se tuvieron en cuenta. En este lugar o ESTADO DE ANCLAJE pensamos que faltó en las etapas anteriores y proporcionamos nuevas ideas, opciones o alternativas, y mejoramos las anteriores todas las maneras posibles, permitiéndonos ser más perfeccionista.

Este ESTADO DE ANCLAJE toma distancia del proyecto, le da una segunda o tercera mirada. El CRÍTICO es el que señala lo que falta, lo que posiblemente no va a funcionar, y percibe lo que aún no se vio en el diseño en los pasos anteriores. Aunque su objetivo favorable y positivo es mejorar el proyecto, puede tener un riesgo, si solo se centra el proyecto o actividad en este ESTADO DE ANCLAJE.

Pero cuando aprendemos a trabajar de manera integral y sinérgica con cada uno de los ESTADO DE ANCLAJE, a saber, el SOÑADOR, el REALISTA y el CRÍTICO, tendremos mayores probabilidades de ÉXITO en cualquier proyecto que emprendamos. Porque juntos, trabajando de marera holística, sinérgica e integral nos permite ver nuestro proyecto desde distintas perspectivas. Lo que faculta finalmente, a tomar las mejores decisiones, entrelazando lo mejor de cada una de las ideas que cada ESTADO DE ANCLAJE proporcionó al proyecto.

Esta es la secuencia en la que Robert Dilts MODELO esta ESTRATEGIA de DISNEY. Y a través de la PNL difundió esta herramienta, como una forma habitual de enseñar y aplicar la ESTRATEGIA CREATIVA utilizada por Walt Disney en todas y cada una de nuestras IDEAS o proyectos que desarrollamos en la actualidad.

EL RESUMEN: Como diría Anthony Robbins "IMAGINA COMO SOÑADOR. ACOMPAÑA TUS IDEAS COMO MENTOR y PIENSA COMO REALISTA" ... (Esta última frase es otra variante, creada por Anthony Robbins y es una modificación de la secuencia de la estrategia en SOÑADOR, MENTOR y REALISTA).

*** ~~~*** ~~~*** ~~~

PALABRAS FINALES

Bueno campeones y campeonas "{(FELICIDADES)}", ya hemos llegado al FINAL de éste maravilloso LIBRO, E-BOOK en su EDICIÓN ESPECIAL que con tanta dedicación escribí y amor para ti. Fue un largo proceso de formación y aprendizaje que juntos TÚ y YO recorrimos en esta jornada HACIA TÚ ÉXITO Y REALIZACIÓN PERSONAL.

Este libro lo cree y diseñe pensando en TI, de manera SISTEMÁTICA como un MANUAL PRÁCTICO DE INSTRUCCIONES paso a paso; con el objetivo de ir pasándote por un proceso mental de formación continuo de aprendizaje, a través de un "{(PATRÓN DE ACCIÓN)}" bien preparado y simplificado para brindarte resultados eficaces, óptimos, efectivos y permanentes mediante las herramientas y metodologías de la PROGRAMACIÓN NEUROLINGÜÍSTICA.

*** ~~~*** ~~~*** ~~~

FELICITACIONES HEMOS TERMINADO EL PRIMER LIBRO DE LA SERIE...

"PNL, Life Coaching, Influencia, Persuasión e Hipnosis - Volumen 1 de 4"

Si te ha gustado este libro sobre PNL

"COMPARTIRLO y DÉJANOS UN COMENTARIO"

Con tu ayuda podemos llegar a más personas. Gracias por tu Contribución.

*** ~~~*** ~~~*** ~~~

Es Hora de Comenzar a Vivir

UNA VIDA MARAVILLOSO

Centrada en Principios

Recuerda: TOMAR ACCIÓN y

HACER QUE LAS COSAS SUCEDAN

Y pronto Tu y Yo nos veremos en la

CÚSPIDE DE LA EXCELENCIA

Tu Gran Amigo Ylich Tarazona

MásterCoach.YlichTarazona@gmail.com

Página Web Oficial

https://ylichtarazona.com/

*** ~~~*** ~~~*** ~~~

SOBRE EL AUTOR

BACKGROUND PROFESIONAL:

Máster Coach Transformacional YLICH TARAZONA: Reconocido Escritor Autor Superventas y Conferenciante Internacional de Alto Nivel.

Avalado por CEDHI - Sistema Internacional de Impulso y Promoción al Conferencista y Consultor (SIIP) http://cedhi.corporativonavarro.com.mx/cvylich.html

Experto en PNL o PROGRAMACIÓN NEUROLINGÜÍSTICA Reingeniería Cerebral BioProgramación Mental Neuro Coaching Persuasión e Hipnosis.

Considerado en los distintos medios de comunicación como uno de los LÍDERES y Emprendedores más Destacado e Influyente dentro del campo de la NEUROCIENCIA MOTIVACIONAL y LA EXCELENCIA PERSONAL destinado a ejercer un LEGADO en la vida de miles de personas a través de su PASIÓN ENTUSIASMO DINAMISMO y LIDERAZGO CENTRADO EN PRINCIPIOS.

Hombre de FE y Convicciones CRISTIANAS centrado en Principios y Valores. Fundador de portal REINGENIERÍA MENTAL CON PNL Comunidad para Emprendedores. Uno de los mercados dedicado a brindar COACHING en la CONSOLIDACIÓN de Competencias y el Desarrollo del Máximo Potencial Humano. Especialistas en el Entrenamiento Formación y Adiestramiento de alto nivel a través de la PNL o Programación Neurolingüística.

Creador del SISTEMA DE COACHING PERSONAL en REINGENIERÍA y BIOPROGRAMACIÓN MENTAL para Alcanzar Metas Concretar Objetivos y Consolidar Resultados Eficaces de Óptimo Desempeño a través de una serie de Audios Podcasts Tele-Seminarios Online Talleres Audiovisuales Webinars y Conferencias Magistrales de Carácter Presencial.

El Sistema Integral De Coaching Personal fundamenta sus principios a través de la PNL o PROGRAMACIÓN NEUROLINGÜÍSTICA la REINGENIERÍA CEREBRAL la BIOPROGRAMACIÓN MENTAL y la HIPNOSIS como técnicas y metodologías avanzadas para producir cambios positivos en los patrones del pensamiento y generar resultados eficaces de alto rendimiento y óptimo desempeño tanto nivel individual como organizacional. Dicho SISTEMA DE ENTRENAMIENTO Offline y Online han marcado las vidas de cientos de emprendedores de forma presencial y ha cambiado los paradigmas mentales de miles de personas a nivel mundial vía virtual. Inspirando a quienes participan escuchan ven o leen sus enseñanzas a vivir de forma extraordinaria centrada en principios

LIBROS AUDIOS Y CONFERENCIAS DEL AUTOR

https://www.smashwords.com/profile/view/MasterCoachYlichTarazona

https://www.amazon.com/Ylich-Eduard-Tarazona-Gil/e/B01INP4SU6

Reconocido "Autor de la Serie de LIBROS Secuencias de E-BOOKS y CONFERENCIAS MAGISTRALES" de [REINGENIERÍA CEREBRAL y BIOPROGRAMACIÓN MENTAL]. Entre los más destacados tenemos "Programa Tu Mente y Determina Tu Futuro" "Sanate a ti Mismo y Libérate del Autosabotaje Interno" "El Poder del Cambio y la Reinvención Personal" "Posiciona tu Marca personal o Personal Branding" Reingeniería de los Procesos del Pensamiento entre otros.

Creador del LIBRO EL PODER DE LA HIPNOSIS y del CURSO DE HIPNOSIS PRÁCTICA. Extraordinaria serie de CURSOS TEÓRICO PRÁCTICO sobre AUTO-HIPNOSIS e HIPNOSIS MODERNA Trance y Fenómenos Hipnóticos Sugestiones e Inducciones de Alto Nivel Pruebas de Sugestionabilidad Pruebas Encubiertas Convencedores y Profundizadores de Estados Hipnóticos que permite al participante aprender "Cómo HIPNOTIZAR a Cualquier Persona en Cualquier Momento y en Cualquier Lugar".

Creador del WEBINARS Audio Visual TELE-SEMINARIO Online y CONFERENCIA Magistral [Redescubriendo Tu Propósito y Misión de Vida] [El Poder del Enfoque] y [Libérate del Autosabotaje Interno] [Como Mejora Tu Autoestima] [Rediséñate y Reinventa tu Vida] [EL PODER DEL DE METAS Principios de Planificación Estratégica y Metodologías para Alcanzar y Conquistar tus Sueños] entre otros.

Co-Creador y Re-Diseñador del "MODELO de la PNL" y la fórmula efectiva "{(E - S.M.A.R.T - E.R)}" [Para el Establecimiento y Fijación de METAS plan de acción y principios de planificación estratégicas para alcanzar y consolidar objetivos].

Autor Superventas de la Serie de MULTINIVEL [LOS CICLOS MAESTROS DE LA DUPLICACIÓN Y LA MULTIPLICACIÓN en el NETWORKS MARKETING] [Conceptos y Nociones Avanzadas Sobre la Industria del NETWORK MARKETING] [Cuaderno de PLANIFICACIÓN EMPRESARIAL y PLAN DE ACCIÓN MENSUAL para la Ejecución y el Enfoque] y [Conceptos y Nociones Avanzadas Sobre la Industria del NETWORK MARKETING]. Leyes y Principios Universales para Desarrollar Tu Negocio Multinivel de Forma Profesional Vol. 1 2 3 y 4.

PROPÓSITO MISIÓN Y VISIÓN PERSONAL:

MI PROPÓSITO: Transmitir a todos mis lectores la fortaleza y los recursos necesarios que les permitan seguir adelante siempre con confianza y optimismo pese a las adversidades. GUIÁNDOLOS COMO SU MENTOR y COACH PERSONAL a encontrar su misión de vida a través de una oportunidad real de crecimiento personal que les ayude a aclarar sus ideas establecer sus metas y elaborar un plan de acción bien definido que les permita conquistar con éxito sus más anhelados sueños. Permitiéndoles crear su propio futuro escribiendo la historia de su propia vida y forjando su propio destino a través un ciclo continuo de tácticas y estrategias creadas para tal fin.

De igual manera deseo ayudar a mis lectores aprendices participantes y seguidores a cambiar los patrones negativos de pensamientos y las estructuras mentales limitadoras enseñándoles a consolidar sus competencias y desarrollar el máximo de su potencial humano.

MI MISIÓN: Llegar a ser un instrumento en las manos de DIOS que me permita impactar en las vidas de cientos miles y millones de personas alrededor del mundo.

Dejar una huella que marque la diferencia en las vidas de las personas a quienes enseño y llevo mi mensaje. Así como también dejarles un legado que transcienda en el tiempo. Y les permita evolucionar en todos los aspectos transcendentales e importantes de sus vidas tanto en lo personal espiritual emocional, así como también profesional académica y financieramente.

MI VISIÓN: Llevar a las personas esperanza y una opción que les permita transformar sus vidas para mejor poder ayudarles a desarrollar esa semilla de grandeza que todos llevan dentro de su interior y motivarlos a consolidar posicionar y expandir el máximo de su potencial humano al siguiente nivel de éxito.

Y finalmente poder establecer una conexión y empatía con todos mis lectores participantes y seguidores que me permita ir escalando en la relación con cada uno de ellos en la medida que sea posible. Al mismo tiempo que les enseño a posicionarse y consolidarse en todos los aspectos de su vida de manera equilibrada…

Ayudándoles a interiorizar los principios correctos que les permitan REINVENTARSE creando una nueva y mejorada versión de sí mismos. Abriéndoles nuevos caminos aperturándoles nuevas oportunidades de éxito que les permita conducir su vida a reencontrarse a sí mismo en el camino a la transformación y la excelencia personal. Y finalmente retomar con mayor fuerza su camino hacia su éxito y excelencia personal…

*** ~~***~~***~~

Página Web Oficial

https://ylichtarazona.com/

*** ~~***~~***~~

"Creo firmemente que dentro del interior de cada uno de nosotros existe una semilla de grandeza y reside una vasta reserva de potencialidades y competencias ilimitadas que habitualmente permanecen adormecidas esperando ser descubiertas y desarrolladas para florecer hacia nuestro mundo exterior. Cuando cada uno de nosotros despierte ese potencial individual redescubramos cual es nuestra misión y el propósito que le da sentido a nuestra vida abriremos el camino a un nuevo despertar consciente a lo que yo llamo REINVENCIÓN y REINGENIERÍA PERSONAL" -. YLICH TARAZONA.

*** ~~***~~***~~

OTRAS PUBLICACIONES EDICIONES ESPECIALES MINICURSOS Y LIBROS CREADOS POR EL AUTOR

Hola que tal mi gran amigo y amiga LECTOR fue un placer haber compartido contigo este tiempo de lectura espero hayas disfrutado al máximo d la información contenida en este libro que con tanto cariño preparé para ustedes.

Si deseas conocer algunas otras de mis obras te invito a visitar mi portal oficial donde encontraras los siguientes títulos los ENLACES los dejare al final.

1.- PROGRAMA TU MENTE Y DETERMINA TU FUTURO - Mejora Tu Autoestima Enfoca tus Pensamientos y Conquista todo lo que te Propongas en la Vida

2.- SANATE A TI MISMO Y LIBÉRATE DEL AUTO SABOTAJE - Aprende a Fortalecer Tu Guerrero Interior Equilibrar tus Canales Energéticos Controlar tus Emociones

3.- EL PODER DEL CAMBIO Y LA REINVENCIÓN PERSONAL - El Arte de REDISEÑAR tu Vida REINVENTARTE EMPRENDER INNOVAR y Crear una Nueva y Mejorada Versión de ti Mismo

4.- DESCUBRE TU PROPÓSITO Y ENCUENTRA TU DESTINO - Fundamentos para Vivir una Vida Centrada en Principios y Conectada con Tu Visión y Misión de Propósito

5.- POSICIONANDO TU MARCA PERSONAL - Cómo Marcar la Diferencia Consolidarte y Posicionar Tu Marca Personal Triunfadora en un Mercado Competitivo

6.- EL PODER DEL DE METAS Y EL ESTABLECIMIENTO DE OBJETIVOS - Principios de Planificación Estratégica para Alcanzar y Consolidar tus Sueños y Objetivos paso a paso.

7.- REINGENIERÍA MENTAL Y REDISEÑO DEL PENSAMIENTO - Aprende a Reprogramar Tus Procesos Mentales y Generar una Reinvención Personal.

8.- PROGRAMACIÓN NEUROLINGÜÍSTICA - Guía Práctica de PNL APLICADA - Metodologías Modernas y Técnicas Efectivas para Cambiar tu Vida.

9.- EL PODER DE LAS METÁFORAS Y EL LENGUAJE FIGURADO - Historias Parábolas Metáforas y Alegorías Poderosas Herramientas Persuasivas en la Comunicación.

10-. EL PODER DE LA HIPNOSIS - Manual Teórico-Práctico de Formación en HIPNOSIS y el Desarrollo de Habilidades Hipnóticas Persuasivas

11-. CURSO DE HIPNOSIS PRÁCTICA - Como HIPNOTIZAR a Cualquier Persona en Cualquier Momento y en Cualquier Lugar

12.- REDES DE MERCADEO MULTINIVEL - Los Ciclos Maestros de la Duplicación y la Multiplicación en el Network Marketing

13.- CUADERNO DE PLANIFICACIÓN EMPRESARIAL - Plan de Acción Mensual Para Desarrollar Exitosamente Tu Negocio Multinivel de Forma Profesional

14.- NETWORK MARKETING MULTINIVEL - Redes de Mercadeo La Gran Oportunidad de Negocio del Siglo XXI Rumbo a tu Libertad Financiera

15. PALABRAS INSPIRADORAS Y FRASES CÉLEBRES - Colección con más de 800 Pensamientos y Citas Motivadoras de los Líderes Más Grandes de la Historia

16.- ENGRAMAS MENTALES Y CONCIENCIA NEURONAL - Teoría de la Relación entre la Mente Consciente y Subconsciente.

17.- EL PODER ILIMITADO DE LA MENTE SUBCONSCIENTE - Tomar el Control de Tus Pensamientos y Programa tu Mente para el Éxito.

18.- PROGRAMACIÓN MENTAL PARA EL ÉXITO - Un Salto Cuántico para la Evolución del SER - La Nueva Era del Pensamiento y El Despertar de la Consciencia.

Para adquirir otras OPCIONES DE PRESENTACIÓN y adquirí los LIBROS en versiones TAPA BLANDA ESTÁNDAR o PREMIUM TAPA DURA PROFESIONAL CON o SIN SOLAPA CON o SIN CONTRAPORTADA en diferentes calidades de impresiones (Blanco y Negro Full Color Hoja Ahuesada Premium) en Tamaño Bolsillo Impresión Americana o Espiral…

Puedes hacerlo a través mis otros Portales OFICIALES.

https://www.amazon.com/Ylich-Eduard-Tarazona-Gil/e/B01INP4SU6

https://www.smashwords.com/profile/view/MasterCoachYlichTarazona

TEN SIEMPRE PRESENTE QUE: El aprendizaje constante la formación continua y el estudio permanente son las claves entre los que logramos el éxito de aquellos que no lo logran - Ylich Tarazona.

*** ~~~*** ~~~*** ~~~

SÍGUENOS A TRAVÉS DE TODAS NUESTRAS REDES SOCIALES

Facebook, Twitter, YouTube, Dailymotion, BlogSpot, Instagram, Pinterest, SlideShare, Speaker, LinkedIn, Skype y Gmail

https://www.amazon.com/Ylich-Eduard-Tarazona-Gil/e/B01INP4SU6

https://www.smashwords.com/profile/view/MasterCoachYlichTarazona

https://www.facebook.com/MasterCoach.YlichTarazona/

http://cedhi.corporativonavarro.com.mx/cvylich.html

https://www.youtube.com/user/coachylichtarazona

https://twitter.com/YLICHTARAZONA

https://pe.ivoox.com/es/escuchar-mastercoachylichtarazona_nq_584645_1.html

https://www.instagram.com/master_coach_ylich_tarazona/

https://www.pinterest.com/master_coach_ylich_tarazona/

https://www.linkedin.com/in/mastercoachylichtarazona/

También puede contactarme directamente vía e-mail por:

MasterCoach.YlichTarazona@gmail.com

A través de mi página web oficial

https://ylichtarazona.com/

O a través de Skype: **Coaching_Empresarial**

*** ~~*** ~~*** ~~

ISBN: 9781088866597

Sello: Independently Published

El derecho de **YLICH TARAZONA** *a ser identificado como el* **AUTOR** *de este trabajo ha sido afirmado por* **SafeCreative.org***.*

Edición **Código de Registro: 1907241520269** *de conformidad con los*

Derechos de Autor en todo el Mundo*. Fecha de Publicación: 24-jul-2019 20:18 UTC*